LE COURAGE DE CHANGER

WILLY PASINI
DONATA FRANCESCATO

LE COURAGE DE CHANGER

Traduit de l'italien par
Jacqueline Henry et Alexandre Serre

EDITIONS
ODILE JACOB

Cet ouvrage a été publié originellement
par Mondadori, Milan, sous le titre :
Il coraggio di cambiare

15, RUE SOUFFLOT, 75005 PARIS

www.odilejacob.fr

ISBN 2-7381-0983-7

Introduction

AIMEZ-VOUS LE CHANGEMENT ?

En ce début de XXIe siècle, deux mouvements opposés prennent une ampleur considérable : celui des innovateurs, d'une part, et celui des traditionalistes, d'autre part.

De beaux lendemains

Les premiers célèbrent la mondialisation et se sentent citoyens du monde. Ils sont heureux de communiquer par Internet et sur leur portable aux quatre coins du monde. Ils voient les mêmes films, écoutent la même musique, se passionnent pour les mêmes événements sportifs, arborent les mêmes tatouages. Ces fous de la globalisation sont partout, désormais. À en croire l'anthropologue Franck Marmier, qui a longuement travaillé sur le Yémen, même dans ce pays musulman intégriste, les jeunes filles téléphonent avec des portables sous leur voile, et beaucoup d'entre elles ont réussi à voir la cassette du *Titanic*, officiellement interdit par le régime.

Pour toutes ces personnes, le mot de « changement [1] » a une connotation positive, associée aux idées de découverte, de progrès, de renouveau. Les innovateurs sont des optimistes : ils vivent dans le présent en pensant à l'avenir, qu'ils envisagent avec confiance, convaincus qu'il leur réservera de nouvelles possibilités. Ils soutiennent que dans les sociétés développées, on n'est pas voué à un destin assigné par le sort, comme dans les sociétés traditionnelles, et que l'on peut projeter sa vie dans le futur.

La véritable liberté que nous offre ce début de millénaire réside donc dans l'ouverture d'une multitude de perspectives nouvelles. Et il est vrai qu'aujourd'hui, on peut changer de nationalité, de religion, de travail, de partenaire ou de logement. On peut même changer d'aspect physique (par la chirurgie esthétique), de sexe (par des traitements hormonaux et des interventions chirurgicales) et, dans une certaine mesure, de personnalité (grâce aux psychothérapies et à des médicaments « cosmétiques » qui modifient l'humeur, comme le Prozac). Dans cette dynamique de changement, les femmes semblent jouer un rôle de premier plan. Faith Popcorn, célèbre futurologue américaine, parle ainsi d'« Èvelution » et prédit un XXIe siècle à dominante féminine.

Il est incontestable qu'un nombre croissant de femmes optent désormais pour la nouveauté. Tel est le cas de Marie-Pierre. Cette jeune femme d'une trentaine d'années travaille l'hiver dans une agence de voyages et passe ses mois d'été à bord d'un voilier. Elle est séparée et mère d'une petite fille de quatre ans. Son compagnon actuel est un skipper hollandais d'origine indonésienne.

Marie-Pierre trouve passionnant de vivre une époque de changement permanent. Elle insiste sur le fait qu'aujourd'hui, il est possible de mener sa vie sans s'embarrasser de contraintes liées au sexe, à la nationalité ou au milieu social. Avant, il y a quelques décennies à peine, notre identité était déterminée par notre origine; elle se construit maintenant tout au long d'un parcours fait de choix quotidiens. Marie-Pierre parle de sa mère qui aurait aimé voyager : ses parents ne lui ont pas permis d'aller en Amérique, alors même qu'elle avait obtenu une bourse d'études. Dans les années 1950, cela ne se faisait pas pour une jeune fille de bonne famille... En comparaison, elle trouve qu'elle a beaucoup de chance, même si elle envisage de quitter la France, encore trop conservatrice à son goût.

La nostalgie du passé

Ces transformations, qui ouvrent l'éventail des choix possibles, séduisent les innovateurs. Elles suscitent, au contraire, le malaise et l'opposition des traditionalistes. Ceux-ci vivent le village planétaire comme une menace, entraînant l'homogénéisation et la perte de toute racine. Ils attachent une valeur particulière à tout ce qui est « local », du dialecte à la tradition culinaire. Face aux sociétés multinationales qui proposent les mêmes produits dans tous les pays, ils en appellent à la redécouverte de vieux métiers artisanaux qui offrent des objets et des services à taille humaine. En politique, ils s'en remettent prioritairement à leur maire et à l'équipe locale : avec eux, au moins, il est possible d'établir un rapport personnel et d'instaurer un dialogue fondé sur l'expérience partagée de la vie au quotidien. Cette attitude peut conduire à revendiquer l'autonomie de régions où les habitants ont en commun une culture et une langue, comme au Pays basque espagnol ou en Corse. Enfin, contrairement aux innovateurs qui se sentent citoyens du monde et envisagent avec enthousiasme de partir ailleurs (et donc de changer de ville ou de pays), les traditionalistes apprécient les plaisirs de la vie sédentaire et préfèrent, à une société multiraciale, le cloisonnement des groupes ethniques.

Bref, si les innovateurs sont tournés vers l'avenir, les traditionalistes, eux, regardent avec nostalgie vers le passé, en quête d'inspiration. Pour eux, le mot de « changement » a une connotation négative, liée au risque et à l'incertitude. C'est le cas de Paul, un journaliste de cinquante-cinq ans, marié depuis vingt-cinq ans et père de cinq enfants.

Paul estime que l'on vivait mieux quand il était petit, dans l'immédiat après-guerre : les gens étaient plus solidaires, ils avaient des idéaux, ils étaient heureux de vivre. Certes, la mondialisation, la révolution informatique et la démocratisation des moyens de transport ont accru les possibilités de communication, mais, en réalité, on est plus seul qu'avant. Il dit : « La quantité d'informations est de plus en plus grande, mais on comprend de moins en moins ce qui se passe. » La mentalité des hommes politiques et des journalistes s'est dégradée : « Les gens sont assoiffés d'argent et de renommée. Tout ce qu'ils veulent, c'est étonner et amuser; personne n'a de véritable passion, personne ne croit plus en rien. Mes collègues plus jeunes sont une bande de cyniques qui n'aspirent qu'à faire carrière. » L'avenir lui paraît sombre : « Nous allons être de plus en plus nombreux sur une planète de plus en plus polluée. La haine et la violence vont se développer. La solitude, la misère morale et culturelle vont gagner du terrain. » Paul souhaite prendre sa retraite dès que possible. Il veut laisser derrière lui les problèmes de circulation et les tensions de la vie métropolitaine. Il parle de s'installer dans le village de ses grands-parents pour y devenir maire adjoint et promouvoir les traditions et les fêtes paysannes qui lui ont procuré tant de joie quand il était enfant...

Vous et le monde

En lisant ces pages, vous vous êtes reconnu parmi les innovateurs ou les traditionalistes ? Vous ressemblez plutôt à Marie-Pierre ou à Paul ? Quand vous pensez à l'avenir, vous avez peur, ou bien confiance ? Quelle que soit la catégorie à laquelle vous pensez appartenir, une chose est sûre : votre attitude dépend d'un ensemble de paramètres liés aux récents bouleversements qui ont marqué notre société.

Ces trente dernières années, en effet, nous avons été témoins de changements d'une ampleur et d'une portée extraordinaires, y compris – et peut-être même surtout – dans notre vie relationnelle. 1968 a révolutionné et démocratisé les rapports entre parents et enfants. Le mouvement féministe a modifié la vie de couple. L'invention de la pilule et les techniques de fécondation artificielle ont permis de choisir quand et comment avoir un enfant. L'espérance de vie s'est accrue d'une dizaine d'années environ, entraînant une augmentation du nombre de personnes âgées et, du même coup, une modification des rapports entre les générations. Enfin, l'immigration a permis amour et mariage entre des personnes d'origine et de pays différents.

Pour autant, si le monde autour de nous a profondément évolué et s'il continue de changer, à titre personnel, nous ne voulons pas toujours changer. Quand nous sommes heureux, nous souhaitons que les aiguilles de la montre s'arrêtent, que rien ne bouge : nous voudrions « arrêter le temps », immobiliser l'instant fugitif. En revanche, nous envisageons le changement quand les choses vont mal (besoin), quand nous rêvons de quelque chose de meilleur (désir) ou lorsque nous craignons qu'une situation se détériore (peur).

Outre les différents sentiments qui peuvent nous animer, ce sont aussi les *styles* de changement qui varient d'une personne à l'autre. Certains estiment contrôler leur vie : ils projettent, planifient, dans l'idée qu'ils ont le pouvoir de décider des événements. À l'opposé, on trouve les fatalistes, qui croient tout au plus à la chance ou la malchance, et sont persuadés qu'on ne peut agir sur le destin. Et puis, il y a les situations limites, quand le désir d'être l'artisan de sa propre vie se transforme en un délire de puissance, un besoin obsessionnel et frénétique de contrôler tout et tout le monde, ou bien quand une trop grande passivité conduit à l'irresponsabilité, l'incapacité à agir, la résignation et, en dernier ressort, la paralysie.

Notre attitude face au changement dépend dans une large mesure de notre histoire familiale, des changements qui sont intervenus dans la vie de nos parents, de notre estime de soi et de notre confiance en nous-mêmes. Elle dépend du milieu dans lequel nous vivons, mais aussi de notre environnement social et culturel. Pour certaines cultures, comme en Amérique du Nord, l'indépendance et la liberté ont toujours constitué des valeurs positives, lesquelles ont engendré le mythe des héros solitaires lancés au galop vers l'immensité du Far-West, toujours en route vers de nouvelles aventures. Un tel environnement a favorisé la tendance à considérer le dynamisme individuel et collectif comme étant la vertu suprême. À l'opposé, pensons à un héros européen comme celui des *Braises*, surprenant best-seller de ces dernières années [2]. Écrit dans les années 1930 par un intellectuel hongrois, ce livre raconte l'histoire d'un noble qui s'enferme dans son château au milieu de vestiges d'un monde disparu et reste ainsi, en exil volontaire, pendant quarante ans. Il attend un ami, son ami le plus cher qu'il soupçonne d'avoir été l'amant de sa femme, morte depuis trente-cinq ans... Prisonnier de son passé, ce héros arrête le temps et s'immobilise dans l'attente.

GUÉPARD OU CAMÉLÉON : QUEL EST VOTRE STYLE ?

Héros mis à part, on peut définir quelques styles typiques d'appréhension du changement qui caractérisent tant les personnes que les « cultures » de divers pays. En voici les principaux.

Le nostalgique : que rien ne bouge !

Face à la nouveauté, ces personnes ont une réaction immédiate de refus, de peur, de mépris. Elles ignorent ou nient les changements, et s'accrochent à leurs habitudes, en espérant qu'aucune révolution ne les atteigne dans leurs forteresses familiale, professionnelle ou politique. Elles sont convaincues que leur emploi, souvent auprès d'un organisme public, est intouchable. En famille aussi, elles essaient de préserver la distinction entre le rôle de l'homme et le rôle de la femme, et défendent l'autorité des parents sur leurs enfants.

Moins extrêmes, les nostalgiques « partiels » se contentent de refuser le changement dans certains domaines circonscrits : par exemple, ils refuseront une nouvelle technique avant même de l'avoir essayée ou renonceront à une promotion pour ne pas changer de travail ou de ville. Soyons honnêtes, chacun de nous peut facilement identifier un ou deux secteurs où il se comporte en nostalgique : cela n'est pas très grave. Seul le refus du changement érigé en règle de vie est vraiment dangereux. Entre autres parce que, face à un monde en perpétuelle évolution, les nostalgiques vivent dans la peur, la colère ou la haine. Ainsi, les sociétés traditionalistes sont-elles tournées vers le passé et, bien souvent, l'imposent par la violence. C'est ce qui s'est produit en Afghanistan, où les talibans ont décrété le retour à une culture islamique totalitaire, refusant aux femmes le droit de travailler, de sortir seules, et même de se montrer à visage découvert. Celles qui ne portent pas la *burqa*, le voile qui les couvre de la tête aux pieds, risquent leur vie.

Le guépard : tout, mais pas moi !

Comme le dit le héros du beau roman de Tomasi di Lampedusa, interprété au cinéma par Burt Lancaster, si nous voulons que tout reste en l'état, il faut que tout change [3]. Les guépards modernes, s'ils y sont contraints, s'adaptent aux transformations, mais dans leur for intérieur, ils les désapprouvent et nourrissent l'espoir d'un retour en arrière. Dans sa vie de couple, par exemple, le guépard jure à sa compagne qu'il est prêt à se charger d'une partie des tâches ménagères, ou à s'occuper des enfants mais, au moindre prétexte, il s'emploiera à restaurer les « bonnes vieilles méthodes »...

Un des domaines dans lesquels les guépards ont toujours abondé est la politique. Dans les ministères où Willy Pasini s'est plusieurs fois rendu pour défendre une loi sur l'éducation sexuelle, il s'est souvent entendu répondre qu'il était passé tant d'eau sous le Tibre, sans que rien ne change, que ce projet finirait bien à son tour par passer... ou s'enliser.

Le catastrophiste : des yeux pour pleurer

Ce sont les « experts ès négations ». À chaque fois qu'un changement se produit, ils se plaisent à imaginer les conséquences les plus noires. Effrayés par l'avenir et la nouveauté, ils renforcent les peurs individuelles et collectives en prédisant malheur et décadence. Ainsi, la libération des femmes a-t-elle, de leur point de vue, sonné le glas de la famille et produit une génération de jeunes gens fragiles et égoïstes. Quant à l'évolution technologique, loin d'être positive, elle va entraîner la perte de millions d'emplois et réduire à la misère même les membres de la classe moyenne. Évidemment, le *nec plus ultra*, pour les catastrophistes, a été le passage à l'an 2000 : incollables en prophéties calamiteuses, de Nostradamus au bogue du millénaire, ils étaient convaincus que la fin du monde approchait.

Le prisonnier du temps : regarder sans voir

Ils souffrent d'une distorsion mentale, une forme de *cultural gap*, due au fait qu'ils continuent de regarder le monde qui se transforme à travers de vieilles « lunettes ». Autrement dit, ils interprètent ce qui se passe autour d'eux selon des schémas et des références culturelles dépassés. Certes, à la différence des nostalgiques, ils ne regrettent peut-être pas ce qui a été mais, en raison de leur incapacité à « voir » la réalité sous un autre angle, ils s'en font les critiques et les juges.

Le caméléon : s'adapter à tout, tout le temps

Ils sont au courant des dernières tendances vestimentaires, achètent tous les gadgets technologiques dès qu'ils sont mis en vente, changent sans cesse d'emploi, de partenaire, d'habitudes, d'idées politiques... C'est une autre façon de réagir aux mutations considérables que connaît notre société : en les appréhendant sans discrimination.

En apparence, les caméléons du changement sont plus à leur place dans des cultures de type américain, là où il n'y a rien d'insolite à changer de domicile et de travail. Pour ceux qui ne parviennent pas à se maintenir à flot, il faut tout de même dire que les États-Unis sont un pays impitoyable.

Le stress provoqué par d'incessants changements familiaux, professionnels et résidentiels conduit à l'isolement affectif : on ne se fie qu'à soi sans bénéficier de « filet » de protection.

Si la liberté absolue de se réaliser en tant qu'individus est séduisante et constitue une chance pour ceux qui savent la saisir, beaucoup découvrent, en revanche, que dans cette course, ils se feront doubler et abandonner. Il peut alors arriver qu'ils se tournent vers d'autres plaisirs, à titre de consolation : dépenses excessives (et l'endettement qui peut en résulter), abus alimentaires, alcool, drogue, etc. Les rares caméléons qui réussissent à s'adapter au changement permanent connaissent des moments d'ivresse euphorique, mais aussi une vie marquée par la solitude et l'insécurité.

Le dégustateur : à petites doses

Ce sont les véritables médiateurs entre tradition et innovation. Ils ne refusent pas les changements comme les nostalgiques, ils ne les nient pas comme les guépards, ils n'en craignent pas les conséquences comme les catastrophistes, ils ne se méprennent pas sur leur signification comme les prisonniers d'anciens schémas, et ils ne les appréhendent pas sans discernement comme les caméléons. Eux, ils s'efforcent de comprendre ce qui se passe, d'en découvrir les aspects positifs et négatifs et de bâtir des ponts entre le passé et l'avenir grâce à des critères souples. Ce sont des personnes mues par une forte curiosité, qui les pousse à vouloir affronter l'avenir, mais qui agissent avec prudence, goûtant la nouveauté à petites doses.

La culture qui semble encourager le plus ce genre d'expérimentation est celle des pays scandinaves. La Suède, la Norvège et la Finlande comptent plus de 30 % de femmes parmi leurs députés et sénateurs, ont réalisé d'importantes réformes sociales avant les autres pays européens, ont introduit progressivement l'éducation sexuelle à l'école, reconnaissent, sur le plan juridique, l'union des homosexuels. Ce sont aussi les inventeurs de l'État-providence moderne.

L'explorateur : il n'y a pas de limite

Les explorateurs aiment les espaces vierges et sont constamment en quête de territoires inconnus. Ils veulent arriver les premiers dans des contrées inexplorées, ils veulent tester de nouvelles technologies, affronter des risques, éprouver le frisson de l'aventure. Ils souhaitent échapper à la routine du quotidien pour connaître des émotions fortes. Certains vivent même à la limite de leurs capacités. Tel est le cas d'André.

André est un trentenaire mordu de sports de l'extrême. Il a sauté de l'un des ponts les plus élevés des États-Unis. Il a fait de l'escalade, du Deltaplane. Il a traversé des déserts, pour explorer de nouveaux espaces, mais aussi pour se mettre à l'épreuve. La mort de John John Kennedy l'a un peu ébranlé : lui aussi, peu de temps après, il s'est trouvé aux commandes d'un petit avion alors que la visibilité était réduite et qu'entre chien et loup, on ne distinguait plus le ciel de la terre. Pendant quelques semaines, il a mené une vie plus calme. Mais l'envie de se mesurer à travers d'autres entreprises, de franchir d'autres limites est trop forte, et André se lancera bientôt dans de nouvelles aventures.

Le novateur : en quête d'inédit

Ce sont d'abord les créatifs, qui inventent de nouveaux produits et de nouveaux services. Ils sont en général mus par le désir de donner libre cours à leur vocation artistique, ou de résoudre un problème. Ce sont des innovateurs, parce que leurs intérêts les incitent à expérimenter des solutions inédites. Pour eux, le changement fait partie inhérente du processus de création.

On trouve aussi un second type d'innovateurs, représenté par ceux qui, d'emblée, soutiennent une découverte scientifique, un mouvement artistique d'avant-garde, ou adoptent une nouvelle mode. Certes, ils ne sont pas à l'origine des changements, mais ils en favorisent l'implantation. Ce sont, en quelque sorte, des protecteurs ès créations. Dans le monde de l'entreprise, on peut penser aux cadres supérieurs recrutés uniquement pour piloter une fusion-acquisition, ou bien gérer une restructuration. Une fois que cet objectif est atteint, ils démissionnent et acceptent une autre mission au sein d'une autre société. Le milieu de la mode a, lui aussi, besoin de « chasseurs », capables de deviner, avant les autres, les prochaines tendances. Ces dernières années, on a même assisté à la création d'une nouvelle profession : certaines personnes, réputées pour leur « flair », sont payées pour « observer » ce qui se passe chez les plus jeunes, comprendre les ferments de leur créativité, et sentir quelle direction prendra la mode l'année suivante.

DEDANS, DEHORS : VOS DEUX FRONTS

Chacun de nous a en lui des intérêts, des désirs inexprimés ou des frustrations qui vont favoriser ou entraver le changement dans certains domaines de sa vie. Certains seront catastrophistes en matière politique, mais novateurs dans leurs loisirs ; d'autres seront guépards dans leur vie privée, mais explorateurs au travail. C'est pourquoi il est primordial d'analyser notre attitude face au changement en contexte, en distinguant nos différents environnements.

Toutefois, si nous sommes conditionnés par notre inclination personnelle au changement, nous le sommes également par l'environnement culturel où nous vivons, lequel peut encourager ou bien freiner les transformations dans certains domaines. Pour pouvoir répondre à notre éventuel désir de nouveauté, il importe donc aussi de comprendre les occasions qui nous sont offertes dans nos différents cadres de vie.

En somme, celui qui veut changer de façon durable et satisfaisante doit être capable de le faire à la fois *à l'intérieur* et *à l'extérieur*, en créant un cercle « vertueux » dans lequel les deux types de mutation interagissent.

Dans la première partie de ce livre, nous traiterons donc du changement intérieur. Nous verrons comment l'ouverture à la transformation dépend de notre personnalité, de notre histoire familiale, ou encore de notre plus ou moins grande propension à l'optimisme ou au pessimisme. Nous verrons aussi à quel point la peur de changer peut résulter de nos « prisons intérieures » et du poids du passé, dans quelle mesure nous sommes influencés par nos habitudes, et comment il est possible de mieux s'adapter aux transformations subies.

La seconde partie, elle, sera consacrée aux changements extérieurs. Nous analyserons comment le monde qui nous entoure peut favoriser ou inhiber la nouveauté. Connaître les avantages et les dangers des principales transformations sociales engagées, comprendre pourquoi la répartition des richesses se modifie, comment évolue le marché du travail, dans quel sens va l'école et quels sont les nouveaux chemins du bien-être : tout cela doit nous permettre d'orienter nos efforts vers un objectif essentiel, vivre mieux. La perspective d'un avenir meilleur, tel est d'ailleurs l'espoir qui a présidé à la rédaction des « vingt idées pour le troisième millénaire » sur lesquelles s'achève cet ouvrage.

Première partie

CHANGER À L'INTÉRIEUR

CHAPITRE PREMIER

L'envie de changer

Mathias Pascal est un bibliothécaire paresseux, prisonnier d'un mariage raté et d'un travail qui ne lui apporte guère de satisfactions. Dans le train qui le ramène chez lui, il lit une annonce nécrologique le donnant pour mort et décide de saisir la liberté qui lui est offerte de façon aussi imprévue. Il rase sa barbe, se coupe les cheveux, s'achète de nouveaux vêtements, s'invente un passé et part vivre à Rome sous le nom d'Adrien Meis. Au cours de cette nouvelle vie engagée non par choix, mais par un étrange coup du sort, comme cela arrive souvent dans la réalité, *Feu Mathias Pascal* (tel est le titre du célèbre roman de Luigi Pirandello auquel nous faisons allusion) passe de l'euphorie à la désorientation et au déracinement [1].

Mathias, ou plutôt Adrien, vit en effet un nouveau présent, mais à peine est-il tombé amoureux de sa propriétaire qu'il découvre qu'il ne peut vivre sans le passé qu'il a dû renier pour changer d'identité. Il ne peut pas avoir des amis, recevoir des lettres, ouvrir un compte en banque, déclarer un vol, et encore moins se marier. Il est libre, mais il ne peut rien faire. Sauf mourir à nouveau. Adrien finit donc par se « suicider » et redevient Mathias Pascal.

Entre-temps, deux années se sont écoulées. Sa femme s'est remariée avec son meilleur ami. Quand il la revoit, elle est belle et sémillante, comme au début de leur propre mariage...

Que nous enseigne *Feu Mathias Pascal* à propos du changement ? Que c'est un événement fascinant, mais qui risque de nous échapper, de nous glisser entre les mains, de prendre un visage inattendu. Et si pour continuer à vivre, nous avons besoin de penser qu'il y aura, un jour, un tournant, nous créons souvent nous-mêmes les conditions qui nous figent dans la répétition de vieilles habitudes.

IL Y A CHANGEMENT ET CHANGEMENT...

L'anthropologue Marc Augé a bien montré les aspects factices du changement, souvent considéré comme une des caractéristiques majeures de la société d'aujourd'hui. Pour lui, les médias, la télévision par satellite et les technologies sophistiquées, qui emplissent nos maisons d'images et d'informations, ne donnent qu'une illusion de communication planétaire. Pensons, par exemple, à la télévision, qui semble être le véhicule privilégié de la multiplicité et de la transformation, mais qui, du fait de la passivité totale de ceux qui la regardent, manque d'une propriété essentielle : la communication. Pensons aussi au développement croissant du tourisme exotique, désormais pratiqué en masse et qui, au lieu de constituer une véritable expérience de voyage, la seule susceptible de nous toucher en profondeur, se résume à une brève évasion (et à une vérification des données fournies par le dépliant touristique). Pourtant, face à ce faux mondialisme, qui est en réalité un changement pour mieux ne pas changer, d'autres tendances apparaissent : la valorisation de la cuisine régionale, des dialectes, de traditions quasiment disparues, qui sont autant de tentatives pour combattre la violence d'un « aplatissement culturel » qu'illustrent, partout, le jean et le fast-food.

Il y a donc les vrais et les faux changements, les authentiques et les factices, pas seulement dans la société, mais aussi dans la vie à deux. L'évolution d'un partenaire peut contraindre le couple à renégocier les règles du jeu conjugal; à l'opposé, il y aura les changements espérés et jamais réalisés, fondés sur une promesse ou une illusion : « je te sauverai », « je ferai de toi une autre personne »...

Une autre distinction importante doit être prise en considération, entre les transformations venues de l'extérieur et celles qui naissent en soi, au plus profond de chacun. Combien de fois, face à des couples traditionnels, nous sommes-nous demandé si leur mode de vie consistait à suivre une norme dictée par la société, et imposée de l'extérieur, ou bien s'il résultait d'une rigidité personnelle, ou en tout cas d'un manque de souplesse. La bonne réponse est sans doute que les règles du jeu quotidien sont le résultat d'un va-et-vient constant entre les changements extérieurs et les changements intérieurs. Nous le comprendrons mieux à travers l'histoire de Lætitia, trente-sept ans, conseillère financière. Divorcée, elle s'est remariée il y a sept ans et a deux belles petites filles. Elle vient consulter pour une baisse de libido qui dure depuis plus d'un an et la déconcerte, attendu que sa vie sexuelle et son désir ont toujours été parfaitement normaux, tant avec Adrien, son second mari, qu'avec son premier époux.

Sous des apparences de femme efficace, dynamique e. sûre d'elle, Lætitia cache une dépression causée par une insatisfaction conjugale qu'elle refuse d'admettre : elle a idéalise son second mari, qu'elle aime profondément. Adrien, qui a le même âge qu'elle, est un ingénieur couronné par le succès ; il gagne très bien sa vie, mais c'est le pouvoir, et non l'argent, qui l'intéresse vraiment. Il court comme un fou d'une réunion à l'autre, et semble plus à l'aise avec les hommes qu'avec les femmes. Il est content d'avoir une épouse belle et admirée, qui s'occupe de ses filles et de la maison, qui l'accompagne quand il va à des fêtes ou qu'il est invité à des repas, et avec laquelle il fait l'amour de façon régulière. Pour bien des femmes, Adrien serait le compagnon idéal. En fait, il n'est attiré ni par l'érotisme ni par le monde féminin. Ses véritables amours sont les affaires et les volcans, deux passions qui le poussent à faire de longs voyages dans des pays lointains où il essaie d'emmener Lætitia.

Un second entretien avec Lætitia permet de découvrir que bien qu'elle continue à le nier, elle se sent seule. Son premier époux était un narcissique : il l'a quittée quand elle a commencé à gagner plus que lui. Lorsqu'elle a connu Adrien, elle s'est juré qu'elle ferait tout pour que son mariage marche. Elle s'est donnée sans compter, élevant ses deux filles et se soumettant aux désirs de son mari. Mais, aujourd'hui, la balance est trop déséquilibrée. Lætitia s'est rendu compte qu'en échange de son dévouement, elle ne reçoit pas assez de nourriture affective. Du coup, elle a moins de désir pour Adrien, lequel reste sourd à ses demandes, même les plus modérées. Par exemple, il a pris du poids et il a désormais un peu de ventre, ce qui lui déplaît, surtout au lit. Bien qu'elle lui ait demandé plusieurs fois de maigrir, de soigner davantage son apparence, il ne se met jamais au régime. Elle aimerait aussi qu'il consacre au moins une demi-journée par semaine à ses filles, encore petites, et qu'il passe une soirée avec elle en tête à tête. Mais, quand il le fait, il a toujours son portable allumé à portée de main, de façon à ce qu'on puisse le joindre en cas d'urgence professionnelle : même dans ces moments décidés ensemble, il est absent. Lætitia commence à prendre conscience de l'égocentrisme, même involontaire, d'Adrien, et ne sait que faire.

Pour ce type de couple, deux stratégies sont envisageables :

– *Changer les règles du couple* : Lætitia doit miser sur sa propre force contractuelle. Son mari a tendance à traiter les affaires familiales comme des affaires professionnelles, et il ne changera d'attitude que s'il y est contraint. La certitude que sa femme, même si elle se plaint, ne le quittera pas, lui évite de mettre en œuvre le moindre changement. C'est un comportement typique de bien des dirigeants d'entreprise hyperactifs, qui n'acceptent de penser à la qualité de leur vie que lorsqu'ils sont au bord de l'infarctus.

– *Changer à l'intérieur* : Lætitia doit réviser ses attentes à la baisse, car il est impossible de demander à un égocentrique de faire preuve de réciprocité ou de comprendre le point de vue de l'autre. Après la phase d'idéalisation initiale, la seconde phase consiste à concevoir un « idéal adapté » : Lætitia s'efforcera de tirer parti des meilleurs côtés de son mari, tout en recherchant des sources de joie personnelles et en se créant des espaces à elle seule. Certes, le choix d'une indépendance relative peut provoquer l'effondrement du mythe romantique. Et, en effet, la première réaction de Lætitia a été : « Mais alors, pourquoi se marier, si l'on fait les plus belles choses séparément ? » Lorsqu'elle évaluera son bonheur conjugal, elle devra s'attacher à trouver le juste milieu entre autonomie et partage. C'est le seul moyen, pour elle, d'éviter que son insatisfaction ne s'exprime silencieusement à travers son corps et sa sexualité.

Ce couple, plus maladroit que malade, a besoin d'opérer des ajustements entre exigences personnelles et réalité extérieure. En ce sens, il offre un bon exemple de l'évolution normale d'une relation à deux. Il nous permet aussi de toucher à un point crucial : généralement, on attend que le changement provienne d'un événement extérieur ; pire, on exige que l'autre, et en particulier son partenaire, apporte le lot de nouveautés nécessaires au bonheur. Autrement dit, d'un point de vue psychologique, ce qui nourrit l'espoir d'amélioration, c'est presque toujours la projection, c'est-à-dire l'attente que quelque chose se produise *en dehors* de soi.

C'est la raison pour laquelle, quand nous sommes malheureux, mais aussi quand nous sommes heureux, nous tendons, pour expliquer notre situation, à invoquer une cause externe. Il est beaucoup plus rare d'opter pour l'introspection et de chercher à savoir précisément dans quelle mesure nous sommes nous-mêmes prêts à changer. Or, pour qu'il y ait un vrai tournant dans une vie, il faut faire preuve de disponibilité et accepter les événements de la vie, mais il faut aussi être capable de regarder ces événements d'un œil neuf, sans essayer de les réinsérer dans les schémas mentaux habituels.

Prenons un exemple. Parmi les personnages aventureux créés par Salgari, il y a Yanez, le fidèle ami portugais de Sandokan. Yanez, qui ne recule jamais devant rien, tombe amoureux d'une danseuse indienne, la bayadère Surama. Après l'avoir épousée, il apprend que sa bien-aimée est en réalité la fille d'un maharadjah, tué après avoir été attiré dans un piège mortel par son sanguinaire de frère. La découverte de l'identité secrète de Surama provoque chez Yanez un changement intérieur : à partir de là, son besoin d'aventure et son amour du risque sont mis au service de la justice et du rétablissement des droits de son épouse. Le cocktail est une réussite, puisqu'il combine l'énergie et la disponibilité personnelle face au changement, mais aussi la capacité à affronter les événements inattendus que la vie nous réserve immanquablement.

De la même façon, dans le film *Pretty Woman*, Richard Gere et Julia Roberts mettent en scène la fable d'une Cendrillon moderne qui, de prostituée, se transforme en femme comme il faut [2]. Ce changement, socialement peu réaliste, peut se faire parce que l'héroïne réussit à vivre avec une grande spontanéité à la fois son rôle de call-girl et celui de fiancée d'un riche homme d'affaires. C'est cette adaptabilité qui lui permettra d'abandonner les quartiers mal famés d'Hollywood.

HUIT ÉTAPES VERS LE CHANGEMENT

La disponibilité s'impose donc, ainsi que la souplesse. Mais par quelles étapes faut-il passer pour s'assurer un changement positif ? Voici les huit questions que vous devez vous poser en priorité.

1. Risque ou atout ?

Chacun de nous peut, en fonction de son éducation, de sa personnalité ou de ses convictions, vivre le changement comme un risque ou un atout (ou, au moins, une occasion à saisir). Dans tous les cas, pour pouvoir adopter une attitude d'ouverture, il faut avoir vécu des expériences positives dans son passé, parfois même dans sa petite enfance. C'est dans notre enfance que s'enracine la confiance fondamentale qui permet de considérer toute transformation comme une évolution et non comme un danger mortel. Nous le comprendrons mieux à travers l'histoire de Sandra.

Sandra a vécu une enfance difficile, marquée par la séparation puis par le divorce de ses parents alors qu'elle avait à peine quatre ans. Elle se souvient de déménagements fréquents, parce que sa mère, chanteuse, changeait souvent de ville pour des raisons professionnelles. Privée des repères qui créent la confiance initiale et la conviction qu'en cas de besoin, on peut toujours se réfugier dans un lieu sûr (sa « tanière »), elle s'est, très jeune, sentie en difficulté. Ayant constamment le sentiment d'être sur un radeau, livrée à une mer déchaînée, elle a compensé son insécurité fondamentale par ce que Imre Hermann a appelé le « syndrome d'agrippement » : le petit singe angoissé se cramponne à sa mère, qui représente pour lui un pôle de stabilité momentanée et une ancre, mais qui l'empêchera aussi de conquérir son autonomie [3]. De la même façon, Sandra a grandi dans la terreur de la nouveauté, incapable de la moindre audace dans le domaine affectif ou professionnel.

Ce n'est pas seulement l'absence d'une relation d'amour rassurante qui fait souffrir. Il y a aussi la confrontation avec des comportements instables, atypiques, imprévisibles. N'oublions pas les structures familiales où les stimulations viennent au mauvais moment et au mauvais endroit, celles qui, selon Paul-Claude Racamier, sont marquées par le « syndrome de l'incestuel [4] ». Ce type de situation peut causer soit la peur de la nouveauté soit, au contraire, le besoin impulsif de changer pour revivre des émotions fortes. Nous y reviendrons plus loin.

Hormis l'importance de certaines expériences du passé, deux autres caractéristiques sont nécessaires pour permettre une attitude positive à l'égard du changement. Premièrement, il faut être prêt à prendre un risque; deuxièmement, il faut être capable de surmonter des sentiments négatifs comme la peur, la culpabilité ou la honte. Willy Pasini a vécu une expérience de changement-risque :

alors qu'il était en bonne voie pour devenir un gynécologue confirmé dans une clinique de Milan, il a opté, après une brève carrière dans ce domaine, pour l'exercice de la psychanalyse en Suisse. Certes, ce tournant dans sa vie s'est produit parce qu'une occasion concrète lui a été offerte, mais encore fallait-il, condition aussi déterminante, qu'il soit disposé à la saisir.

En général, les femmes perçoivent le changement davantage comme un risque que comme un atout. Elles ont plus de mal à surmonter leurs émotions négatives, elles reculent plus facilement devant la possibilité de réécrire leur vie. Selon l'Américaine Mary Valentis, cette prudence serait due au fait qu'elles ont subi pendant des siècles un conditionnement extrêmement fort : on leur demandait d'être gentilles et soumises, pour éviter d'affronter l'essentiel, à savoir le rapport de pouvoir avec les hommes [5].

Heureusement, aujourd'hui, la situation évolue tant sur le plan psychologique que sur le plan social. Un nouvel élément intervient dans la perception féminine de la nouveauté : la colère. Celle-ci peut être paralysante et jouer un rôle de frein, mais les femmes ont compris qu'il est parfois nécessaire de donner la parole à la « Thelma » qui sommeille en elles [6]. Non pas pour faire une fugue à l'issue incertaine, mais pour affronter l'injustice et alimenter une rage de vaincre positive.

2. *Êtes-vous nomade ou sédentaire ?*

Chacun de nous, pour reprendre les théories du psychanalyste Michael Balint, est fondamentalement un ocnophile ou un philobate, c'est-à-dire un sédentaire ou un nomade.

Il est évident que le changement sourira davantage à un nomade, à un explorateur de l'âme ou de contrées ignorées, à un aventurier persuadé que dans la vie, il faut se risquer en territoire inconnu si l'on aspire à un peu de bonheur

C'est cette curiosité pour la nouveauté qui meut Tom Sawyer, ce sympathique garnement toujours prêt à commettre de petites transgressions.

Dans un ouvrage qu'il leur a consacrés, un journaliste a interrogé des assureurs devenus skippers et des rédacteurs reconvertis dans le commerce du vin [7]. L'évolution actuelle du monde du travail aide ces nouveaux vagabonds du monde professionnel : ce sont, pour beaucoup, des trentenaires qui changent facilement de pays et de métier, en emportant leur ordinateur avec eux [8].

Le succès d'une agence milanaise spécialisée dans les « fugues » est une autre manifestation du désir actuel de changement. Cette agence aidait les personnes qui voulaient changer de vie à trouver un nouvel emploi ou à investir dans une nouvelle activité, le plus souvent dans les mers du Sud. Mariano Aprile, lui, n'a pas eu besoin de ce genre de service. Cet ancien vendeur d'appareils hi-fi, passionné de navigation, a disparu il y a six ans, en se faisant passer pour mort après que son voilier eut coulé près des côtes corses. Comme son corps n'a jamais été retrouvé, ses parents ont fait poser une pierre tombale. Or, pendant ce temps, à l'insu de tout le monde, sauf de son épouse, Aprile se trouvait sous les Tropiques, attendant d'encaisser les milliards de lires des dix-sept polices d'assurance vie dont il était le bénéficiaire. C'est par hasard qu'il a été reconnu sur une île de Malaisie et dénoncé, mais ce faux naufragé n'est jamais revenu en Italie. Désormais, il « surfe » sur le Net, où il a créé son propre site. Nul ne sait où il se trouve, mais le nom qu'il a choisi pour communiquer sur le Net est très évocateur : « Sept mers [9]. »

C'est une incroyable histoire de penchant au nomadisme, mais c'est aussi une histoire d'exception. La plupart des gens se contentent de l'évasion temporaire offerte par des vacances exotiques : tout le monde n'a pas l'intelligence et l'énergie du capitaine Nemo, le grand pionnier imaginé par Jules Verne.

3. *Êtes-vous lent ou rapide ?*

Chacun de nous, quand il désire provoquer un changement dans sa vie, utilise certaines stratégies bien précises. Les objectifs fixés peuvent varier, mais le chemin emprunté pour y parvenir est le même. On peut donc parler de « styles » différents dans la quête du changement. L'histoire de Charles et Léa va nous aider à mieux cerner cette notion.

Charles et Léa ont tous deux la trentaine. Ils se connaissent depuis six mois et leur relation pourrait évoluer favorablement s'ils réussissaient à mieux s'entendre en matière de changement. Tous deux sont malheureux en mariage, mais ils ont adopté des stratégies différentes pour se séparer de leurs conjoints respectifs. Autant Charles procède de façon progressive et circonspecte, autant Léa est impulsive et impatiente. L'un est calme et froid, s'efforce de rallier son but à un rythme modéré, tandis que l'autre alterne de terribles accélérations et de longues pauses pour se remettre de sa déception de ne pas encore avoir atteint son but. Qui va l'emporter, du coureur de fond qu'est Charles ou de la sprinteuse qu'est Léa ? Pour le moment, ils se bagarrent à coups de reproches réciproques : elle l'accuse d'être pusillanime ; lui, de vouloir faire passer son agressivité pour de la spontanéité. Espérons qu'ils sauront s'arrêter avant que le conflit ne provoque une irréparable fracture, et qu'ils apprendront au passage que leur différence de style peut devenir une fructueuse complémentarité.

Michel, lui, a cinquante ans. Il a changé de métier et d'épouse quatre fois, toujours d'un coup, de façon totalement imprévisible pour sa compagne. C'est un homme compliqué et extrêmement sensible sous ses dehors d'ours, qui a été malheureux dans sa petite enfance. Il se définit comme un écorché vif. Cela en a fait un homme intolérant et frustré, qui ne parvient pas à résister à l'envie impérieuse de satisfaire ses besoins dès qu'ils surgissent. Pour lui, tout doit se faire très vite. Comme il a la chance d'être intelligent et de ne pas avoir de problèmes sur le plan financier, Michel en profite pour imposer ses brusques changements, tant en amour qu'au travail, sans se préoccuper des réactions des autres ou de la souffrance qu'il peut causer. Divorces et démissions lui procurent un soulagement passager et le soustraient, un petit moment au moins, à un malheur vécu comme insupportable. Il est apparu inutile de lui conseiller une attitude plus réfléchie : la seule aide véritable dans de tels cas serait un long travail d'analyse, car il s'agit de comportements profondément ancrés dans sa personnalité.

On retrouve le même genre d'attitudes chez les individus hyperactifs et prédisposés à l'infarctus. Ils s'énervent quand on leur suggère de « lever le pied », parce que leur style de vie est incompatible avec l'adoption d'un rythme différent, moins agité. De même qu'on ne peut pas proposer de demi-mesure aux alcooliques et aux fumeurs qui veulent arrêter, il faut, avec ce genre de personnes, que la cassure soit brusque et nette. En effet, les adeptes du « tout blanc ou tout noir » ne peuvent changer qu'en mettant un couvercle sur leurs impulsions, sans laisser la moindre ouverture.

4. Courage ou peur ?

Certains ont envie d'adopter un autre style de vie, mais sont retenus par la peur de traduire leurs désirs en actes concrets, ce qui fait qu'ils en restent au stade des velléités. En 68, on a vu bien des jeunes hippies « sans toit ni loi », et surtout sans inhibitions sexuelles, qui affirmaient être sur le point de partir refaire leur vie ailleurs. À l'époque, la destination de prédilection était l'Inde, et le parcours pour s'y rendre passait parfois par la drogue. Pourtant, seule une petite partie de ceux qui parlaient et rêvaient de s'en aller l'ont réellement fait ; les autres ont cédé à leur incapacité d'agir.

On trouve, à l'inverse, des personnes qui sont toujours prêtes à modifier leurs habitudes, à changer d'horaires, d'endroit, de maison : les envoyés spéciaux des journaux qui passent leur vie dans des hôtels pour reporters, parfois dans des pays en guerre, les commerciaux constamment en tournée ou les entrepreneurs à la recherche de nouvelles affaires. Ce désir d' « ailleurs » n'est jamais dépourvu de risques. Pensons à Arthur Rimbaud, un des « poètes maudits », qui est parti de chez lui, encore adolescent, pour réaliser son rêve d'écrire et qui a fini trafiquant d'armes en Abyssinie avant de mourir de la syphilis à Marseille.

S'il est beau, le mythe de l'évasion est donc parfois dangereux, et il a toujours un prix. On peut cependant au moins rechercher un équilibre entre ses aspirations, ses propos et ses actions. On peut rêver sans dire, parler plutôt que faire, mais également agir, si nécessaire, sans se cacher ni derrière les mots, ni dans le pessimisme raffiné de certains poètes.

5. Changer pour quoi ?

Quand on choisit d'infléchir sa vie sentimentale, professionnelle ou sociale, il est important de comprendre, dans les limites du possible, d'où vient ce désir de nouveauté, même si la motivation consciente n'est bien souvent que partielle et fragmentée.

En effet, l'attitude face au changement s'enracine surtout dans le passé : le goût du risque, la peur qui paralyse, le sentiment de culpabilité, le besoin d'agir sont des aspects du caractère, lequel s'est forgé au cours de l'évolution personnelle de chacun. Mais la décision de donner un tournant à sa vie peut aussi être motivée par des projets tournés vers l'avenir. Avoir un espoir, se lancer dans une entreprise, se fixer un objectif en vue duquel on va concentrer ses efforts : tout cela peut devenir un moteur de changement dans la mesure où il va falloir mobiliser de nouvelles ressources. Combien de personnes vivent un quotidien sans vrai problème, mais gris et ennuyeux parce que dénué de perspective ! Or les premiers frémissements d'un nouvel amour, la définition d'une nouvelle mission professionnelle peuvent avoir un effet stimulant et procurer le regain d'énergie qui est nécessaire au changement.

C'est particulièrement vrai en ce qui concerne les sentiments, même si beaucoup de gens ont l'habitude d'utiliser la nouveauté dans le domaine amoureux comme s'il s'agissait d'un antidépresseur. De la célibataire qui a un nouveau flirt à toutes les vacances du mari qui recherche l'évasion dans des aventures sexuelles payantes, le changement est utopique s'il se contente d'être une diversion ou une tentative pour donner de la substance à une vie perçue comme dépourvue de sens.

6. Changer pour qui ?

Une passion bouleversante qui dévore le cœur, un voyage dans un pays lointain dont on revient troublé et plus tout à fait le même, un deuil qui marque profondément, la naissance d'un enfant... chacun de nous pourrait citer des expériences qui ont modifié son rapport au monde. Les psychanalystes continuent de répéter (sans grand succès) qu'il faut être toujours prêt, parce que l'événement extérieur n'est que le *portemanteau* où « suspendre » un changement intérieur qui mûrissait en attendant de se produire. Les thérapeutes comportementalistes, eux, estiment que le stimulus provenant de la réalité extérieure, notamment s'il agit au niveau émotionnel, a un pouvoir de transformation bien supérieur à celui d'un portemanteau.

Dans le domaine amoureux surtout, certains changent non pas pour eux-mêmes, mais pour l'*autre*. Il semble qu'à cet égard, les femmes soient plus résolues que les hommes. Comme le dit le sociologue Francesco Alberoni [10], leur capacité d'aimer, ou de se rendre compte qu'elles n'aiment plus, les pousse sans trop d'hésitation à prendre des décisions radicales. Bref, par amour, les femmes ont l'audace de bouleverser leur vie. Elles sont également prêtes à s'en aller si leur passion s'est éteinte, ou si elles rencontrent un homme capable de ranimer la flamme. L'homme, lui, est plus rétif au changement amoureux : il préfère être aimé tel qu'il est, sans avoir à modifier ses habitudes, et surtout, il est davantage prédisposé au « syndrome de l'archipel », c'est-à-dire à la coexistence de plusieurs histoires parallèles.

Il existe des personnalités *introverties* (que nous dirons « à prédominance obsessionnelle ») qui ont un monde intérieur très fort : chez elles, le changement découle principalement d'une modification intérieure. Elles passent d'un sport à un autre, d'un amour à un autre, mais selon des modalités identiques : tout se ressemblera un peu, au bout du compte. On peut affirmer qu'elles sont, d'une certaine façon, « blindées » contre toute transformation provenant de l'extérieur. À l'inverse, les personnalités plus *extraverties* (que nous dirons « à prédominance hystérique ») sont sensibles à l'influence du monde extérieur, parfois jusqu'à la suggestibilité. Elles ne réussissent cependant pas toujours à changer véritablement, parce qu'elles restent comme fascinées et hypnotisées par ceux qu'elles rencontrent.

Évidemment, on est plus ou moins influençable par les changements extérieurs selon son âge. Les adultes, qui sont autonomes, ont trouvé leur équilibre personnel et se sont forgé des valeurs solides qui leur permettent de connaître leurs priorités : les transformations ont avant tout un ressort intérieur. À l'inverse, les enfants et les personnes âgées sont plus facilement conditionnés par l'extérieur. L'enfant est un être encore malléable, sur lequel les expériences familiales et scolaires ont davantage d'impact que les impulsions personnelles. Le cas de la personne âgée est plus complexe : consciente de sa fragilité, elle tend, par réaction, à être rigide et réfractaire au changement. On peut cependant se rappeler les paroles de René Spitz. À l'occasion d'un congrès, Spitz, alors âgé de soixante-quinze ans, rencontra une quadragénaire qui, fascinée par ses écrits et sa personnalité, ne le quitta pas de toute la durée du colloque. Le célèbre psychanalyste avait expliqué, avec sa chaleureuse sagesse, qu'en avançant en âge on perd de son énergie propre : le besoin de puiser dans celle des autres augmente alors. Objet d'amour ou d'intérêt, l'autre devient une nouvelle source capable de faire refleurir une plante devenue incapable de se nourrir elle-même.

Pour recourir à une métaphore alimentaire, mieux vaut être une pêche au noyau dur et à la pulpe douce qu'une noix dont la coquille est résistante, mais le cerneau tendre. Dans le premier cas, on peut être influencé par un changement venu de l'extérieur sans que celui-ci n'entame le cœur de la personnalité ; dans le second, on peut craindre qu'une fêlure n'expose un intérieur sans défense ou, au contraire, que la cuirasse soit totalement impénétrable.

7. *Quelles stratégies ?*

Carlo est un maniaque de l'ordre. Cela le pousse à dresser de longues listes de tâches qu'il doit accomplir et l'amène, ensuite, à s'énerver parce qu'il ne réussit pas à faire tout ce qu'il a prévu. Ce besoin de contrôle l'amène à commettre des erreurs qui peuvent sembler inexplicables. Ainsi, lors d'un voyage, il sort de son portefeuille sa nouvelle carte de crédit et, après avoir lu attentivement les instructions jointes, coupe l'ancienne carte en quatre de sorte qu'elle ne puisse être utilisée par quelqu'un d'autre. Seulement voilà, au moment où il s'apprête à régler sa note d'hôtel, il s'aperçoit qu'il a découpé sa nouvelle carte !

Pour les spécialistes de la communication stratégique, et en particulier Milton Erickson [11], Carlo a commis une erreur classique : il a fait travailler son hémisphère gauche alors qu'il est plus utile, pour accomplir des tâches de ce genre, d'utiliser l'hémisphère droit. En mettant en œuvre des stratégies inconscientes ou préconscientes, celui-ci permet, en effet, à l'autre hémisphère de faire preuve de créativité. Il y a plus de dix ans, le livre intitulé *Psicogolf* [12] avait déjà montré qu'un mécanisme analogue s'active lorsque l'on joue un coup de golf, surtout s'il est particulièrement délicat. La stratégie typique du cerveau gauche est : « Je *dois* faire plus de cent vingt mètres pour passer au-dessus de l'eau », ce qui peut être compliqué par une seconde injonction : « Je *veux* réussir un beau coup pour avoir un bon total en fin de parcours. » L'alliance de ces deux modalités « tueuses » (*devoir* et *vouloir*), émises par l'hémisphère gauche, peut gâcher totalement le plaisir sportif. Le joueur s'agace de plus en plus, à moins qu'il ne se rende compte, même s'il n'a plus aucune chance de gagner, qu'il peut réaliser le même coup sans *devoir* ni *vouloir*. Le remplacement de devoir et vouloir par *pouvoir* est une bonne stratégie, également applicable au domaine qui nous intéresse : celui du changement.

Françoise Kourilsky-Belliard, spécialiste de communication d'entreprise, a nommé l'hémisphère droit l'« expert en résolution de problèmes [13] ». Pour sa part, Edward De Bono préfère mettre l'accent sur la pensée latérale créative qu'il oppose à la pensée verticale logico-déductive. Et c'est bien à la pensée latérale que devrait faire appel Carlo, lorsque son cerveau rationnel prend le pas et le tyrannise. Milton Erickson a même inventé des techniques spéciales visant à « saturer » et à troubler cette partie du cerveau jusqu'à ce qu'elle soit hors d'usage. Pour cela, il utilise des expressions pseudo-logiques et délibérément complexes qui ont pour fonction de faire « sauter » l'hémisphère gauche pour que le droit puisse enfin prendre la situation en main...

8. Besoin d'évasion ou quête authentique ?

Tout changer, lever l'ancre et partir vers les mers du Sud de la vie, faire sien l'indestructible mythe d'un « ailleurs » qui, en son temps, poussa Gauguin à quitter l'Occident pour Tahiti et à peindre sur ses toiles un rêve de nouvel horizon : qui n'en a pas rêvé un jour ou l'autre ? Pour autant, il n'est pas forcément utile d'aller jusqu'au bout du monde ; il suffit parfois de s'éloigner de quelques kilomètres, comme le fait la protagoniste du beau roman *Une autre femme* [14]. Delia est une quadragénaire mariée, dont les enfants sont adolescents. Elle mène une vie normale, jusqu'à ce matin d'été où, sur la plage, elle décide de prêter l'oreille à son inquiétude. Et elle part, avec ses tennis et son sac de plage. Elle s'en va sans se retourner, se fait conduire en stop jusqu'à la ville la plus proche, y cherche un travail et se construit une nouvelle identité. Delia n'a pas suivi un amour, ni cherché à échapper à une famille destructrice ou étouffante. C'est une femme comme tant d'autres qui, comme tant d'autres, n'a jamais dit « je n'en peux plus », mais qui, un beau jour, a décidé de prendre au sérieux son envie de partir.

Lors d'un récent sondage, 32,7 % des personnes interrogées ont déclaré éprouver un vrai désir de modifier radicalement leur existence [15]. Pour beaucoup, cette aspiration prend la forme d'une *évasion*, mais pour certains, il s'agit d'une authentique *quête* d'autre chose.

Si l'on veut vraiment que cette envie débouche sur la découverte d'un nouveau monde (comme Christophe Colomb ou Marco Polo), il importe de se connaître et d'être disponible pour le changement. La sage exhortation des Grecs « Connais-toi toi-même » est donc toujours d'actualité. Certains ne décideront de s'essayer à un autre travail, ou de passer un diplôme que s'ils sont soutenus par un partenaire et une famille stable. D'autres racontent que c'est la réussite professionnelle et financière qui leur a donné l'assurance suffisante pour oser des changements sentimentaux autrement perçus comme trop risqués. D'autres encore avouent que s'ils n'avaient pas décidé, un beau jour, de rompre tout net avec la vie qu'ils menaient, ils seraient restés piégés à jamais dans une situation sans issue.

Quel que soit votre chemin, et sans aucun jugement *a priori*, nous espérons que ce livre vous aidera à mieux comprendre vos motivations profondes et les ressources dont vous disposez. Surtout, nous aimerions qu'il vous permette d'identifier, en toute honnêteté, les limites à l'intérieur desquelles le rêve de changement peut devenir une heureuse réalité.

CHAPITRE II

Les prisons intérieures

Ronald et Valentine sont un couple d'adolescents. Ils sont ensemble depuis à peine trois mois quand Valentine découvre qu'elle est enceinte. Ronald ne sait comment se comporter, d'autant plus qu'il est lui-même marqué par une singulière histoire : il est lui-même un « survivant ». En effet, sa mère, qui s'est trouvée enceinte à quarante ans, avait décidé d'interrompre sa grossesse, mais alors qu'elle était déjà prête pour l'intervention, son mari est venu la chercher et l'a obligée à quitter l'hôpital. C'est dans ce contexte qu'est né Ronald. L'histoire de Valentine n'est pas moins tourmentée puisque à huit ans, elle a probablement subi des sévices de la part de son père. « Probablement », parce qu'elle ne s'en rappelle pas. C'est sa sœur aînée, témoin du drame, qui le lui a raconté. Il est difficile de savoir s'il s'agit de faits réels ou de fantasmes mythomanes; en tout cas, Valentine s'est sentie mutilée. Elle a toujours pensé qu'elle ne pourrait pas avoir d'enfant, comme si les caresses déplacées de son père avaient entraîné une malédiction ou une lésion corporelle. La même « pensée magique » lui fait maintenant croire qu'elle ne peut pas avorter, entre autres parce que, comme Ronald, elle se sent marquée par le destin. Sauf que dans son cas, c'est sa mère qui, enceinte, a voulu garder son bébé, alors que son père poussait à l'avortement.

Tous deux sont donc le résultat d'un projet d'interruption qui n'a pas été mené à terme. Ce qui est encore plus surprenant, c'est que tous les deux vivent dans un cadre de communication transparent, au point de connaître les détails les plus intimes de l'existence de leurs parents. Cette transparence est d'ailleurs bilatérale, puisqu'en trois jours, les différents membres des deux familles sont au courant, pour Valentine, et que chacun veut donner son avis. Elle répète qu'elle ne peut même pas imaginer garder cet enfant, mais qu'elle est incapable d'avorter. De son côté, Ronald continue de dire qu'au fond, c'est à Valentine qu'il revient de décider. Après trois entretiens entre une assistante sociale et les familles des deux jeunes gens, nécessaires pour qu'elles prennent part au débat mais aussi qu'elles acceptent de limiter leur pouvoir décisionnel, la grossesse a été poursuivie.

En général, lorsqu'il s'est produit un événement traumatisant comme un divorce, une grossesse non désirée ou des abus sexuels, on essaie de le resituer dans le contexte familial de telle sorte qu'il prenne tout son sens et soit rattaché à l'expérience globale de la personne qui en a souffert. Dans ce cas, en revanche, il faudra faire exactement le contraire, parce que c'est l'énorme interférence de leurs vécus familiaux qui a empêché Valentine et Ronald de bien comprendre la portée d'un événement tel que la grossesse. Nous nous y efforcerons à travers une brève psychothérapie d'accompagnement dont le but sera de les aider à devenir les principaux acteurs d'un choix qui, même s'il se présente bien tôt à eux, ne doit pas être interprété comme une marque du destin.

Cet exemple montre bien comment l'histoire de chacun de nous, si elle peut favoriser la réussite personnelle, peut aussi, dans d'autres cas, devenir une sorte de boulet qu'on traînera toute sa vie. Et comme l'indique son titre, ce chapitre se propose justement de parler de nos « prisons intérieures ». Ce sera notre fil conducteur, car bien des aspects du comportement, de l'incapacité à changer au courage de bouleverser sa vie, apparaissent parfois comme le fait d'une implacable prédestination.

LES DÉPENDANTS

Certains pensent, entre romantisme et nostalgie, que la symbiose entre l'enfant à naître et sa mère est le parangon de toute relation d'amour, oubliant qu'à la naissance, on coupe le cordon ombilical. Ils en font parfois même leur modèle de couple. Or, le cordon ombilical n'est pas, *a priori*, le symbole d'un lien intense positif, et ce pour trois raisons :

1. *Il instaure une relation unilatérale, dénuée de réciprocité.* Or un rapport adulte se doit, dans la mesure du possible, d'être à double sens ; et l'échange doit plutôt être circulaire que linéaire.

2. *Il constitue une zone d'échanges qui peuvent se révéler dangereux ou toxiques.* Tout comme il existe des pathologies obstétricales dans lesquelles le cordon s'enroule autour du cou du bébé, la communication intime que symbolise ce lien peut être porteuse de *thanatos*, autrement dit de mort, et pas seulement d'amour. Il vaut donc mieux « penser » comme à une sorte de membrane poreuse, qui laisse passer, mais qui, dans le même temps, filtre et sépare.

3. *Il institue un lien de dépendance.* Le rapport mère-

enfant doit lui aussi, après la naissance, évoluer vers une autre intimité, plus autonome par rapport à la symbiose imposée par le ventre maternel. Rappelons que l'« intimité » est le partage de quelque chose de fondamental avec une personne importante. Elle s'établit donc entre deux êtres qui, tout en gardant leur autonomie, mettent en commun une valeur essentielle. L'intimité est un état dynamique, différent à la fois de la dépendance et de l'individualisme. La leçon à retenir est que dans notre vie affective, il faut s'affranchir du lien symbiotique sans pour autant renier son passé.

Barbara, vingt-deux ans, raconte que bien qu'elle n'habite plus chez ses parents pour pouvoir aller à l'université, elle n'a jamais réussi à couper le cordon ombilical avec eux. Elle a peu d'amis, parce qu'elle se sent toujours « déplacée » et qu'elle a le sentiment de ne pas être à la hauteur, ce qui constitue un handicap tant dans sa vie affective que sur le plan sexuel. En effet, Barbara est vierge et a très peur de la « première fois ». C'est une jeune fille intelligente, qui n'a jamais créé de problème et a eu un parcours scolaire sans faute. Toutefois, cette apparence tranquille masque une grande fragilité et une incapacité à devenir vraiment autonome par rapport à sa famille d'origine, et notamment à sa mère. Avec ses parents, Barbara continue de se comporter comme une enfant, ce qui lui permet de se retrancher dans un monde connu et rassurant ; dans ses relations avec les autres adultes, la petite fille qu'elle est restée se replie sous l'effet de la crainte.

Une brève psychothérapie pourra sans nul doute l'aider, mais pour commencer, elle devra laisser définitivement derrière elle cette partie d'elle-même qui ne veut pas grandir. Elle pourrait essayer de changer de cadre de vie, par exemple en partant quelques mois à l'étranger pour se perfectionner dans une langue étrangère ou approfondir un sujet d'étude. Mais il importe surtout qu'elle vive une période de « rodage sentimental » avec quelqu'un de son âge. Pour apprendre, entre autres, qu'il n'est pas inéluctable qu'un flirt débouche sur le sexe, ce qu'elle redoute.

Patricia, qui n'a que quelques années de plus que Barbara, ne souffre pas, elle, d'inhibition. Elle a trente ans et a déjà vécu plusieurs histoires d'amour importantes. Pourtant, en son for intérieur, elle se sent encore petite fille, et cette dépendance excessive, surtout à l'égard de son partenaire, l'empêche d'agir aussi librement qu'elle le voudrait. De ce fait, elle se trouve piégée dans une situation de souffrance.

Patricia vit depuis cinq ans avec un homme qui a peur du mariage. Hervé, quarante ans, est issu d'une famille aisée et dirige avec ses parents une chaîne de magasins d'appareils électroménagers. En dehors de son temps de travail, il aime beaucoup la voile et ses amis, avec lesquels il passe la majeure partie de ses week-ends, la laissant seule à la maison. Au début de leur relation, Patricia avait son appartement, mais Hervé lui a demandé de venir vivre avec lui et lui a imposé ses règles de cohabitation à lui. Anxieuse et fragile, elle s'est sentie étouffée au point qu'elle souffre de claustrophobie. Malheureusement, comme elle n'ose pas s'opposer verbalement à Hervé, Patricia a commencé à dire non avec son corps : elle s'est mise à souffrir de vaginisme, contraction involontaire des muscles du vagin qui interdit des rapports sexuels complets. Face au risque de la perdre, Hervé a changé d'attitude et est devenu plus gentil et plus respectueux, allant même jusqu'à parler de l'épouser. Mais Patricia n'a pas simplement joué la comédie pour trouver un mari ; elle a vraiment souffert. D'un autre côté, elle se dit qu'elle a trente ans et qu'elle devrait se décider à accepter ce mariage si longtemps désiré.

À ce stade, deux mécanismes sont identifiables :

– Il existe une collusion, une complicité inconsciente entre Hervé et Patricia, qui explique qu'ils se soient choisis. Hervé avait besoin d'une femme faible et gentille, qui ne revendiquerait pas trop d'espace pour elle-même et sur laquelle il pourrait exercer sa domination. Poussée par un sentiment d'insécurité, Patricia a recherché un homme dont elle pourrait dépendre. Mais maintenant qu'elle a commencé à grandir et demande à ne plus être seulement une enfant à protéger, mais aussi une épouse et une mère, elle se heurte à la résistance au changement de son partenaire. Hervé est peu disposé à modifier un comportement plaisant pour lui et qui s'enracine dans le modèle de sa famille d'origine. Le mûrissement de sa compagne l'a pris au dépourvu. Face au risque de perdre sa « proie », il a accepté de se marier, mais pas de revoir les règles de leur relation.

– C'est Patricia qui a déclenché la révolution, mais elle n'est pas capable d'aller jusqu'au bout. En effet, il est évident qu'elle a peur du changement dans le domaine sentimental, même si elle le recherche. Entre-temps, grâce en particulier à une crème contre les douleurs vaginales, elle a recommencé à faire l'amour avec Hervé, qui se montre plus tendre qu'auparavant et serait prêt à avoir un enfant. Elle reste avec Hervé par inertie. C'est comme si Patricia se trouvait au milieu d'un gué sans savoir de quel côté aller. Elle a plongé dans l'eau pour gagner l'autre rive, mais peut-être sans avoir véritablement envie de traverser ce fleuve. Son *impossibilité de changer* est masquée par une *velléité de changer,* qui n'est pas synonyme de *capacité à changer.*

Dans de tels cas, le thérapeute doit faire preuve d'une grande patience. En effet, il doit éviter de prendre des décisions à la place de la personne en difficulté, ou de la pousser à choisir dans un sens ou dans l'autre. Mais il serait tout aussi mauvais de laisser Patricia se consumer dans son incertitude tandis que les années passent. Il faudra donc absolument lui montrer les aspects négatifs de sa dépendance et les avantages d'un projet d'avenir autonome, en l'incitant à faire ses propres choix, au moins en partie.

Malheureusement, les mécanismes de dépendance au passé, qui emprisonnent l'énergie nécessaire pour modifier le présent et se projeter dans l'avenir, sont innombrables. Pour mieux les comprendre, nous pouvons évoquer un conte typique et particulièrement apprécié, celui de Cendrillon. Tout le monde connaît l'histoire. Cendrillon est née du premier mariage de son père qui, resté veuf, se remarie. À sa mort, la marâtre et les deux demi-sœurs unissent leurs forces pour humilier la jeune fille et la maintenir à l'écart. Mais avec l'aide de la bonne fée, Cendrillon, dont l'âme est pure, séduit le prince et l'épouse, après qu'il l'a retrouvée grâce à l'épreuve de la pantoufle.

Cette histoire présente deux facettes, l'une solaire, et l'autre obscure. La facette solaire est avant tout le rêve infantile de rencontrer le prince charmant. Et chez ce dernier aussi, on peut identifier, quoique moins explicitement, le désir correspondant : celui de rencontrer une jeune fille à l'âme pure, capable de lui rendre la joie de vivre. Car c'est ce qui lui manque, par-delà toutes les ennuyeuses magnificences de la vie de cour. La fin heureuse du conte est la réalisation du rêve de millions de personnes qui vivent dans l'espoir de gagner au loto du cœur. Et elle confirme que la passion, qui, en l'occurrence, est un véritable coup de foudre, demande au moins deux ingrédients : un espoir démesuré, qui permet d'idéaliser la réalité, en la teintant de rose ; et un obstacle majeur que tout grand amour, dans la plus pure tradition romantique, doit surmonter pour se réaliser.

La facette obscure du conte de Cendrillon est, elle, représentée par l'alliance maléfique entre la marâtre et ses deux filles. Mais pourquoi sont-elles aussi antipathiques et pourquoi leur plan échoue-t-il ? Pour trois raisons au moins.

1. La marâtre et les demi-sœurs remplacent l'authenticité des sentiments par la froide revendication du droit. Elles sont de noble lignée, et elles seules peuvent donc mettre le grappin sur le prince, tandis que la pauvre Cendrillon n'a pour elle que la pureté de ses sentiments. Pourtant, même dans la réalité, bien des couples se défont à la suite de choix reposant uniquement sur le critère de la classe sociale ou de l'intérêt financier.

2. Dans sa quête rageuse d'un mari-investissement, ce trio infernal finit par déformer la réalité en niant l'évidence de son faible pouvoir de séduction. En outre, la jalousie l'aveugle au point qu'il attribue à Cendrillon toutes les caractéristiques négatives d'une candidate inacceptable. Face au succès des autres, les personnes sûres d'elles-mêmes éprouvent un sentiment d'admiration, tandis que celles qui manquent d'assurance sont rongées par l'envie, émotion inavouable qui s'exprime sous forme de méchancetés et de médisances.

3. L'essentiel est toutefois que les demi-sœurs sont fortement dépendantes de leur mère, de qui elles tiennent leur ambition et leur sale caractère. Elles ne sont devenues adultes que dans leur corps, et non dans leur tête, et elles agissent comme deux jumelles dénuées de personnalité. Mère et filles forment un trio, mais unies et enlisées dans leurs sentiments négatifs comme elles le sont, elles ne constituent en réalité qu'une seule entité. Cette dépendance infantilisante en fait un mauvais modèle d'identification pour les femmes d'aujourd'hui. Quand on médit (à tort) des belles-mères, on pense en général à la mère du garçon, ter-

riblement jalouse de ce fils qui se marie. On a tendance à oublier l'autre, la mère de la jeune fille, qui entretient parfois un lien morbide avec sa fille. Nous pourrions quasiment parler de « syndrome des demi-sœurs de Cendrillon » quand la mère, étouffante, entrave toute évolution positive. En effet, dans le cas de Cendrillon, la belle-mère potentielle (et manquée) du prince voudrait continuer à vivre en miroir, en contraignant ses filles à réaliser ses ambitions à elle. C'est le même mécanisme qui pousse les mères dont les filles rêvent de devenir actrices ou top models à les présenter, encore adolescentes (voire, souvent, enfants) à une épuisante série de concours de beauté ou d'émissions de télévision.

LES AVIDES D'AMOUR

Chacun de nous peut avoir vécu, dans son passé, des événements susceptibles de peser plus ou moins fortement sur sa liberté intérieure. Dans certains cas, les personnes dépendantes font l'objet d'un amour obsessionnel, protecteur et infantilisant, qui a réduit leur capacité à devenir autonomes. D'autres fois, à l'inverse, l'histoire familiale est pleine de vides, de carences affectives et de séparations. Et cela ne se produit pas seulement dans des cas limites comme ceux de ces enfants roumains abandonnés en masse dans des orphelinats. Cela peut aussi arriver au sein de familles dans lesquelles la mère est dépressive et, de ce fait, incapable de transmettre de la chaleur et de l'affection ; ou bien quand elle se consacre à sa carrière, ce qui lui laisse peu de temps pour son enfant. Il arrive aussi que l'abandon soit la conséquence d'un conflit ou d'un divorce précoce entre les parents. Dans tous ces cas, et sans vouloir sous-estimer le rôle du père (dont nous parlerons plus loin), il peut se faire que les enfants, devenus adultes, continuent de penser qu'ils ont été les victimes d'une injustice et n'ont pas reçu assez d'amour. Ils peuvent alors avoir des réactions de type dépressif, s'ils ne se jugent pas « dignes » d'être aimés. Chez d'autres, le sentiment de ne pas avoir reçu assez provoquera de la colère et un désir de revanche qu'ils transféreront, plus ou moins consciemment, dans le domaine sentimental. On se trouve alors en présence de personnalités difficiles, compliquées, qui réussissent mieux au travail qu'en amour ou dans leurs relations avec leurs enfants. C'est ce qui se passe pour Maria.

Maria a trente-cinq ans et demande de l'aide. Elle se plaint du stress et des insomnies que provoque le comportement de son mari Philippe, lequel – d'après elle – protège excessivement ses deux jumelles de sept ans, nées d'un premier mariage. Philippe a trente-huit ans et se sent très responsable de ses filles, dont la mère est décédée tout de suite après son accouchement, d'un accident de voiture. Il s'est toujours occupé tout seul de ses filles, jusqu'au jour où il a rencontré et épousé son actuelle « virago ». Maria a un comportement antipathique et, pendant l'entretien, elle s'efforce d'imposer son point de vue tant à son mari qu'au thérapeute. À la maison, il lui est même arrivé d'agresser et de frapper Philippe parce qu'il ne la soutenait pas assez et prenait la défense de ses filles. Bref, tout cela fait penser à la situation classique de la « méchante belle-mère ». Mais il a suffi de dire à Maria que l'on percevait, derrière son agressivité, son désespoir et sa souffrance, pour qu'elle se calme comme par enchantement et commence à raconter son histoire familiale, plutôt difficile. Sa mère était souvent absente pour des raisons professionnelles et Maria, qui affichait un comportement exagérément sexy et rebelle, a été victime des sévices sexuels de l'un de ses oncles. Comme son frère, elle est partie de chez elle à quinze ans et a vécu son adolescence avec un homme beau-

coup plus âgé. Elle garde néanmoins un bon souvenir de cette période, ce qui n'est pas vrai pour ses expériences sentimentales ultérieures... Quand elle a rencontré Philippe, elle a essayé de combler les « vides » affectifs de son passé. Et si son mari ne satisfait pas son besoin d'amour, elle s'énerve au point de devenir violente.

Le passé de Maria en fait une handicapée affective : si les personnes qui se trouvent devant elle (mari, amis, thérapeute) n'adoptent pas une attitude affectueuse et compatissante, elle ne peut tolérer la frustration provoquée par ce qu'elle perçoit comme un refus. Elle ne supporte pas l'idée de perdre la place conquise auprès de son mari, qu'elle juge menacée par les deux petites. Elle reprend sa litanie en disant que pour Philippe, il y a d'abord les amis, puis ses filles et, en dernier, elle. Est-ce la vérité ou le résultat de son avidité insatisfaite ?

Il est évident qu'il y a collusion entre cet homme et cette femme : plus elle crie, plus il se réfugie au bistrot, et plus il se réfugie au bistrot, plus elle crie. Dans l'immédiat, il est urgent de protéger les jumelles de cet environnement nuisible en prévenant les services sociaux et, si la situation s'aggrave, le tribunal pour enfants.

LES AMOUREUX D'EUX-MÊMES

Les narcissiques foisonnent autour de nous. Leur estime de soi peut, à des degrés divers, conditionner le développement de la personnalité, mais il faut reconnaître qu'ils sont particulièrement imperméables au changement [1].

Narcissiques et agressifs

Dans certains cas, la personnalité narcissique s'est construit une sorte de cuirasse (un faux Moi) qui sert à masquer une grande fragilité intérieure. Il s'agit bien souvent d'hommes que la vie a rendus fondamentalement égocentriques et peu enclins à s'occuper des problèmes et de la souffrance des autres. Ils ne s'intéressent qu'à eux-mêmes, renonçant à tout bonheur partagé. Esclaves des apparences, ils font la roue comme des paons : ils doivent exhiber et s'exhiber. Beaucoup d'entre eux sont intelligents et brillants, et ils utilisent ces qualités pour mieux dissimuler leurs difficultés relationnelles. Ils choisissent fréquemment des professions en vue (avocats, architectes) et ont tendance à faire passer leur carrière avant l'amour. Les hommes de ce genre ont souvent des relations sentimentales avec des femmes présentant des caractéristiques complémentaires, autrement dit des femmes peu sûres d'elles et fascinées par l'éclat de leur compagnon. Et tout va bien jusqu'au jour où leurs partenaires, fatiguées de souffrir, imposent des changements positifs pour elles, mais difficiles à accepter pour eux. En effet, par nature, les narcissiques ne supportent pas les blessures dites « narcissiques »... C'est ce qu'illustre l'histoire de Jean-Pierre et Victoria.

Victoria, quarante-cinq ans, est en train de se séparer d'un mari qui l'a trompée. Jean-Pierre, qui a quarante-huit ans, a eu, sous couvert de fréquents déplacements professionnels, une série d'aventures brèves et sans avenir, jusqu'au jour où il est tombé amoureux d'une femme beaucoup plus jeune que lui. Il a essayé de trouver un compromis avec son épouse, mais Victoria, cette fois, a refusé de jouer le pilier de la famille et a demandé la séparation. Jean-Pierre, faisant alors preuve d'une grande magnanimité, a accepté toutes ses conditions, y compris celles concernant la garde des enfants. Par la suite, Jean-Pierre a traversé une période de crise. Sa maîtresse s'est mise à hésiter entre rester avec lui ou avec son fiancé, un footballeur. En outre, il a dû déposer le bilan de sa société et se trouve actuellement sans travail. Dans cette situation de grande tension, il a ressenti de fréquentes migraines.

Ainsi donc, Jean-Pierre n'était fort qu'en apparence : quand sa femme l'a quitté, il a commencé à « s'appuyer » sur sa jeune compagne, laquelle l'avait en fait choisi parce qu'elle désirait la protection d'un homme mûr et solide. Déçue, elle fait marche arrière. Et lui recherche maintenant le soutien de son ex-épouse, mais Victoria qui, par chance, va mieux, n'éprouve plus de compassion. Elle accepte tout au plus de lui apporter une assistance matérielle au nom des années qu'ils ont vécues ensemble.

Jean-Pierre est prisonnier de sa cuirasse extérieure et son narcissisme l'empêche de changer. Sa situation s'est même rapidement aggravée, tournant quasiment au drame, puisqu'il s'est retrouvé sans travail, en mauvaise santé, et seul : sa jeune amante a fini par le quitter, après avoir évalué avec réalisme la très mauvaise affaire que représentait un homme plus âgé, malade et au chômage. Jean-Pierre rêve maintenant d'émigrer à Saint-Domingue, où il ouvrirait un restaurant et recommencerait une nouvelle vie. En réalité, sa fragilité narcissique illustre typiquement l'impossibilité de changer qui se cache souvent derrière le masque des gens qui semblent sûrs d'eux, à l'aise dans toutes les situations et désinvoltes sur le plan sentimental.

Victoria, au contraire, qui s'était déjà défaite des entraves du sabotage maternel grâce à une psychothérapie (elle a compris que pour elle, le couple représentait le prolongement d'un rapport pathologique avec sa mère), s'est maintenant également débarrassée de ce mari qui la vampirisait. Elle a accepté l'invitation à dîner d'un ami de longue date, qui lui a révélé qu'il avait toujours été amoureux d'elle. Et une aventure purement sexuelle a commencé avec lui. Déchargée du rôle d'« homme de la maison » qu'elle était obligée de tenir, Victoria a retrouvé sa féminité. Pour reprendre ses propres mots, elle se sent désormais autorisée à changer : elle peut enfin abandonner ses vieilles habitudes et laisser émerger une nouvelle personnalité. Elle se sent plus libre d'avoir des pensées positives, d'écouter ses désirs, et n'est plus confinée au statut d'épouse et de mère. On peut dire que Victoria est un bel exemple de psychothérapie réussie. En effet, il n'y a pas seulement élimination de symptômes pathologiques, mais aussi création d'une plus grande liberté intérieure.

Henri est un homme chez qui assurance et détermination ne constituent qu'une « façade ». Il a quarante-cinq ans et dirige une banque. Jusqu'ici, il s'est contenté d'« utiliser » les femmes qu'il rencontrait, aidé en cela par un physique vigoureux et par de grands succès sur le plan sportif et professionnel. Après une longue série d'aventures, il pense que l'heure est venue de se stabiliser. Depuis un an, il a une liaison avec Judith, qui a trente ans et qui sort d'une histoire malheureuse. Henri est un ami de la famille et elle est passée de l'admiration à l'adoration totale. Elle est très amoureuse, et si elle apprenait qu'il la trompe, elle sombrerait dans le désespoir. Henri est, lui aussi, très attaché à Judith, mais il ne la voit que le week-end, car elle habite dans une autre ville. Et voilà qu'un jour il rencontre Anna, une jeune femme de vingt-sept ans. Il la défend contre un fiancé violent qui l'a giflée au cours de leur énième dispute. Et Anna, voyant en lui une sorte de « Zorro redresseur de torts », tombe amoureuse de lui. Et lui ne sait que faire, à quelques semaines des fêtes de Noël. Il avait déjà planifié un voyage avec Judith, mais s'il part, il ne pourra pas voir Anna, et il devra même lui révéler l'existence de Judith...

Pour satisfaire son narcissisme, Henri a donc rejoint les rangs, fort peuplés, des hommes qui mènent une double vie, ou tout au moins qui vivent des amours parallèles. Nul n'ayant le don d'ubiquité, ils sont obligés, lors des périodes de fête, de se livrer à d'incroyables acrobaties. Quand les membres du triangle se connaissent, il arrive qu'ils parviennent à trouver un compromis civilisé ; mais quand ces histoires parallèles restent secrètes, il peut se produire des coïncidences difficiles à gérer. Au point que pour certains, le Noël chrétien devient une véritable malédiction !

Narcissiques et perdants

Il existe des hommes pour qui des échecs sentimentaux et sexuels à répétition ne sont que la énième confirmation de leur conviction d'appartenir au monde des perdants. Contrairement aux représentants de la catégorie précédente, chez qui le narcissisme se traduit par des comportements agressifs (même si c'est seulement une façade), ce sont des êtres faibles qui semblent s'être focalisés sur les quelques centimètres carrés du corps masculin qui le différencient de celui de la femme... Ils ont une identité virile fragile, doutent de leurs capacités et présentent ce que Freud a appelé – avec une intuition géniale – « une mauvaise résolution du complexe d'Œdipe ». Le problème crucial est bien souvent non pas le rapport œdipien avec la mère, mais la concurrence irrésolue avec la figure du père. Le père n'est que « castrateur » et sanctionneur ; il ne devient jamais un guide sur la voie de la future identité virile du fils.

René vient chercher de l'aide pour un trouble sexuel qui cache en réalité un problème plus général d'identité masculine. Il a vingt-neuf ans, tout comme sa compagne Liliane. Ils se connaissent depuis un an et ont des problèmes depuis qu'ils ont projeté de vivre ensemble. Ils n'habitent pas dans la même ville, même s'ils ne sont guère éloignés l'un de l'autre, et ne se voient, en général, que le week-end. Ils voudraient vivre ensemble, à l'essai, pendant quelque temps avant de se marier.

C'est surtout Liliane qui hésite parce que, au-delà de leur intimité affective, René a une libido assez peu développée. Au sein de ce couple, les rôles sont inversés, tant du point de vue comportemental que sexuel. Liliane, qui a été brillamment reçue au bac, est entreprenante, elle a de bons résultats professionnels, du punch, et souhaite réussir à la fois au travail et dans sa vie privée. René, lui, est plus lymphatique, plus lent. C'est un bon commerçant, mais il n'a pas de diplôme, ce que Liliane tend d'ailleurs à lui reprocher, car elle voudrait être mariée à un « premier de la classe ».

René a derrière lui une famille à problèmes. Ses parents ont divorcé quand il avait six ans. En outre, il a pratiquement cessé de voir son père, qui est parti travailler à l'étranger et avec lequel il n'a plus que des rapports épisodiques. Bref, René n'a pas eu de figure masculine positive à laquelle s'identifier. Sa première expérience sentimentale remonte à ses vingt ans. Sa petite amie, très maternelle, rassurante, lui a fait découvrir le sexe. Mais à la longue, fatiguée de jouer l' « infirmière », elle l'a quitté. Maintenant, René hésite à s'engager dans une relation avec Liliane : il craint qu'elle ne prenne trop de place. Il est encore à une phase de sa vie où il cherche à se réaliser sur le plan personnel. Ainsi, il aime jouer au foot et fait partie, avec quelques amis, d'un petit orchestre. Il ne renoncerait pour rien au monde à ces passions, même si elles occupent justement ses week-ends, ses seules occasions d'être avec Liliane.

En réalité, René n'est pas encore prêt à projeter une intimité partagée avec une femme, parce qu'il se comporte comme un adolescent et a une identité virile encore chancelante. En revanche, à vingt-neuf ans, Liliane a des idées très claires : elle désire une famille, alors qu'au même âge, René semble n'être encore qu'un grand enfant à la recherche de ce qu'il fera quand il sera adulte.

Dans un tel cas, une thérapie de couple, comme ils le demandent, serait inutile. Il vaut mieux proposer à René une psychothérapie individuelle, de préférence avec un homme, afin d'accélérer son processus d'identification virile, ce qui lui permettra, en même temps, de résoudre ses problèmes sexuels résiduels. En effet, il ne s'agit pas d'un Peter Pan qui a décidé de rester enfant, mais d'un garçon qui mûrit lentement, plus lentement que Liliane ne l'escomptait et ne l'espérait. C'est de leur capacité de gérer cet écart d'évolution que dépendra l'avenir de leur relation de couple.

LES RIGIDES, LES OBSESSIONNELS ET LES MALADES DU « CONTRÔLE »

La description des « prisons intérieures » résultant des névroses infantiles pourrait facilement faire l'objet d'un livre à elle toute seule ! Aussi nous limitons-nous à quelques cas emblématiques. Et après avoir parlé des personnalités dépendantes, avides et narcissiques, nous conclurons avec un autre type de névrose, que l'on qualifie traditionnellement d' « obsessionnelle ». Dans ce cas, la personnalité s'est développée à l'opposé de la dépendance, c'est-à-dire en s'orientant vers l'autonomie et le contrôle des émotions plutôt que vers les relations avec autrui. Les hommes et les femmes concernés sont méticuleux, mesurés, plutôt froids et réservés, peu enclins à l'audace. Ils vivent en général la passion et les sentiments comme un danger et préfèrent s'en remettre à l'intelligence et à la volonté, qui leur permettent de mieux dominer les situations qu'ils rencontrent. Toutefois, ce mécanisme de contrôle, souvent considéré comme un signe de maîtrise de ses instincts, peut déboucher sur un style de vie excessivement rigide. Il finit par devenir une fin en soi, comme chez ceux qui aiment mettre de l'ordre non pas pour vivre mieux, mais simplement pour le plaisir de le faire. Un « couvercle » trop lourd obstrue le volcan de l'âme, au point que les émotions ne peuvent plus s'exprimer librement.

Alors que les personnalités dépendantes restent enfants, ou tout au moins infantiles, les personnalités obsessionnelles souffrent du problème inverse, c'est-à-dire d'être devenues adultes prématurément. Étudiants modèles, jeunes diplômés pleins d'avenir, dirigeants très précoces, ils sont souvent déjà vieux à vingt-cinq ans. En tout état de cause, ils sont plus fiables que créatifs, et ne savent pas transmettre à leur existence l'énergie cinétique nécessaire pour changer. Certains d'entre eux connaissent des problèmes psychosomatiques ou sexuels, parce que cet excès de contrôle intellectuel finit par pénaliser le corps, et donc l'*éros*.

Emmanuelle, trente-deux ans, très intelligente et, au premier abord, un peu revêche, fournit un bon exemple des difficultés que l'on peut avoir à changer vraiment, même quand on le désire profondément. Cette jeune femme, qui s'adresse à nous en se plaignant de maux de tête chroniques et d'anorgasmie, exerce en fait un trop grand contrôle mental sur son corps. Cette gestion cérébrale recouvre également sa relation stable et terriblement prévisible avec son mari, haut fonctionnaire dans un ministère. Cet homme de quarante-deux ans, de type sportif et fiable, lui fait l'amour souvent mais de façon stéréotypée. Et pour confirmer sa relative insensibilité, Emmanuelle prétend qu'en dix ans, il ne s'est pas encore rendu compte qu'elle n'avait jamais joui...

Emmanuelle vit tous les rapports humains et les expériences de la vie en termes de victoires ou de défaites. C'est la naissance de son fils qui a provoqué la première brèche dans son système de contrôle rationnel. Il avait faim à des horaires qui ne correspondaient pas à ce qu'elle avait prévu, ce qu'elle a vécu comme un échec, aggravé par le fait qu'elle n'avait pas assez de lait. Et maintenant, elle ne comprend pas pourquoi elle ne réussit pas à tomber de nouveau enceinte, ainsi qu'elle l'a programmé.

Abstraction faite de l'antipathie que cette femme inspire à ceux qui la côtoient (son mari est adoré par leurs amis, alors qu'elle passe pour une casse-pieds qui utilise son intelligence pour repérer les faiblesses des autres), nous nous sommes efforcés d'interpréter ses troubles. On peut dire, en recourant à une métaphore, qu'Emmanuelle ressemble à un fruit dont la peau sert à protéger la pulpe des rayons du soleil. Elle s'est convaincue que pour parvenir à la pleine satisfaction sexuelle – qui est un des problèmes pour lesquels elle est venue consulter –, elle doit avant tout développer ses potentialités physiques et mentales. Et elle s'est donc mise à faire de l'expression corporelle et du yoga.

Pendant ce temps, nous avons continué les séances de psychothérapie. Elle raconte avoir eu un père gentil mais pas particulièrement brillant, et avoir vécu dans un univers plutôt féminin. Sa mère, à la fois désagréable et bigote, était constamment en guerre contre une femme de chambre despotique et contre sa sœur. Emmanuelle est devenue méfiante après s'être rendu compte que son père, trop bon, était exploité par les femmes de la maison. Et elle a gardé cette attitude dans sa vie adulte, ce qui va même jusqu'à rendre difficile la proximité physique avec d'autres gens. Ainsi, elle n'aime pas aller chez le coiffeur, parce qu'elle vit le fait qu'on lui touche les cheveux comme une intrusion dans son intimité.

Le travail psychothérapeutique, qui a duré plusieurs mois, a consisté à lui faire comprendre que s'il est légitime d'exercer un contrôle, il doit cependant être sélectif ; autrement dit, que la cuirasse est utile dans certaines situations, mais pas dans d'autres. Elle pouvait, par conséquent, commencer à se fier à quelques personnes, et en particulier à son thérapeute. Elle a donc fait ce que les psychologues appellent une expérience « correctrice », vérifiant que la confiance n'est pas toujours trahie par les autres, contrairement à ce qui était arrivé à son père.

Emmanuelle a ensuite compris que c'était justement sa réticence à se laisser approcher, y compris physiquement, qui l'empêchait d'atteindre l'orgasme avec son mari. Elle cherche donc, désormais, de nouveaux moyens d'établir un rapport positif avec son corps. Elle a commencé, par exemple, à prendre de longs bains chauds, et non plus seulement les douches rapides auxquelles elle était accoutumée. Sur le plan sexuel, elle devra sans doute aussi retrouver ses sensations et ses fantasmes avant de pouvoir les partager sans risque avec son mari.

Dans le cas d'André aussi, c'est sa rigidité qui est en cause. Il a trente-cinq ans et vit depuis six ans avec Aline, qui en a trente. Ils se sont mariés il y a trois ans, mais depuis deux années au moins, André n'éprouve plus de désir. Quelle peut donc être la cause de ce manque d'intérêt pour le sexe chez un homme jeune et marié depuis peu de temps ? Une fois les causes physiques possibles ou un éventuel stress professionnel éliminés, il est apparu que nous avions affaire à une personnalité obsessionnelle et déprimée, ne connaissant guère les élans et ayant un comportement un peu « maniéré ».

Durant les rapports sexuels, André est en général peu présent. Il avoue qu'il aimerait, en théorie, expérimenter la jouissance sexuelle, mais qu'en pratique, il déclenche une censure absolue qui bloque toute spontanéité. Lors d'une consultation ultérieure, nous apprenons aussi qu'il entretient de très mauvais rapports avec son père, avec lequel il travaille. Peut-être est-ce la raison pour laquelle l'érotisme du couple s'améliore en vacances. Aline, au contraire, est une femme très « physique » ; c'est une Méridionale, et pour elle, le sexe compte beaucoup. Depuis un an, elle a opté pour la masturbation, mais elle craint de finir par ne plus avoir de désir pour son mari. C'est une femme équilibrée et normale, dont la seule erreur a peut-être été de se choisir un compagnon comme André, qui a une personnalité hypercontrôlée. En ce qui le concerne, le conflit avec son père et une dépression latente constituent l'explication la plus probable de la chute de son désir, qui risque maintenant de mettre son mariage en danger.

PEUT-ON SORTIR DE SES PRISONS INTÉRIEURES ?

On pourrait poursuivre longtemps l'étude du poids écrasant du passé... Les cas les plus faciles à affronter sont ceux des personnes conscientes de leurs prisons intérieures ; elles vont mal, veulent changer, mais n'y parviennent pas, ce qui les incite à venir demander de l'aide à un spécialiste après avoir cherché en vain la solution avec leur partenaire ou l'assistance d'un ami. C'est le cas de Martha.

Elle raconte l'énorme souffrance liée à sa vie dans une famille où tout était programmé et organisé par son père. Elle a désormais trente ans et voudrait un compagnon et des enfants, mais elle ne supporte pas l'idée d'être la moitié d'un couple, d'appartenir à quelqu'un. Elle a besoin de se sentir unique, ce qui découle de toute évidence du manque de respect de sa famille à l'égard de ses besoins d'autonomie et d'indépendance. Son attitude hostile, particulièrement sensible dans les périodes prémenstruelles, est au fond une façon d'éviter les contacts rapprochés, mais elle finit aussi par susciter les critiques et l'hostilité des autres.

Martha ne s'aime pas. Elle dirige toute sa rancœur contre elle-même, et ne réussit pas encore à l'orienter contre son père. Chez elle, elle étouffe, mais elle ne peut pas non plus s'imaginer mariée, ou partageant sa vie avec un compagnon, parce qu'elle voit le partage comme synonyme d'abus.

À ce stade, Martha doit néanmoins cesser de dire qu'elle souffre à cause des autres, sous peine de finir par se comporter exactement comme ce père qu'elle déteste et critique. Elle doit s'armer de courage pour essayer de prendre de la distance par rapport à elle-même et se demander : *que puis-je faire pour changer mon histoire ?* Ce qu'il y a de dramatique, avec un certain type d'éducation, c'est que ceux qui l'ont reçue sont convaincus de ne pouvoir ni agir ni vivre autrement qu'ils ont appris à le faire. Plus qu'un conditionnement, c'est un véritable lavage de cerveau.

Mais dans d'autres cas, celui qui est « bloqué » par son passé n'est pas totalement conscient de sa prison intérieure. C'est alors le regard extérieur des amis, ou parfois de certains parents, qui est le plus clairvoyant : pourquoi tombe-t-il toujours amoureux de femmes qui ne lui conviennent pas ? Comment a-t-elle fait pour ne pas se rendre compte que son histoire était finie avant même d'avoir commencé ? Une approche psychanalytique pourra là encore être utile, et permettre que les événements de la vie qui pourraient déclencher le changement ne soient plus neutralisés et étouffés dans l'œuf.

Louis, cinquante ans, trois fois divorcé, est un fervent défenseur des avantages de l'amour rémunéré qui, selon lui, permet de rencontrer de très belles femmes en s'épargnant les tracas de la cour et de l'engagement sentimental. Il consacre une attention maniaque à sa personne et est donc raffiné et élégant jusqu'au maniérisme. S'il lui arrive de s'offrir quelques produits de luxe, il est néanmoins plutôt avare avec les autres. Il utilise force parfums et after-shaves, au point que certaines de ses connaissances ont émis des railleries sur ses véritables tendances... À l'occasion d'une soirée avec animation musicale dans un restaurant tenu par des homosexuels, les femmes de son groupe ont voulu danser, mais il a décliné leur invitation avec agacement. En revanche, quand le disc-jockey a passé une chanson de Michael Jackson, il s'est tout de suite levé et a commencé à danser en agitant le bassin de façon très suggestive.

Dans le film *In & Out* [2], Kevin Kline joue un sympathique enseignant américain de province, éternel fiancé, qui ne comprend que devant l'autel qu'il ne veut pas se marier, parce qu'il est homosexuel. Le premier signal, le premier doute s'insinue justement dans son esprit parce qu'il n'a pas su résister à une chanson... Mais chez Louis, le déclic ne se produit pas. Au bout de trois minutes, il n'y a plus trace de son accès de folie, et il redevient l'homme susceptible et arrogant, incapable d'établir de véritables rapports sentimentaux. Il continuera d'essayer de convaincre le monde qu'il vit une heureuse solitude, parce qu'il est très loin d'avoir compris que des tendances homosexuelles refoulées et niées conditionnent sa vie relationnelle. Or ce sont elles qui constituent, à son insu, sa prison intérieure.

CHAPITRE III

Les changements soudains

Au chapitre précédent, nous avons montré que les changements peuvent être entravés par des résistances provenant de notre histoire, de notre esprit, de nos névroses – bref, du passé. Dans ce chapitre-ci, nous nous occuperons du présent, d'événements que nous n'avons pas voulus mais qui nous impliquent malgré nous, et qui peuvent provoquer des réactions catastrophiques mais aussi des tournants salutaires.

Prenons un exemple banal. Il nous est tous arrivé, un jour, d'être arrêtés sur notre chemin par un accident ou des travaux, qui nous ont obligés à changer d'itinéraire, à prendre l'autobus, ou à rallier notre destination à pied, en laissant notre voiture. De tels contretemps sont très souvent une source d'irritation, de tension, ou simplement de gêne, parce qu'ils contrarient nos habitudes. Mais certains savent aussi tirer profit de ce genre de situations inattendues. Ils prennent plaisir à se promener, à entrer dans un magasin découvert par hasard, à s'arrêter boire un café dans un bar, ou à emprunter un autre chemin plus pratique et moins encombré. Autrement dit, quand les changements ne résultent pas d'un choix, mais d'une situation imprévue, on rencontre là encore des réactions diamétralement opposées, du désespoir suscité par un événement jugé insupportable à la libération d'énergies nouvelles déclenchée par la découverte de possibilités inconnues.

Qu'il s'agisse de la décision brutale d'une personne de quitter son partenaire, ou d'une évolution graduelle comme une baisse de revenus, le changement est toujours un choc, parce qu'il se présente comme une atteinte à la liberté de chacun. Et en général, pour qu'il se transforme en un événement positif, il faut que se réalise un processus de deuil, lequel provoque à son tour, après coup, un phénomène psychologique de « rebond ». Comme l'a écrit André Haynal dans son livre sur la dépression, le mot désespoir porte en lui-même l'espoir [1]. Sans sous-estimer l'effet négatif de telles expériences, nous allons voir de plus près les aspects pas toujours déplaisants du changement sur le plan social, affectif, physique et même érotique.

LES CHANGEMENTS SOCIAUX : VIVRE SANS « RÉSEAU »

Dans une société où le chômage est encore très présent et où la perspective d'un emploi à vie constitue un mirage, il est courant d'être mis à mal par retournement soudain de son destin professionnel. Ceux qui, pour faire carrière, doivent quitter leur ville d'origine et leur famille vivent souvent un conflit déchirant, qui peut influer sur leur santé psychosomatique. Et le chômage a des effets encore plus terribles, car s'il est dramatique pour des jeunes à la recherche d'un premier emploi, il l'est encore davantage pour ceux qui se retrouvent brusquement sans emploi et vivent la perte de leur travail comme une castration symbolique. Tout le monde ne peut pas avoir la créativité des chômeurs anglais du film *Full Monty* qui, à la suite de la fermeture de la mine dans laquelle ils travaillaient, s'improvisent stripteaseurs [2]...

La retraite et, surtout, la préretraite, provoquent elles aussi des situations catastrophiques, surtout quand elles n'ont pas été préparées. Un collègue anesthésiste exerçait à titre privé dans un hôpital auquel il reversait 20 % de ses gains. Lorsqu'on lui a demandé d'augmenter ce pourcentage à 30 %, il a refusé. Mais à l'échéance de son contrat, l'hôpital ne l'a pas reconduit, et ce médecin s'est alors trouvé dans une situation difficile, parce qu'il n'avait pas prévu cette éventualité. Ceux qui, au contraire, réfléchissent bien avant et organisent leur futur temps libre peuvent découvrir, le jour venu, que la retraite est un nouveau départ.

L'*appauvrissement* peut lui aussi être un grave problème, surtout dans un monde qui fait de la réussite financière un élément essentiel de l'identité sociale. Quelle qu'en soit la cause (une retraite anticipée imposée, une décision de se mettre à son compte qui ne donne pas les résultats escomptés, une clientèle ou des affaires en diminution), une baisse de niveau de vie peut être très difficile à affronter. Les personnes équilibrées, qui ont un monde intérieur dynamique, compensent leur appauvrissement matériel par des richesses d'ordre affectif et intellectuel, ce qui leur permet de s'adapter sans trop de difficultés. Pour d'autres, en revanche, avoir moins d'argent signifie devoir renoncer à la satisfaction de besoins matériels, qui participent de leur qualité de vie.

Bien souvent, la baisse de niveau de vie va de pair avec un appauvrissement de la vie sociale, ce qui crée une souffrance psychologique proche de la dépression.

Paul, cinquante-deux ans, se plaint de ne plus avoir de désir depuis cinq ans. Quand sa compagne, Thérèse, l'a connu, il avait une sexualité exubérante, d'où sa déception et sa préoccupation actuelles. Ils ne font plus l'amour que si elle en prend l'initiative. Ces trois dernières années, elle a pris vingt bons kilos, mais cela semble être la conséquence du comportement de Paul. En effet, sa vie sexuelle ne lui apportant plus guère de satisfaction, Thérèse s'est rabattue – à titre de compensation – sur les gâteaux et le chocolat. Et lui ? Peut-être a-t-il une maîtresse ? Non, en fait, il n'y a aucune autre femme dans sa vie ; et il n'a même pas de passion de substitution, sinon pour les cartes.

Il ressort de notre entretien avec Paul qu'il ressent une évidente insatisfaction existentielle. Il y a dix années de cela, l'entreprise dont il était propriétaire s'est trouvée en difficultés, et la décision de la banque de ne pas accorder de nouveau report de crédit l'a mise en faillite. Depuis, Paul est financièrement dépendant de Thérèse, et ne travaille plus. Il joue néanmoins aux cartes au moins trois fois par semaine – avec succès, d'ailleurs, parce que son intelligence mathématique lui permet, surtout au bridge, de gagner très souvent et même de remporter des sommes importantes.

En fait, Paul souffre d'une dépression masquée qui se traduit par l'absence de désir. Il s'est trouvé confronté à une situation difficile, mais surmontable, et y est resté englué. Et maintenant, il attend que le temps passe, dans une apathie totale. Il n'a aucun projet professionnel, et son caractère ombrageux lui interdit de chercher un travail en temps qu'employé. C'est comme s'il vivait en « stand-by » : il se dit prêt à partir explorer de nouveaux horizons, mais il ne se lance jamais.

Dans les cas de ce genre, il peut être bon de tenter une thérapie pharmacologique pour retrouver un élan vital; mais il faudra ensuite que Paul suive une brève psychothérapie, parce qu'il aura besoin d'apprendre à utiliser positivement les énergies retrouvées. Sinon, il restera un déprimé n'ayant aucune intention réelle de changer. Car Paul n'est pas venu au premier entretien de son plein gré, mais à l'instigation de sa compagne qui, elle, est terrorisée à l'idée de rester seule.

Tout semble clair, donc : Thérèse, pour ne pas le perdre, entretient Paul, lequel joue au chevalier servant. Leur stabilité économique relative l'empêche d'atteindre le niveau de désespoir qui le pousserait à tenter un véritable revirement. Dans ce système de complicité réciproque, qui permet de survivre, mais sans bonheur, le grand absent est le désir de Paul. Et c'est ce signal d'alarme qui indique que leur rapport doit trouver un nouvel équilibre. Chez n'importe quel couple, d'ailleurs, un désir alangui doit être le point de départ d'une révision périodique des règles du jeu à deux.

Enfin, certaines situations de changement imposé sont liées à l'*émigration*. Les Italiens en savent quelque chose, puisque pendant des siècles, poussés par la misère, ils sont allés chercher fortune à l'étranger. Ce qui a entraîné de véritables bouleversements de leur vie individuelle et sociale.

Aline, quarante-six ans, est née d'Italiens émigrés en Lorraine, où son père a été mineur pendant de longues années. Sa mère, incapable de s'adapter à ce déracinement forcé, marginalisée et malade de nostalgie, n'a cessé de traîner Aline dans ses allers et retours entre la France et l'Italie. Il s'est ainsi établi un curieux rapport entre la mère et la fille, la petite s'étant peu à peu convaincue qu'elle devait protéger sa mère du triste destin qui la contraignait à vivre en Lorraine, région froide et pluvieuse, avec un mari qui passait plus de temps à la mine ou au bar qu'à la maison. C'est Aline qui devait « procurer » à sa mère le soleil italien qui lui manquait tant, même si elle y perdait l'énergie qu'elle aurait dû consacrer à elle-même.

Il existe des situations fortement conditionnées par les traditions du pays d'origine, comme dans le cas des femmes somaliennes qui demandent à être infibulées après avoir accouché. Il est légitime de se demander si l'on doit accepter de telles pratiques. En effet, l'infibulation, qui est considérée comme « normale » dans de nombreux pays africains, est une véritable mutilation : elle consiste à enlever le clitoris et à coudre grossièrement les grandes lèvres du vagin. Outre qu'elle entraîne un risque d'infection, cette intervention empêche les femmes d'éprouver du plaisir et rend même les rapports sexuels douloureux.

LES CHANGEMENTS AFFECTIFS : GÉRER LA NOUVEAUTÉ, ACCEPTER LA PERTE

Les mariages arrangés par les familles ont été le prétexte à un grand nombre de chefs-d'œuvre de la littérature romantique, mais fort heureusement, ils sont devenus rares. D'autres situations de la vie affective restent dramatiques, qui amènent à subir involontairement un abandon (à la suite d'un divorce ou du décès du conjoint) ou à affronter la décision unilatérale de l'autre, comme dans les cas d'adultère. Il arrive aussi que l'on doive faire face à un événement inattendu, comme une grossesse non désirée. Voyons, à travers quelques histoires, comment ces situations peuvent provoquer de grandes souffrances ou être, au contraire, une occasion de « rebondir » et de prendre un nouveau départ dans la vie.

Les amants secrets et les secrets de famille

Elle s'appelle Hélène et elle a trente ans. Elle raconte n'avoir jamais été aussi malheureuse de sa vie. Son mari, qui a trente-deux ans, lui a avoué, en larmes, qu'il était attiré par les hommes, bien qu'il l'aime énormément. Hélène confirme qu'en effet, ils ont une excellente relation, pleine d'affection et de complicité, et qu'ils ont toujours fait l'amour avec passion. De temps en temps, Jean avait des aventures, mais elle croyait qu'il s'agissait d'autres femmes. Il dit maintenant qu'il a toujours eu conscience de son homosexualité ; il s'est marié parce qu'il l'aimait et rêvait de mener une vie « normale », mais il reconnaît aujourd'hui avoir commis une erreur. Au milieu de tout ce qu'ils se sont dit, un vieil épisode d'abus sexuel par un garçon plus grand que lui, alors qu'il avait à peine huit ans, a resurgi. Hélène ne sait plus que faire. Ils continuent à se confier l'un à l'autre, à s'embrasser et à pleurer. Mais ils ne réussissent pas à trouver une solution à leur problème. Doivent-ils se quitter, lui pour enfin vivre la vie qu'il a toujours repoussée, et elle pour désapprendre à l'aimer ? Cette idée leur brise le cœur.

Souvent, la révélation soudaine de tendances homosexuelles longtemps refoulées et niées montre la chute de certaines défenses rationnelles et l'émergence de la nature profonde, fixée au cours des toutes premières années de la vie. D'autres fois, l'identité demeure ambiguë, comme si le masculin et le féminin coexistaient chez une même personne. Peut-être est-ce ce qui arrive au mari d'Hélène, qui n'a jamais eu de problème pour faire l'amour avec sa femme. Maintenant, cependant, s'il désire vraiment protéger sa relation conjugale, y compris du point de vue érotique, il devra mettre en œuvre des stratégies bien concrètes afin d'éviter les lieux et les occasions de « tentation ».

Soyons clairs : dans bien des cas, l'homosexualité est une orientation définie, un libre choix. Pour cet homme, en revanche, il semble que ce soit une dangereuse attirance, comme l'alcool ou le jeu. Il arrive qu'après quelques essais, certains renoncent, alors que d'autres se persuadent que c'est là leur véritable penchant.

Nul doute qu'une psychothérapie individuelle sera utile à l'un comme à l'autre : à Jean, pour qu'il détermine le juste choix à faire ; et à Hélène, pour qu'elle parvienne à accepter et à gérer ce changement inattendu, qui a bouleversé son couple.

Thomas et Jeanne, eux, viennent consulter ensemble. C'est un couple de quadragénaires gentils et ennuyeux, aussi gris que leurs vêtements. Ils se plaignent d'une baisse progressive de leur désir depuis que Thomas a rencontré une autre femme, ce qui a ébranlé leur couple. Jeanne ne refuse cependant pas de faire l'amour avec lui, même si elle ne comprend pas pourquoi il continue de la vouloir alors qu'il a une maîtresse.

Jeanne a grandi dans une famille d'agriculteurs, entre un père autoritaire et une mère soumise. Elle est la plus petite des quatre enfants de ce couple. Enfant inattendue, née dix ans après les autres, elle a été une « gentille petite fille », ne posant jamais de problèmes. Mais son contrôle excessif et son éducation rigide masquent ou bloquent en elle toute forme de spontanéité. Thomas, lui, est le fils unique d'un couple très uni, et Jeanne a été sa première femme. Tous deux sont fonctionnaires de la petite ville dans laquelle ils habitent ; ils ont deux grands chiens et une maison achetée grâce à un énorme emprunt.

On se demande comment, dans cette vie monotone, bien organisée et sans enfant, une autre femme a bien pu « s'infiltrer ». En fait, nous découvrirons que Thomas n'a pris aucune initiative, que c'est elle qui l'a séduit et est maintenant décidée à le « capturer ». Il a déjà emporté une partie de ses vêtements chez sa maîtresse, mais revient souvent chez lui sous prétexte de sortir les chiens.

Thomas et Jeanne forment un couple symbiotique : ils sont comme « collés », et c'est peut-être pour cette raison qu'ils n'ont pas eu d'enfants. Cette intimité étouffante les a empêchés de développer de la créativité et une énergie positive ; et leur vie ensemble est devenue de moins en moins palpitante, glissant dans la routine la plus totale.

Dernièrement, pourtant, faisant preuve d'une volonté que nul n'aurait soupçonnée, Jeanne a décidé de réagir à la contrainte qui lui était imposée. Elle a sommé Thomas de choisir entre elle et l'autre femme, et devant son hésitation, a opté pour la séparation et est allée trouver un avocat. Ce qui confirme que parfois, les personnes qui ont l'air plus faible sont en réalité les plus fortes...

Pour André aussi, le changement s'est produit comme un coup de tonnerre. « Sa » Rose l'a abandonné après deux années de bonheur, et il ne parvient pas à se résigner. Leur appartement est encore plein de souvenirs, du petit chat en peluche à l'horloge marquée « Mon cœur ne bat que pour toi ». Il ne se console pas et espère, par son silence, inciter Rose à réfléchir et à revenir.

La séparation est un événement émotionnellement très fort, parce que nous vivons sous son sceau depuis notre naissance. Entrer dans la vie signifie aussi sortir et se séparer du ventre maternel. Et au cours des phases ultérieures de notre développement, chaque pas en avant implique de renoncer à une partie de soi-même, parfois au prix de grandes souffrances.

Pour ce qui est d'André, il doit tout d'abord se rendre compte que Rose n'est sans doute pas partie parce qu'il avait commis une faute, mais parce que son évolution personnelle a été plus rapide ou qu'elle a suivi une autre route ;

ou simplement parce qu'elle est tombée amoureuse d'un autre homme. Ce qui est son droit, même si c'est difficile à admettre pour celui qui est abandonné. En outre, celui qui s'en va emporte aussi des sentiments et des désirs liés à lui, et de ce fait, l'autre sombre dans la tristesse et ne vit plus que de souvenirs, ou est plein de colère et médite de se venger.

Dans ce cas, le témoignage nostalgique d'André montre qu'il est encore très amoureux. Il faut absolument qu'il accepte la réalité de l'abandon, même si le corollaire en est une impression de vide et d'injustice. Et qu'il fasse une croix sur le bonheur goûté et disparu. Peut-être Rose reviendra-t-elle, mais en tout état de cause, il faut « savoir perdre », accepter la séparation, parce qu'elle fait partie de la vie, qu'elle libère des énergies et permet de reprendre l'initiative, ne serait-ce que mentalement, en attendant que la plaie du cœur se referme.

Le deuil, le souvenir et le détachement

La disparition d'une personne chère est une autre forme de séparation. La différence, c'est qu'elle est irréversible, définitive, sans retour en arrière possible. Un tel changement imposé peut pulvériser la vie de ceux qui restent.

Il est difficile de donner des conseils en la matière, mais on peut parfois au moins aider le survivant à accepter ce qui s'est passé. Comme Fabrice, qui demande qu'on l'aide à sortir de sa profonde dépression.

Depuis qu'il a perdu son épouse, il y a cinq ans, la vie n'a plus de sens pour Fabrice. Il est refermé sur sa douleur, figé dans le souvenir. Il a même construit une sorte de « sanctuaire » à la mémoire de sa compagne. Leur chambre à coucher est devenue une espèce de mausolée, avec une bougie allumée en permanence, des photographies de leurs années de vie commune et les objets auxquels Henriette était attachée. Fabrice dort maintenant dans une autre pièce. Il a continué à travailler par sens du devoir, mais refuse de voir des amis, parce qu'ils essaient de le détourner de cet attachement morbide. Rien ne le console, pas même une passion intellectuelle comme l'amour de l'opéra ou des livres.

À la longue, cette dépendance obsessionnelle du passé a consumé toutes ses énergies psychiques. Fabrice n'a plus aucun projet et s'est enfoncé dans une grave dépression. En thérapie, nous avons dû travailler avec lui sur le thème du « détachement », tel qu'il a été analysé par Judith Viorst [3], et lui faire accepter l'idée que sa femme aurait sans doute été heureuse qu'il décide de recommencer à vivre. Seule cette idée, qui ne trahit pas sa mémoire et correspond à un désir possible de sa compagne, a permis à Fabrice de sortir de son isolement et de rouvrir son cœur.

Nombreux sont ceux qui restent fidèles au souvenir de la personne aimée et passent le reste de leur vie en « hibernation » parce qu'ils ne réussissent pas à en faire le deuil et à admettre cette perte. Le film hollywoodien *Ghost* montre de manière émouvante les étapes nécessaires au détachement [4]. Demi Moore, dont le fiancé est mort accidentellement, entre en contact avec son fantôme grâce à une médium (jouée par Whoopi Goldberg), et peu à peu, elle apprend à le « laisser partir » pour recommencer à vivre.

Mais il peut aussi arriver qu'un deuil entraîne une évolution étonnamment positive. C'est ce qui s'est passé pour Mary Higgins Clark, le fameux auteur américain de thrillers. Restée veuve à trente-cinq ans, avec cinq enfants à élever, elle a décidé, passé le choc initial, d'essayer de vendre quelques récits, pour se distraire mais aussi pour gagner de l'argent. C'est ainsi que sont nés ses premiers romans. Elle a maintenant soixante-dix ans, est milliardaire, et en est à son troisième mariage.

Enfin, il peut arriver que le veuvage mette fin à une collusion, à une complicité qui avait cimenté le couple, mais bloqué les énergies des deux partenaires. C'est ce qui s'est passé pour Albert et Anna, tous deux âgés de cinquante-deux ans.

Albert et Anna vivaient ensemble depuis vingt-cinq ans quand ils ont appris qu'elle avait une tumeur au sein. La maladie s'est rapidement aggravée, et Anna est morte. Albert paraît inconsolable, et se ressent vivement de son absence, d'autant qu'ils travaillaient tous les deux dans des domaines voisins : elle était hématologue, et lui chirurgien spécialisé dans les greffes d'organes. Au bout de quelques mois, peut-être pour combler sa solitude, il accepte la compagnie tout d'abord amicale, puis sexuelle, d'une infirmière du service dans lequel il travaille. La plupart de ses amis s'insurgent alors, jugeant que cette aventure précoce est une sorte de profanation de la mémoire d'Anna. Ils critiquent l'autre femme, affirmant qu'elle agit par intérêt, mais dans les faits, Albert refleurit. Il change de style vestimentaire, se coupe les cheveux, achète une nouvelle voiture, s'accorde quelques week-ends de repos, alors que jusque-là, il se consacrait exclusivement à son travail. Bref, Albert prend ce que l'on pourrait appeler un « coup de jeune ». Quelques amis envieux pensent que sa relation avec l'infirmière n'est qu'un engouement sénile, mais objectivement, il va mieux. Cette histoire dure désormais depuis trois ans.

Il ne s'agit pas de dire que le premier couple d'Albert était pathologique, mais sans doute avait-il un peu perdu de sa dynamique, mise à mal par la routine de la vie conjugale. Peut-être ne se seraient-ils jamais séparés ou n'auraient-ils jamais divorcé, mais l'abandon dû à la disparition de sa femme a permis à Albert de remettre en marche le moteur de sa créativité. Sa capacité à faire face positivement à un changement imposé par le destin l'a régénéré.

La révolution de la grossesse

La naissance d'un enfant est un autre événement susceptible de bouleverser la vie. Mais parfois, ce changement tant désiré ne se produit pas : 10 % des couples ont un problème de stérilité. Les partenaires, découvrant qu'ils ne peuvent avoir d'enfants, se trouvent alors confrontés à une douloureuse impossibilité, à une difficulté qu'ils n'ont pas choisie. D'où des souffrances et des transformations au sein du couple.

Dans d'autres cas, la révolution de l'enfant à venir peut être plus ou moins subie, parce que imposée par une femme qui veut un enfant pour satisfaire sa vocation maternelle ou, plus cyniquement, pour se faire épouser. Enfin, la grossesse peut être un événement voulu, qui s'inscrit dans un projet personnel et conjugal, mais se révèle une cause de transformation physique difficile à gérer.

Pour Christian, l'arrivée inattendue d'un enfant a été une désagréable surprise. Cela ne faisait pas vraiment partie de ses projets. Christian, qui a cinquante ans, est un homme d'action : il a d'abord fait partie de la Légion étrangère, puis a été videur de discothèque, et enfin chef animateur dans des villages touristiques. C'est un aventurier, qui a toujours vécu intensément et dangereusement. Il a connu beaucoup de femmes, mais aucune n'est restée. En son for intérieur, il a toujours pensé que s'enraciner et fonder une famille était une forme de faiblesse. Sa dernière aventure l'a emmené en Thaïlande, où il a acheté un bateau de pêche pour organiser des excursions sur une île située au sud du pays, et c'est là qu'il a rencontré une jeune femme du cru. Comme cela se produit souvent en Asie, elle s'est rapidement trouvée enceinte, peut-

être en partie pour retenir cet étranger. Christian a mal pris la nouvelle de cette grossesse, mais depuis la naissance de sa petite fille, dont il a choisi le prénom, Brise, il n'a d'yeux que pour elle. Il s'en occupe à temps plein, au point de négliger ses amis et ses affaires pour jouer avec elle. Quand il parle de sa fille, ses yeux pétillent comme lorsqu'il raconte ses aventures de contrebandier. Ce qui semblait, au départ, être un changement imposé, est devenu le moteur d'une modification radicale qui a transfiguré ce cinquantenaire, ajoutant à la longue liste de ses aventures celle de la paternité.

Gilbert, qui a quarante ans, s'est marié il y a deux ans après avoir été pendant vingt ans un play-boy connu. Vingt ans de soirées dans des bars, d'activités sportives avec des amis, d'aventures sexuelles sans engagement ni lendemain, et puis, un jour il revoit Véronique, une femme de trente-cinq ans qu'il a connue antérieurement et perdue de vue parce qu'elle est partie travailler à l'étranger. Ils décident de se marier, et pendant un certain temps, tout semble parfait, y compris sur le plan sexuel. Mais la récente grossesse de Véronique et la naissance d'une petite fille ont modifié l'attirance que Gilbert éprouvait. Usant d'un langage cru et direct, comme s'il parlait d'une opération bancaire, il raconte tout ce qui ne va pas. Il dit, par exemple, que suite à la maternité, le corps de Véronique s'est modifié ; alors que pendant la grossesse, ses seins étaient trop gros, maintenant, ils sont trop petits... Quand elle était enceinte, il ne pouvait plus s'approcher d'elle, « gêné » par la présence du bébé dans son ventre ; il a d'ailleurs refusé d'assister à l'accouchement. Leur rapport affectif n'a pas été pour autant compromis. Gilbert ne la trompe pas, et n'en a pas envie ; il fait souvent des rêves érotiques accompagnés d'érections nocturnes, mais ceux-ci ne se traduisent pas par une reprise de la sexualité conjugale.

Voilà qui confirme que l'attirance est un phénomène délicat, un bien précieux qui doit être protégé avec soin. Avant de chercher comment nous pouvions aider ce couple à retrouver son harmonie sexuelle, nous avons voulu savoir si l'apparente assurance de Gilbert ne cachait pas une fragilité affective. Il est apparu, au cours de nos entretiens, que ses parents ont divorcé quand il avait six ans, et qu'il a vécu avec sa mère, tandis que son père se remariait. Gilbert a épousé un jeune mannequin qui l'a ensuite quitté brusquement, ce qui a provoqué chez lui une grave dépression. Il est difficile d'évaluer l'incidence de ces événements passés sur la crise actuelle, mais ce qui est certain, c'est que pendant des années, il a totalement séparé le domaine affectif du domaine sexuel. Et alors qu'il avait enfin réussi à réconcilier ces deux mondes, la grossesse de Véronique a rouvert la fracture. Son incapacité à faire l'amour à sa femme enceinte a peut-être des relents œdipiens. En effet, quand il était petit, il a vécu seul avec sa mère, ce qui peut l'avoir incité à assumer le rôle du père.

Avant d'entamer un travail direct, que le couple et surtout Gilbert ne sont pas prêts à affronter, il nous a paru bon de tenter une intervention « pédagogique ». Les premiers entretiens ont donc servi à évaluer la possibilité, pour eux, de reconstruire une intimité, en identifiant les conditions qui faciliteraient la reprise d'une vie sexuelle par Gilbert. Après une première hésitation, celui-ci a dit qu'il aimerait que sa femme lâche ses cheveux au lieu de toujours les relever en chignon, et qu'elle utilise le parfum qu'elle portait lors de leur première rencontre. Ces petits « trucs », que Véronique a acceptés sans difficulté, complétés d'un week-end romantique à deux, ont fait fonction d' « activateurs » du désir et ont permis le rapprochement sexuel de partenaires dont les problèmes, en dernière analyse, provenaient davantage de l'inexpérience que d'une véritable situation pathologique.

L'exemple d'Éléonore, enfin, montre comment la maternité, même si elle est désirée, peut se transformer en un changement bouleversant qui donne le sentiment angoissant de ne pas être à la hauteur.

Parvenue à son sixième mois de grossesse, Éléonore, qui a trente-huit ans, se demande comment elle va pouvoir gérer sa vie. Elle a déjà un fils de trois ans et est mariée à un ingénieur qui travaille dans une multinationale. Alors qu'elle a tendance à contrôler minutieusement tous les aspects de son existence, la maternité l'a précipitée dans un univers régi par d'autres lois et dans lequel surviennent des événements imprévisibles. Avec son premier enfant, par exemple, elle était convaincue qu'elle pourrait le programmer comme un ordinateur; aussi, pensant qu'elle pourrait lui donner le biberon à heures fixes, avait-elle choisi de ne pas l'allaiter. Mais cette planification n'a pas résisté bien longtemps parce que, au cours de ses premiers mois, le bébé a souffert – comme cela arrive fréquemment – de coliques. Il pleurait toute la nuit et ne respectait évidemment pas les horaires établis par sa mère. En outre, cette première grossesse a provoqué une brusque diminution de son désir sexuel. Pourtant, trois ans plus tard, Éléonore a décidé, en toute rationalité, que l'heure était venue d'avoir un deuxième enfant. Et elle est de nouveau terrifiée de sentir que l'aspect le plus viscéral et le plus instinctif de sa personnalité tend à prendre le pas sur le contrôle intellectuel.

Avec cette femme très cérébrale, mais en même temps si fragile, nous avons élaboré un parcours d'approche de la naissance qui associe aux exercices classiques de respiration et de préparation à l'accouchement ce que nous pourrions appeler des « psycho-exercices », afin qu'elle puisse apprendre à identifier les problèmes et les affronter l'un après l'autre.

– La première étape – d'ordre éminemment pratique –

consiste à trouver une aide de jour. Éléonore et son mari n'ayant pas de problèmes d'argent, ils peuvent se permettent d'avoir une baby-sitter pour s'occuper du bébé dans la journée.

– Le deuxième point est l'anxiété que provoque en Éléonore l'idée de l'enfant qui va arriver, laquelle s'exprime de différentes manières. Par exemple, elle est déçue d'avoir appris, en passant une échographie, que c'est un garçon. Elle aurait aimé avoir une fille pour établir ce rapport complice qui, dit-elle, n'existe qu'entre femmes. De plus, elle ne voudrait pas en venir à le comparer à l'aîné, ce qui n'engendrerait qu'injustices et rivalités. Elle se rappelle en effet que sa mère lui préférait son grand frère, et craint de reproduire ce modèle.

– Une autre de ses préoccupations est que la maternité l'oblige à cesser de travailler trop longtemps, car pour elle, la dimension professionnelle est importante et constitue une source de stimulations positives.

– Enfin, elle doit rechercher une plus grande intimité dans sa relation avec son mari parce que, au sein de ce couple très « construit », la communication est très réduite.

Ce qui fait défaut à Éléonore, c'est surtout la confiance en soi. Depuis qu'elle a eu son premier enfant, une véritable « incompétence existentielle » s'est fait jour sous le vernis d'une organisation sans faille. Sa façade cérébrale, masculine et programmée a commencé à se fissurer, laissant apparaître une dimension plus féminine, plus spontanée et plus viscérale, qui l'inquiète encore. Le changement apporté par son deuxième enfant l'aidera peut-être à aller plus loin sur cette voie ; et la psychothérapie suivie durant la grossesse lui permettra non seulement de faire face à l'événement lui-même, mais aussi d'en « tirer profit » pour mûrir en tant que femme.

LES CHANGEMENTS PHYSIQUES : DES TEMPÊTES HORMONALES AUX PREMIÈRES RIDES

La transformation continue du corps est un phénomène qui commence dès le ventre maternel et se poursuit jusqu'à notre dernier jour en ce monde. Au début, on a une configuration gonadique de type féminin, puis – au cours des premières semaines de vie intra-utérine – la production d'androgènes crée le tout premier changement, à savoir la transformation en individus masculins. Toutes les transitions ultérieures, du bébé à l'enfant, de l'adolescent à l'adulte, suivent des processus généralement considérés comme positifs parce que associés à un potentiel de croissance et de maturation.

L'augmentation de la musculature chez les garçons, le développement des seins chez les filles, et l'apparition de duvet et de caractères sexuels secondaires chez les deux sexes sont des changements subis. En effet, le corps est comme régi par un rythme interne, à la merci de tempêtes hormonales qui peuvent aussi faire peur. Dans la plupart des cas, ces transformations sont perçues comme bien naturelles, même si elles sont parfois, au début, une source d'embarras, et quelquefois aussi de fierté. Seul un petit nombre de modifications physiques sont vues négativement, en particulier lorsque la maturation du corps ne correspond pas à une évolution psychologique de l'identité personnelle. On voit alors des garçons honteux de leur voix qui se casse et qui change, ou de leurs pollutions nocturnes intempestives. Quant aux filles, leurs seins naissants et l'arrondissement de leurs formes peuvent les gêner, au point qu'il arrive que les règles disparaissent et qu'apparaissent les premiers symptômes de l'anorexie (trouble qui est, entre autres, un moyen de nier sa féminité en restant toujours maigre et androgyne).

Une fois l'âge mûr atteint, notre corps continue de se transformer, quoique plus graduellement. Et le changement devient plus difficile à gérer lorsque surgissent les premiers signes de vieillissement : quelques rides autour des yeux et des cheveux blancs sur les tempes peuvent provoquer une grande angoisse.

De nos jours, l'obsession de l'éternelle beauté, le désir lancinant d'être toujours mince, en forme, et d'avoir la peau douce, semble être davantage le fait des femmes que des hommes. Mais si les crèmes et les massages sont un bon moyen de parvenir au bien-être psychophysique et de l'entretenir, ils ont pour inconvénient de nourrir l'illusion de pouvoir rester jeune à jamais ; autrement dit, ils peuvent se transformer en instruments pour refuser et nier les effets du temps qui passe. Bien entendu, il n'y a rien de mal à soigner son corps ; nous le faisons d'ailleurs tous, chaque jour, en mettant des lunettes ou des lentilles de contact, en allant chez le dentiste, en prenant des vitamines ou en nous habillant de façon à nous mettre en valeur. Certains demeurent jeunes d'esprit alors que leur physique continue inexorablement de changer, et il peut être bon, sur le plan thérapeutique, de les aider à maintenir l'harmonie entre leur corps et leur tête. Mais cela doit rester dans les limites du raisonnable et ne pas atteindre les excès des liftings continus ou de l'allure adolescente qu'arborent certaines personnes dont les vingt ans sont pourtant un lointain souvenir.

Les sportifs professionnels sont de ceux qui s'efforcent particulièrement de contrer les effets des changements physiques. Ils sont néanmoins peut-être moins préoccupés par la dimension esthétique que par la dimension fonctionnelle d'un corps qui n'a plus le même rendement qu'auparavant.

Le résultat, c'est qu'en général, les champions, toutes disciplines confondues, vieillissent plus mal que le commun des mortels : habitués aux performances, ils ont du mal à trouver un idéal adapté à leur âge et à leurs possibilités.

Bien sûr, les changements corporels sont aussi un problème pour les acteurs, les gens du spectacle et, en général, pour tous ceux qui – pour des raisons professionnelles ou par caractère – sont très attentifs à l'image qu'ils donnent d'eux-mêmes. Il ne serait pas facile pour autant d'imiter la chanteuse Madonna, qui a su changer de look, de couleur de cheveux et de coiffure au fil des années. Dans cette transformation qui a fait de la blondinette ébouriffée de ses premières chansons, toute de noir et de dentelle vêtue, une jeune maman quadragénaire aux cheveux bruns ondulés et aux mains peintes au henné, on sent non seulement une volonté de dominer son corps et de l'utiliser pour faire du spectacle, mais aussi une tentative pour ne pas subir les changements, mais les provoquer.

Pour parler des cheveux, par exemple, que font nombre de femmes ? Une coupe radicale, une teinture audacieuse sont indéniablement le signal d'un désir de transformation ou d'un tournant déjà amorcé. Le coiffeur devient alors l'instrument d'une révolution qui, en fait, ne se limite pas à l'apparence. Combien de « nouvelles blondes » ont mis un terme à une relation étouffante ou opté pour une nouvelle autonomie sentimentale ? Il est clair, cependant, qu'il ne s'agit pas là de modifications imposées ; celles-ci sont fortement désirées et réalisées avec opiniâtreté.

Enfin, il y a des changements physiques dus non pas à l'âge, mais à des événements traumatisants, comme des maladies ou des accidents. Une tumeur au sein, par exemple, peut être tout à la fois une terrible réalité et l'occasion de repartir de façon positive.

Sandra, une avocate de trente-cinq ans, est mariée à un homme lui aussi fort occupé, au point qu'ils ont décidé de continuer de vivre dans deux villes différentes. Passé le choc de la découverte subite d'une tumeur, de l'intervention, et des pénibles suites de la maladie (qui, par bonheur, s'est soldée par sa guérison), Sandra a « révisé » ses priorités. Elle a décidé que la vie valait la peine d'être vécue, et qu'il n'y avait pas que le travail. Elle a quitté son cabinet, s'est trouvé dans sa ville à lui un poste de collaboratrice moins gratifiant, mais aussi moins stressant, et a convaincu son mari de profiter davantage de l'existence. Avec elle.

Jean-Luc, un trentenaire hyperactif et frénétique, a été contraint à l'immobilité pendant deux mois après s'être cassé la jambe lors d'un trekking éprouvant. Il a vu s'ouvrir, grâce à cette soudaine invalidité, les portes d'autres plaisirs, moins physiques, mais aussi fascinants. S'étant passionné pour des livres d'archéologie, il a « navigué » sur Internet à la recherche des sites les plus intéressants dans ce domaine et s'est fait de nouveaux amis mus par le même enthousiasme.

LES CHANGEMENTS ÉROTIQUES : QUI A PEUR DES NOUVEAUTÉS ?

Il arrive parfois aussi que l'on doive faire face à un changement inattendu dans le domaine délicat de l'érotisme : c'est le cas, par exemple, quand l'un des partenaires veut introduire dans la vie sexuelle des nouveautés que l'autre a du mal à accepter. C'est ce qui s'est produit pour la « Dame désespérée » qui écrit en racontant qu'âgée de soixante-dix ans, elle aime son mari avec un dévouement sans faille. Il y a encore quelques mois, leur vie sexuelle était heureuse, jusqu'au jour où il a voulu des rapports oraux. La « Dame désespérée » en a perdu le sommeil et se demande si son mari est normal.

En fait, cette demande n'a rien de préoccupant en elle-même. On peut s'interroger, en revanche, sur les raisons qui ont amené cet homme à changer ainsi brusquement d'attitude. Qu'est-ce qui a bien pu le pousser à vouloir essayer cette nouvelle façon de faire l'amour ? Une autre femme ? Et maintenant, désireux de ne pas tromper son épouse, il veut tester cette découverte avec elle ? En tout état de cause, on peut interpréter cette demande comme un message positif, et non comme la volonté d'abuser de sa compagne. La dame affirme avoir de nombreuses raisons de ne pas accepter les rapports oraux, elle n'est pas une prostituée, dit-elle ; le mari, par contre, déclare les désirer comme une preuve d'amour. Si ce n'était leur âge, nous pourrions presque les prendre pour deux adolescents aux prises avec la découverte du corps et de la sexualité, et la nécessité d'harmoniser des exigences différentes.

De nos jours, les rapports sexuels oraux sont de plus en plus courants, et au moins 80 % des couples les pratiquent, alors que d'autres comportements érotiques, comme les rapports anaux, restent plus rares. Dans tous les cas, ces « variantes » – plus souvent demandées par l'homme que par la femme – constituent des préliminaires excitants au rapport sexuel complet, ou une autre forme de recherche du plaisir. Les rapports oraux, en particulier, peuvent aussi être très gratifiants pour la femme, même si certains hommes, égoïstes ou peu disponibles, les refusent par gêne du « contact rapproché ».

On peut donc rassurer la « Dame désespérée », en lui disant qu'à condition qu'il soit accepté et non imposé, ce comportement est de plus en plus fréquent dans l'intimité du couple, alors que pour les générations précédentes, il était réservé aux rapports avec les prostituées. Ce qui fournissait du même coup une excellente justification au sexe payant : on ne pouvait connaître les plaisirs du sexe qu'avec les prostituées... À ce propos, la réplique de Robert de Niro, mafieux italo-américain et hypertraditionaliste, dans l'amusant *Mafia Blues* [5], est emblématique. À son psychologue, qui lui demande pourquoi il a une maîtresse alors que sa femme est jeune et mignonne, il répond, confus : « Je devrais demander *certaines choses* à la bouche qui, chaque soir, embrasse mes enfants ? »

Les demandes de ce genre, qui opposent deux partenaires, constellent le parcours existentiel des couples. Il pourrait tout aussi bien s'agir de l'achat d'une voiture neuve, d'un voyage exotique, d'un équipement hi-fi ultracher... Dans l'histoire de la « Dame désespérée », le mari souhaite quelque chose de nouveau, et il importe qu'elle en comprenne les raisons, parce que sont mis en cause son corps, ses principes, ses habitudes et ses connaissances sexuelles. Cette femme (et toute autre personne dans une situation semblable) peut imaginer que son mari et elle sont comme deux jeunes qui se sont rencontrés peu avant et cherchent, à travers leurs sentiments, un terrain d'entente. En fait, son compagnon ne lui demande pas d'apporter une preuve de son amour, mais de se montrer capable de comprendre son point de vue ; il faut néanmoins respecter le droit de chacun de refuser ce qu'il juge contraire à ses principes moraux ou incompatible avec sa sensibilité érotique.

L'histoire de Bianca est celle d'un changement qui n'est pas seulement érotique, mais aussi social, puisqu'il s'agit d'une femme qui achète le sexe et, surtout, l'amour.

Bianca a presque cinquante ans. Après un mariage raté, caractérisé par un manque de tendresse et de sexe, de nombreuses humiliations et parfois même des coups, elle a divorcé. Elle a alors décidé de consacrer son énergie à ses filles et ses petits-enfants. Puis, lors d'un séjour de vacances au Maroc, elle a rencontré un Nord-Africain de vingt-cinq ans son cadet et dont elle est tombée amoureuse. Elle l'a trouvé beau, intelligent, cultivé, et s'est sentie bien avec lui. Mais au bout de quelques mois, il s'est mis à lui demander de l'argent, d'abord pour faire des études ; puis pour retourner chez lui, où il avait laissé une fiancée. Pendant quelque temps, Bianca a accepté parce que, avec lui, elle se sentait vivre. Il a désormais épousé sa fiancée, mais revient souvent pour son travail, et jure qu'il veut continuer à la voir jusqu'à sa mort... à condition qu'elle l'aide à régler ses factures. Il a fallu qu'il commence à boire pour qu'elle décide de mettre fin à cette histoire et cesse de lui donner l'argent qu'il réclamait. Mais elle est malheureuse et demande conseil.

Bianca pose la délicate question de savoir si l'on peut acheter l'amour. Pendant des siècles, les hommes ont pensé que c'était possible, et aujourd'hui encore, le sexe payant envahit certaines rues et les *eros centers*. Chez les femmes, cette pratique est plus rare et se rencontre surtout dans la culture anglo-saxonne. Il est fréquent que les Américaines fortunées, qui viennent en Europe pour raisons professionnelles, fassent appel à un « garde du corps ». Et à Acapulco, les riches touristes américaines se joignent volontiers aux guides mexicains. Tout comme les Anglaises vont en Jamaïque, et les Italiennes au Kenya... Elles s'adonnent au tourisme sexuel en quête d'un rêve. Si l'on n'achète pas l'amour, on peut au moins se procurer du plaisir et de la compagnie (et peut-être aussi une illusion romantique).

D'autres personnes considèrent elles aussi l'argent comme une monnaie d'échange, comme la contre-valeur de leur affection, mais de façon moins voyante. Et comme les femmes montent peu à peu sur l'échelle socio-économique, le nombre d'hommes se faisant ainsi entretenir croît en proportion. Les contes parlaient autrefois de Cendrillon cherchant son prince charmant ; aujourd'hui, on voit de plus en plus de cendrillons mâles qui voudraient épouser une « banque ». Il arrive parfois qu'ils soient vraiment attirés par une femme ayant de la classe, et pas seulement un gros porte-monnaie. Tel n'est malheureusement pas le cas de l'amant de Bianca puisque, lorsqu'elle a coupé le robinet de l'argent, il a espacé ses visites.

Dans le cas de Bianca, la situation est très délicate, et au-delà d'un moralisme de bas étage, il est difficile de donner des conseils. Elle est en passe de refermer ce chapitre de sa vie au prix d'une triste solitude. Le seul moyen de l'aider consiste peut-être à lui redonner de l'espoir et de la confiance en elle-même, parce qu'à cinquante ans, avec un divorce derrière elle, elle se sent finie et se comporte en perdante. C'est d'ailleurs pour cela qu'elle a trop longtemps accepté le compromis avec son jeune amant. Or, même dans son cas, il est encore possible de changer.

LES CHANGEMENTS RÉSULTANT DE CHOCS TRAUMATIQUES : LA RÉSILIENCE

En juin 1999, un congrès a été organisé sur le thème du talent, phénomène fascinant et bien difficile à définir [6]. Pour certains, il s'agit de créativité ; pour d'autres, de compétences, pour d'autres encore, de charisme. Et puis : est-ce une qualité innée, ou peut-on l'acquérir peu à peu ? Pour nous autres, psychologues, le talent consiste à savoir exploiter un accès de folie. Chaque individu a en lui des caractéristiques potentiellement créatives qui, en fonction de ce qui en est fait, peuvent se transformer en charge destructrice, disparaître, ou se développer et être ainsi l'étincelle qui génère le talent.

Beaucoup de champions n'ont qu'un seul talent, comme le joueur d'échecs Bobby Fischer ou le footballeur Ronaldo. Mais il existe des génies polyvalents, comme le grand Léonard de Vinci. Notre société encourage le développement de talents spécialisés, qui sont souvent un gage de réussite, mais pas de bonheur. Et il y a aussi de nombreux talents gaspillés ou bloqués, qui n'ont pas pu ou osé se réaliser.

On peut définir le talent comme une dialectique entre ordre et désordre qui permet de traiter les éventuelles inquiétudes issues des souffrances du passé. Certaines personnes qui ont vécu un grand choc ou une catastrophe, ou encore des événements et des changements non désirés, peuvent développer des capacités étonnantes. Le psychiatre Boris Cyrulnik parle, à ce propos, de « résilience [8] ». D'après le dictionnaire, la résilience est la propriété physique qu'ont certains matériaux de résister à des chocs sans se rompre. On voit bien ce que ce terme peut signifier dans le domaine psychologique, surtout en rapport avec le sujet qui nous intéresse : le changement. Pourquoi certaines personnes qui ont subi des événements terribles comme la déportation, des violences familiales ou la solitude des orphelinats s'en sortent-elles mieux que d'autres et sont-elles, dans certains cas, plus brillantes que d'autres ? Parce que, selon Cyrulnik, il est parfois plus facile de surmonter des traumatismes imprévus et destructeurs que de gérer des changements ambigus et, donc, plus insidieux.

Pour faire face à des chocs bouleversants comme la guerre, l'émigration forcée, la mort de ses parents ou des sévices corporels, il faut surmonter de nombreux obstacles. Certains y parviennent et deviennent des « gagnants », comme le confirme une étude menée sur l'île de Kauai (dans les îles Hawaii), où des chercheurs ont suivi l'évolution de deux cents enfants ayant grandi dans des conditions particulièrement défavorables. Cent trente d'entre eux se sont heurtés à d'énormes problèmes, mais soixante-dix (soit près d'un tiers) ont su faire face aux difficultés avec plus d'efficacité que ceux du « groupe témoin », composé d'enfants ayant grandi dans des conditions normales. Quelles sont donc les caractéristiques qui permettent un rebond aussi stupéfiant ?

– *La capacité à mettre au point un mécanisme de déni*, c'est-à-dire un système de défense très primitif, mais qui permet de survivre. C'est comme si l'on effaçait de sa vie un événement insupportable (violence, traumatisme) en le réfutant.

– *La capacité à rêver*, qui permet de « raccommoder » le réseau des souvenirs en modifiant la trame constituée par les événements insupportables et en lui donnant un sens. Ces histoires imaginaires, qui déforment partiellement la réalité, réinterprètent les faits survenus en les insérant dans un contexte significatif, susceptible de donner un sens à une violence ou une douleur insensées.

– *Le développement du sens de l'humour*, c'est-à-dire d'une capacité de rire de ce qui arrive. L'ironie transfigure la réalité, un peu comme dans le film *La Vie est belle*, de Begnini, et aide à ne pas devenir fou. Ou disons, tout au moins, qu'elle permet de prendre de la distance par rapport aux événements et de renverser la situation, en la lisant tout autrement.

– *Une maturité précoce*, pour affronter très tôt une réalité qu'un cœur d'enfant ne peut supporter. Nous rencontrons bien souvent, en thérapie, des individus aux personnalités infantiles ; à l'inverse, des enfants de huit ou dix ans faisant preuve de résilience se comportent déjà comme de petits adultes.

– *Un quotient intellectuel élevé*, caractéristique que l'on trouve également chez une autre catégorie de patients, les transsexuels, lesquels sont prêts, pour réaliser un profond désir, à une transformation chirurgicale radicale de leur corps. Tout comme les transsexuels, les personnes résilientes sont elles aussi fréquemment dotées d'une intelligence supérieure à la moyenne. Dans une perspective darwinienne, on pourrait dire que les énormes difficultés auxquelles elles ont été confrontées dans leurs jeunes années ont constitué des conditions environnementales qui ont contraint le cerveau à se développer précocement. En effet, l'intelligence est un instrument raffiné et puissant, qui sert à donner une cohésion et un sens à des événements qui en sont dépourvus.

– *La présence d'un « conteneur adulte »* qui sert tout à la fois de référence et d'organisateur. C'est comme si le regard d'un autre était nécessaire pour donner un sens à des réalités autrement insupportables.

Le phénomène de résilience permet de surmonter des situations terribles, mais il a un prix. En effet, bien souvent, la victime qui réussit à s'en sortir inspire davantage de méfiance que de compréhension et doit affronter le sentiment de culpabilité que ressentent les survivants, le « pourquoi moi ? ». En outre, beaucoup de ces personnes tendent, une fois qu'elles sont devenues adultes, à avoir une vie sentimentale stable, dans certains cas presque rigide, comme pour faire barrage au chaos qui a caractérisé leur passé.

Certains de ces enfants sinistrés parviennent à convertir leur souffrance en créativité adulte et deviennent alors des êtres doués de talent. Boris Cyrulnik rappelle comment Victor Hugo, George Sand, Émile Zola, Stendhal et Guy de Maupassant se sont servis de la création pour colmater la brèche ouverte par la douleur et pour devenir eux-mêmes.

CHAPITRE IV

Les bonnes et les mauvaises habitudes

Certains, essentiellement sédentaires, sont hostiles au changement et ne manquent pas de citer le proverbe « on sait ce qu'on quitte, on ne sait pas ce qu'on trouve ». Pour eux, les bonnes habitudes créent les traditions, lesquelles conservent les éléments importants de notre culture. Dans cette perspective, tous les rites sont importants, parce qu'ils permettent de maintenir le lien avec le passé. Et l'on célèbre alors Noël selon les usages de la famille, le 24 décembre au soir ou le 25 au matin, en préparant toujours les mêmes plats, que ce soit une dinde aux marrons ou une épaule d'agneau, et en achetant toujours la bûche chez le même pâtissier. D'autres, nomades par nature, voient les habitudes comme un fardeau inutile et éprouvent une sorte d'irritation et de gêne à l'égard de tout ce qui se répète à l'identique. Pour eux, toute tradition est une vieillerie dont il faut se débarrasser. Noël est un jour comme les autres, ou plutôt d'un ennui mortel, parce qu'il faut en passer par le réveillon en famille.

Sommes-nous donc les *gardiens* ou les *prisonniers* des habitudes ? Ou encore, comme le disent les Américains, sommes-nous plutôt des *farmers* (des « agriculteurs ») ou des *hunters* (des « chasseurs »)? Dans ce chapitre, nous allons examiner les aspects positifs et négatifs des habitudes, qui font pendant au thème du changement.

LES BONNES HABITUDES

S'habiller selon des rituels qui se répètent ou aller au bureau en empruntant toujours le même chemin sont des routines qui libèrent l'esprit au profit d'activités innovantes et, parfois, créatives. Les hommes savent bien que c'est souvent en se rasant qu'ils ont les meilleures intuitions pour la journée à venir. Et les femmes ont leur équivalent, au volant peut-être : un trajet habituel libère un « espace mental » entre leur maison et leur lieu de travail. C'est comme si l'activité « répétitive » impliquait le cerveau droit, rationnel, en laissant du terrain au cerveau gauche, plus créateur et plus imaginatif.

L'habitude est source de sécurité et de tranquillité

C'est surtout vrai dans l'enfance. En effet, chez les enfants, la stabilité de l'environnement et la continuité des relations humaines jettent les bases d'un Moi solide et d'une bonne sécurité intérieure. D'ailleurs, les plus petits aiment regarder pour la dixième fois la même cassette de dessins animés et ne se lassent pas de se faire raconter leur conte préféré, mais toujours de la même manière. Ce sont des

« défenseurs de la tradition » et ils ne manquent pas de nous faire remarquer le moindre écart, si nous oublions quelque détail.

Pour les adultes aussi, certaines habitudes sont rassurantes : aller en vacances au même endroit ou retrouver les amis de toujours au bar habituel sont des comportements qui ont de toute évidence un pouvoir antianxiété. Et dans le domaine sentimental ? Il existe des personnes pour qui la routine engendre la sécurité : elles sont fidèles et heureuses, parce que faire l'amour avec le même partenaire, de la même façon, en retrouvant chaque fois un rythme et un corps connus, est pour elles synonyme de sérénité.

L'habitude accroît la compétence

Nous savons que la répétition d'un exercice permet d'automatiser des réflexes et des connaissances, ce qui finit par accroître notre compétence. Tel est le fondement d'un certain type d'entraînement militaire et sportif. Cela ne vaut cependant que jusqu'au moment où l'inattention due aux automatismes nous fait baisser la garde et commettre des erreurs imprévues.

L'habitude favorise la reconnaissance sociale

L'émission de signaux prévisibles à l'intention des autres permet une reconnaissance réciproque et améliore la coexistence sociale. Notre vie quotidienne est pleine de ces petits automatismes. Les « saluts » conventionnels en sont un exemple : ce sont des mots purement appris, que nous échangeons avec un voisin, un marchand de journaux, un garçon de café, quasiment sans nous en apercevoir. Quand nous nous habillons, aussi, nous émettons des signaux bien précis sur nous-mêmes, sur notre personnalité, et sur notre appartenance sociale : les cadres mettent un certain type de montre, les femmes prennent un sac à main de marque, et les ados mettent leur casquette de base-ball à l'envers. Ce sont là autant de signaux familiers qui, décodés, apportent des informations précises et permettent de se « reconnaître » les uns les autres.

L'habitude comme test de personnalité

Les habitudes peuvent se traduire par un style de vie et être alors un code permettant de mieux comprendre les gens. Le rapport avec la nourriture, en particulier, peut donner des indications fort utiles sur le comportement sexuel, bien souvent de même type.

Marie, vingt et un ans, mange de tout en abondance et avec voracité. La quantité l'emporte sur la qualité, et au lit aussi, elle avoue être une mangeuse d'hommes. Ses partenaires doivent faire l'amour au moins une fois par jour, sinon elle les maltraite et les néglige.

Michel fait penser au Gargantua de Rabelais, dont le ventre était plus gros et plus actif que son cœur ou son cerveau. À trente ans, il pèse quatre-vingt-quinze kilos, et il se complaît à raconter ses festins alimentaires quotidiens, au menu desquels figure toujours un poulet ! Lui aussi est, au lit, du genre vorace et peu raffiné.

Quant à Silvia, elle a un comportement plus sélectif. Lorsqu'elle a des problèmes financiers, son appétit tourne à la faim rageuse, et elle mange alors de tout, à la limite de la boulimie. Mais quand les choses vont bien, elle aime mitonner des repas de gourmet, qui demandent du temps et de la créativité. Sur le plan sexuel, elle exprime alors la même sensibilité et se montre raffinée.

Pour sa part, Claude est victime de son anxiété dans tous les domaines. Il parle trop vite, marche et gesticule rapidement, mange avec frénésie : il en est déjà au dessert quand les autres n'ont pas fini leur entrée. Et au lit, il souffre d'éjaculation précoce.

Marcelle, enfin, est délicate, allergique au lait et écœurée par l'odeur du fromage. Elle refuse aussi les sauces trop élaborées, les épices et la viande rouge (qu'elle qualifie de « sanguinolente »). Dans l'intimité, elle fait montre d'un même dégoût pour les odeurs et les humeurs corporelles ; elle déteste le côté trop animal et trop fougueux des rapports sexuels. Son mari a fini par partir, après avoir essayé en vain d'affiner ses habitudes érotiques et culinaires !

Bref, le rite d'un dîner ensemble devrait s'inscrire presque systématiquement dans celui de la cour, puisque dans 70 % des cas, il donne des indications utiles sur la suite possible de la soirée... Et pour les 30 % restants ? Il s'agit de personnes chez qui le lien direct entre sexe et nourriture n'existe pas parce que justement, par un processus de sublimation, elles ont remplacé l'un par l'autre. Certains gastronomes, parfois mus par l'âge, finissent par préférer le plaisir de la bouche aux sensations rapides et tumultueuses du sexe. D'autant plus qu'en général, on mange deux ou trois fois par jour, tandis qu'en ce qui concerne l'éros...

LES MAUVAISES HABITUDES

Les habitudes qui nuisent à la santé

Certaines habitudes sont, certes, agréables, mais néanmoins mauvaises, comme ne cessent de nous répéter les médecins. Manger en excès ou des aliments très gras, boire trop de vins et d'alcools forts, fumer beaucoup de cigarettes par jour : tout cela peut, à la longue, nuire à notre bien-être physique.

Attention, cependant : il n'y a pas que les écarts de conduite et les excès qui sont dommageables. Une existence trop régulière, sans plaisirs ni émotions, peut elle aussi se révéler négative, parce qu'elle se traduit par un repli progressif et par la perte de l'énergie vitale...

Les habitudes qui nuisent à la sexualité

Fini l'époque où l'autoérotisme était considéré comme une mauvaise habitude sexuelle, dangereuse parce qu'elle pouvait rendre stérile, voire sourd ! Aujourd'hui, les comportements jugés mauvais sont plutôt du genre opposé : non pas l'hyperactivité, mais l'abstinence, comme dans le cas du mari stressé qui, chaque soir, en rentrant chez lui, s'assoit devant la télévision et lit son journal, trop fatigué pour la moindre activité conjugale créative.

Paula est une sympathique femme de quarante et un ans dont le passé sentimental a été plutôt malheureux. Elle n'a rencontré que des hommes violents et pressés, intéressés davantage par le sexe que par une véritable relation. Enfin, à trente-trois ans, elle a connu Pierre, son mari, âgé de quelques années de plus qu'elle. Au début, elle a cru vivre une longue et merveilleuse lune de miel. Mais au bout de huit ans de mariage, Pierre ne demande plus qu'une activité sexuelle répétitive, où la pénétration a été pratiquement éliminée au profit de caresses réciproques. Paula, qui s'est confiée à quelques amies elles aussi déçues par un éros conjugal dépourvu de passion ou, en tout cas, peu créatif, se demande si c'est l'inévitable évolution de la sexualité de couple, ou s'il est possible d'intervenir avant que son désir pour son mari ne s'éteigne définitivement.

Il fut un temps où c'étaient les femmes qui étaient plutôt routinières en matière sexuelle, alors que les hommes recherchaient la nouveauté et le changement. De nos jours, c'est de plus en plus souvent l'homme qui manque d'imagination, parce que son énergie et ses passions ont d'autres objets, comme le travail ou des activités extraprofessionnelles, parfois sportives. Les femmes, elles, veulent donner une dimension créative à leur vie de couple *aussi*.

Paula semble avoir le courage de changer, mais elle ne sait comment procéder et, surtout, jusqu'où elle peut aller. Nous avons donc défini avec elle quelques stratégies à mettre en œuvre en matière de séduction et de vie quotidienne.

– Modifier la chambre à coucher, que Pierre a transformée en une sorte de sanctuaire avec des meubles de famille anciens et précieux, mais aussi austères, comme l'est souvent le mobilier du XVIIe siècle. Le premier projet de Paula sera donc de faire de cette « chapelle votive » une « alcôve ».

– Remplacer la douche, fonctionnelle mais peu adaptée à la langueur sexuelle, par un jacuzzi que Paula a acheté après avoir eu bien du mal à vaincre les résistances de son mari.

– Discuter de l'érotisme dans le couple, puisque Pierre n'a pas l'air de connaître la signification du terme « préliminaires ». Il s'agit d'un sujet délicat, qui ne peut être affronté sans lui ni, surtout, si Paula n'est pas prête à déclencher une véritable crise au sein de son couple, ce qui n'est pas encore le cas.

– Au-delà de l'érotisme au sens strict, Paula doit aussi introduire des changements de style de vie. Étant donné qu'elle aime faire la cuisine et qu'elle a une passion pour la danse et l'élégance, elle devrait organiser des repas et des fêtes chez eux, afin de briser la routine qui ternit leur vie conjugale.

Paula est une femme intelligente qui, plutôt que de laisser la situation se dégrader jusqu'au point de non-retour, ce que font tant d'autres couples, a réagi à temps.

Les habitudes qui nuisent à l'esprit

Les premiers dégâts se manifestent au niveau individuel : en effet, les personnes trop attachées à la routine ou aux conventions peuvent présenter une rigidité mentale excessive et une baisse d'énergie vitale qui entraînent un vieillissement précoce. D'où leur absence d'élan vers quoi que ce soit, et leur côté déprimé et ennuyeux. La répétition provoque inévitablement l'usure.

Voilà pour les individus. Mais les habitudes peuvent aussi constituer un danger sur le plan social, quand le respect doctrinaire et aveugle du passé et du patrimoine culturel tourne à l'obsession. C'est ce que souligne Pierre Daco [1], selon qui l'intégrisme est précisément l'application absolue et mécanique de la tradition. Une vérité ancienne prend alors valeur de dogme et devient un moyen de faire taire ses adversaires dans les débats ou d'établir la norme des rapports sociaux. Ce qui, bien entendu, peut très facilement déboucher sur le fanatisme politique et religieux.

L'habitude de vivre dans le respect d'un rôle particulier peut elle aussi être nuisible, parce que quelquefois, « le rôle fait mal [2] ». Ce rôle est un « masque » : nous nous cachons derrière la position que nous avons conquise au sein de la société en utilisant comme protection les symboles que sont une résidence secondaire, un chien de race ou un certain type de vacances.

Le problème, c'est que du rôle au stéréotype, le pas est vite franchi. Ne vous est-il jamais arrivé d'entendre quelqu'un dire que chez lui, il ne pourrait pas ne pas y avoir tel ou tel objet? L'incapacité de s'en passer est un signal d'alarme qui trahit la fixité de la convention, laquelle peut finir par devenir une prison. Dans son roman *Mars*, l'écrivain suisse Fritz Zorn raconte comment il a été l'esclave de l'argent sur la « bonne » rive du lac de Zurich, jusqu'au jour où il s'est rendu compte que cette contrainte était ridicule. Et sa lâcheté lui a coûté très cher, puisqu'il n'a compris que très tardivement que son rôle familial et social l'avait pratiquement empêché de vivre.

Certes, les rôles tendent à changer, mais bien souvent ce changement n'est qu'illusoire, et il arrive que l'on passe tout simplement d'un stéréotype à un autre, aussi rigide. Rappelons, en ce qui concerne l'univers féminin, le modèle de la fée du logis, de la lolita et de la poupée, peu à peu remplacé par ceux de la superwoman et de la femme d'affaires. De son côté, l'homme a fait le chemin inverse, du macho, dirigeant de société, sportif performant, au Peter Pan qui ne veut pas grandir.

LE CONFORMISME

Qu'est-ce que le conformisme ? C'est l'adaptation à un modèle, le façonnage selon celui-ci. C'est ce qui se produit lorsque l'on suit passivement les opinions et les modes de vie qui prévalent à une époque donnée ou dans un environnement social spécifique. Et que, dans les pires cas, on étouffe la créativité sous le poids des conventions.

Dans toutes les sociétés, les excentriques sont mal vus, ou tournés en ridicule. Et dans toutes les sociétés, on peut remarquer la rigidité des règles du conformisme. Ainsi, dans certains milieux, comme celui de la finance ou de la banque, tous les hommes portent une cravate. Et si dans les années 1970, il était obligatoire pour les hippies d'avoir les cheveux longs, pour les jeunes des années 1990, ce n'est plus la queue de cheval qui est à la mode, mais la « boule à zéro ».

Le conformisme des idées, lui, est moins évident, mais plus dangereux. Et beaucoup de gens ne se rendent même pas compte qu'ils sont conditionnés par les moyens de communication de masse. Un certain public se laisse guider par les médias et par le marché, se passionne pour le *star system*, s'éprend de ses vedettes. Il s'agit de gens qui trouvent leurs modèles de référence dans le grand cirque du spectacle, surtout télévisé. Ils ne veulent pas seulement être excités par ces chanteurs, acteurs, présentateurs ou hommes politiques ; ils veulent aussi être rassurés et bercés par ces personnalités connues [3].

D'autres présentent un conformisme dont les origines sont avant tout intérieures : ils ont peur du changement et ont de ce fait tendance à rester toujours attachés aux mêmes idées et à toujours reproduire les mêmes comportements. Ils ressentent la nouveauté, non seulement celle qui les concerne directement, mais aussi celle qui peut affecter la société, comme un risque mortel.

Mais d'où provient le conformisme ? Nous savons qu'il a une origine extérieure et qu'il fait office de ciment de l'identité sociale, même s'il se transforme ensuite en masque de l'authenticité. Parfois, il peut même devenir une bouée de sauvetage : certains se sont construits un pseudo-Moi, une identité fausse et artificielle, qui leur permet néanmoins de vivre, ou tout au moins de survivre. Mais le conformisme a également une origine intérieure, et se forge au cours de toutes les étapes de notre vie, enfance, adolescence et âge adulte.

En effet, au cours des premières années du développement, le fait de savoir que les choses se répètent, qu'il existe une tanière, un refuge où l'on peut retrouver des points de référence stables, permet d'acquérir tant la *sécurité* que la *maîtrise* nécessaires pour se forger une identité solide. En outre, en étant conforme au modèle ambiant, on évite le refus de ceux qu'on aime : le gentil garçon recevra l'approbation de sa famille, et le bon élève sera accepté en classe.

À l'adolescence, « âge ingrat » tant pour les jeunes concernés que pour leurs parents, on voit alterner des comportements conformistes et anticonformistes. Les attitudes rebelles sont les plus évidentes et, parfois, les plus dangereuses. Mais la protestation peut elle aussi être conforme, ne serait-ce qu'à travers le look adopté. Et si en 68, tous les garçons portaient des parkas tandis que les filles mettaient des jupes à fleurs et des sabots, comment ne pas sourire, aujourd'hui, devant la mode du *piercing*, ces anneaux si mal vus que les jeunes se font piquer dans le nez et le nombril ?

L'adulte conformiste, lui, qu'il soit un être humain ou un singe vert, comme ceux décrits par Marie-Claude Bomsel [4], est toujours en quête de reconnaissance. Mais attention, car le conformisme est un dangereux ennemi : il nous amène à vivre selon des règles standardisées, étouffe toute créativité, et assombrit l'imaginaire.

COMMENT COMBATTRE LES MAUVAISES HABITUDES

Les habitudes nous aident à vivre, nous permettent de trouver des racines, d'établir le lien avec nos traditions. En ce sens, elles sont positives, puisqu'elles nous protègent contre l'aliénation en renforçant notre identité et notre sécurité à travers le sentiment d'appartenance à une communauté. Elles sont précieuses parce qu'elles renferment la mémoire et l'empreinte du passé.

Le courage d'explorer

Se lancer vers la nouveauté en quittant des terres de sécurité : telle est la leçon que nous pouvons tirer des aventures des navigateurs, car il faut reconnaître l'importance du port d'attache tout en sachant lever l'ancre vers de nouveaux horizons. Les alpinistes, aussi, nous enseignent que l'on ne peut renoncer au camp de base, point d'appui indispensable pour partir vers de nouvelles cimes.

Le goût du changement

Certains rejettent constamment le changement et ne se décident que lorsque les événements les y contraignent. Ils le font alors dans la souffrance et avec irritation, en pensant que c'est une obligation, une évolution imposée de l'extérieur. Efforçons-nous plutôt de voir les changements comme des goûts en matière alimentaire. Chacun de nous a des préférences, certains pour la blanquette, d'autres pour la cuisine chinoise, mais cela ne nous empêche pas de rechercher de nouveaux restaurants, de nouveaux mets et, pour ceux qui aiment mettre la main à la pâte, de nouvelles recettes. Et si la découverte n'est pas à la hauteur des espérances, ce n'est pas grave : le plaisir de revenir à son plat favori n'en sera que plus grand !

Accepter l'imprévu

Il faut parfois oser des *choses insensées*, parce que c'est le seul moyen d'ouvrir la porte aux événements surprenants qui peuvent changer le cours de notre vie, la seule façon de laisser l'imprévu nous offrir des possibilités nouvelles. C'est peut-être aussi ce thème qui a fait le succès du film *Pile et Face*, qui porte justement sur le hasard [5]. Il raconte l'enchevêtrement de deux histoires possibles : au début, Gwineth Paltrow rate – ou attrape au vol – son métro, et donc rentre chez elle plus tard – ou plus tôt – que d'habitude ; elle découvre – ou ne découvre pas – son fiancé au lit avec une autre, et ainsi de suite, jusqu'à ce que nous voyions se dérouler sous nos yeux deux existences complètement différentes. Tout cela à cause de la porte coulissante d'un wagon du métro...

Mais, abstraction faite des caprices du destin, rappelons-nous que ceux qui savent regarder les paysages connus avec un regard toujours neuf et curieux sont plus réceptifs et plus ouverts au changement que ceux qui veulent absolument trouver des horizons exotiques, mais avec un regard aveuglé par les préjugés. Seuls les premiers sont capables de découvrir l'inconnu dans le familier, de se surprendre et de s'ouvrir tant à de petites qu'à de grandes révolutions. C'est précisément ce que nous appelons le « courage de changer ».

CHAPITRE V

Le besoin de changer

Certaines personnes sont mues par une inquiétude permanente, qui les empêche de tenir longtemps au même poste de travail ou de rester durablement avec le même partenaire. Comme brûlées par un feu intérieur, elles changent sans cesse de mode de vie. On peut distinguer trois catégories au sein de ce groupe : les gens qui changent par curiosité, ceux qui le font par instabilité et enfin ceux qui, ainsi, s'efforcent de... ne pas changer.

Les membres de la première catégorie exercent souvent sur les autres un charme ou un attrait particulier. Ils plaisent parce qu'ils sont éclectiques, audacieux, toujours prêts à partir pour de nouvelles expériences. L'Américaine Danielle Steele, reine multimilliardaire des romans à l'eau de rose, en est un exemple étourdissant : elle a été mariée cinq fois, avec des hommes très différents – un riche banquier, un détenu, un héroïnomane... Elle a eu neuf enfants, et sans nul doute beaucoup d'énergie pour changer ainsi de maris et de vie. Peut-être sa biographie explique-t-elle le succès des romans qu'elle écrit. Tous se terminent bien, évidemment, mais avant, ses héroïnes passent par des aventures en tous genres, comme elle-même l'a fait. Et aujourd'hui, mariée pour la cinquième fois, elle affirme avoir trouvé le bonheur.

D'autres fois, le trait qui domine est une incontrôlable impulsivité, et le besoin de changer tient alors davantage à une agitation intérieure qu'à de véritables projets. « On croirait qu'il a été piqué par une tarentule », dit Marguerite de son mari Ernest, qui même à la plage, ne peut rester en place plus de quelques minutes et s'agite pour chercher un nouveau restaurant, faire connaissance d'autres vacanciers...

Enfin, venons-en à la troisième catégorie, celle des gens qui – paradoxalement – changent pour ne pas changer. Ainsi Paul, qui porte bien ses cinquante ans, entre autres grâce à un récent lifting et à un « sourire professionnel ».

Paul est extraordinairement doué pour rencontrer des jeunes filles mignonnes, souriantes, peu agressives et prêtes à l'admirer. Il les exhibe volontiers et les courtise avec doigté, en homme sensible et attentif qu'il est. Alors, comment se fait-il qu'au bout de trois mois, toutes ses aventures capotent ? C'est sans doute parce que Paul, qui a déjà été marié une fois, a décidé que cette expérience lui a coûté trop cher (n'oublions pas qu'il est expert-comptable !). Et depuis, que ce soit sur le plan sentimental ou financier, il ne fait plus que des « investissements limités ». Il choisit donc des relations intenses, gratifiantes, mais brèves. Et quand la fiancée du moment essaie d'établir un rapport affectif plus authentique ou, pire, commence à faire des projets, Paul se défile, ou réduit considérablement coups de fil et petits cadeaux, jusqu'à ce que l'histoire prenne fin.

En trois ans, il a connu au moins six jeunes femmes. Elles étaient toutes jolies, sympathiques, et ont toutes disparu. On peut donc supposer que Paul fait partie de cette catégorie des personnes qui changent souvent pour ne pas changer ; il est attiré, en amour, par un modèle esthétique et sentimental unique, si bien que le changement ne peut se produire qu'à l'intérieur de ce schéma.

Pour les trois catégories que nous avons décrites (changer par curiosité, par instabilité ou pour ne pas changer), apparaît donc une « prison intérieure » que nous n'avons pas encore évoquée jusqu'ici : le besoin compulsif de nouveauté. Le changement est alors une sorte de drogue, une exigence primaire qui détermine le style de vie, un comportement qui s'impose à l'individu. Ce genre de personnes ne comprend pas la différence entre besoin et désir ou, pour utiliser une métaphore alimentaire, entre faim et appétit. Pour elles, la nouveauté est une ardente passion, une compulsion irrésistible, une obligation. Dans les cas les plus extrêmes, on pourrait presque la définir comme une *dépendance*, comme pour les drogués, les alcooliques ou les boulimiques.

Dans ce chapitre, nous tâcherons justement de mettre en lumière la différence entre le besoin et le courage de changer. Le courage est animé par des projets, tandis que le besoin va toujours de pair avec le risque de l'urgence, de la répétition et, surtout, avec la réduction de la liberté de choix. Il faut bien constater, en effet, que les gens qui passent sans répit d'une situation à une autre ne sont pas tous de bons exemples. Il arrive que multiplicité soit synonyme de superficialité. Parfois, aussi, le problème ne réside pas dans la superficialité, mais dans une anxiété latente.

Gilda, qui a quarante ans, souffre de crises de panique. Ça lui est arrivé pour la première fois il y a cinq ans et depuis, elle a réussi à les maîtriser et à réduire le nombre des accès graves grâce à des médicaments et à une psychothérapie. Elle s'est mariée à dix-huit ans et a deux grandes filles. Au bout de quinze années de mariage, elle a quitté son mari, convaincue de ne jamais en avoir été amoureuse, et après avoir vécu de nombreuses aventures parallèles. Or son mari était un homme équilibré qui avait sur elle un effet anxiolytique. Ce n'est pas un hasard si ses premières crises de panique sont survenues après leur séparation. Et maintenant, elle continue d'osciller entre son besoin de stabilité et son attirance pour des aventures et des passions nouvelles, qu'elle a néanmoins du mal à contrôler.

Dernièrement, Gilda a rencontré un homme qui lui a proposé de faire une expérience avec des transsexuels. En dépit de la panique que cette idée fait naître en elle, elle est très tentée par cette nouveauté érotique. C'est comme si, entre le pôle Nord qu'a été son mari pour elle et les Tropiques d'un éros plus transgressif et plus déchaîné, elle ne réussissait pas à apprécier les « zones tempérées » des sentiments. Gilda est fascinée par tout ce qui est interdit et excitée par les « tentations diaboliques ».

Notre travail psychologique consistera à montrer à cette femme que le danger est à l'intérieur d'*elle-même*, même si elle le nie et le projette sur les *autres*. N'oublions pas que la passion bénéfique se distingue de son *alter ego* maléfique par la possibilité qu'elle laisse d'utiliser des énergies intenses sans détruire le Moi profond, noyau dur de la personnalité. Paradoxalement, ce sont donc les personnalités fortes qui peuvent vivre de grandes passions sans se mettre en danger, alors que les individus fragiles, attirés vers elles comme par un aimant, risquent fort, comme Icare, de se brûler les ailes à la chaleur du soleil.

LES BESOINS SENTIMENTAUX

Certaines personnes changent par « devoir », par une sorte de compulsion émotionnelle. Bien souvent, la cause de ce comportement est liée au passé, à une « prison intérieure » du genre de celles que nous avons décrites au chapitre II. Mais il arrive aussi que le trait dominant soit l'instabilité du comportement, et non une dépendance pathologique. Voyons-en quelques exemples de plus près.

Le besoin de séduire

Carlo est un collectionneur de femmes. Il vient d'une famille stable, traditionnelle, et a de plus jeunes sœurs auxquelles il est très attaché et avec lesquelles il entretient d'excellents rapports. Il exerce un travail précaire et peu gratifiant, mais qui lui permet d'avoir trois mois de vacances par an. Pour lui, c'est le plus important, parce qu'il peut alors se consacrer à son sport préféré, la chasse aux femmes. En été, il part en Corse où se trouve la maison familiale et enrichit le tableau de ses conquêtes. Elles sont jeunes ou moins jeunes, belles et laides; il tente sa chance avec toutes, et beaucoup d'entre elles tombent dans ses filets. C'est un champion du flirt. Car pour lui, le plus beau moment est celui de la séduction. Le problème, c'est que Carlo a quarante-cinq ans et n'entend absolument pas changer de vie. Il a essayé, puisqu'il s'est marié, mais son mariage n'a même pas duré un an. Son besoin de séduire et de changer tout le temps de compagne l'a emporté.

Les casanovas, ou « séducteurs en série », sont légion; il s'agit d'un type d'individu bien identifié. Nous nous contenterons de préciser que le besoin de séduire n'est pas une exclusivité masculine. L'habitude de collectionner les cœurs brisés peut aussi être délicatement féminine. La compulsion ne fait pas de différence entre les sexes.

Le besoin de rapports sexuels

Dans ce cas, le besoin compulsif n'est pas celui de séduire, mais plutôt la nécessité impérieuse de vivre une expérience sexuelle. Cette urgence est ressentie surtout quand la machine de l'excitation est en marche. Les individus concernés sont des impulsifs ; c'est d'ailleurs ainsi que Maria définissait son mari, qu'elle accompagnait lors de ses déplacements professionnels en Europe, et qui l'obligeait, lors de leurs visites à Paris, Amsterdam ou Hambourg, à passer toutes leurs soirées dans les quartiers chauds de ces villes.

Le besoin de trahir

Si certains peuvent présenter leur besoin de séduire ou de faire l'amour comme un trait de caractère, il est en revanche impossible d'appréhender ainsi le besoin compulsif de trahir. En effet, il constitue une sorte de sabotage, une mise en échec de toute expérience sentimentale. Même ses formes plus masquées sont empreintes de souffrance. Tel est le cas de Mathilde, cinquante ans.

Depuis qu'elle est petite, Mathilde souffre de colites continues qui ont créé chez elle une aversion pour les excès alimentaires. Mais si dans ce domaine, elle est plutôt anorexique, sexuellement, c'est le phénomène inverse qui l'emporte, celui de la boulimie. Elle a connu son mari Gérard à dix-sept ans, et s'est mariée à vingt-trois ans, enceinte. Elle a ensuite eu de nombreux à-côtés, surtout des hommes, mais aussi des femmes, sans jamais en tirer un grand plaisir phy-

sique. Elle les recherchait plutôt pour satisfaire des besoins affectifs. Les choses ont duré ainsi pendant vingt ans, bien entendu à l'insu du mari, jusqu'au jour où, lors d'une dispute, elle lui a « vomi » dessus ses aventures extraconjugales. Gérard a été anéanti par ces révélations. Peu à peu, il a pardonné à Mathilde, à condition cependant qu'elle cesse de le tromper et lui reste fidèle. Cet homme tout d'une pièce pensait qu'il suffisait de faire un effort de volonté, alors qu'en réalité, sa femme n'a pas changé et n'a pas retrouvé de désir pour lui. Récemment, elle a même fantasmé autour d'une nouvelle aventure, et lorsqu'elle en parle, son visage s'illumine.

On pourrait considérer Mathilde comme une femme moderne et émancipée, ayant fait sien un schéma qui, pendant des siècles, a été l'apanage des hommes : un port d'attache conjugal, et une série d'aventures en haute mer. En réalité, ce n'est pas une forte personnalité, et elle ne réussit à gérer vraiment ni cette double vie, ni son besoin de trahir. Elle souhaite, au contraire, que son mari parvienne à dresser des barrières devant elle, comme si elle était un fleuve sur le point de déborder qu'il pouvait « endiguer ». Les rêves avoués par Mathilde confirment son désir toujours insatisfait de transgression : elle essaie de voler vers le soleil, mais il fait trop chaud; ou elle nage en eau profonde, en y cherchant des lettres de son enfance. Et elle est déçue par Gérard : dans l'intimité, quand elle essaie de l'entraîner dans un jeu un peu *hard*, il prend peur. En effet, au lit aussi, son mari manque d'audace, tout comme dans son activité professionnelle, d'ailleurs (il est employé des postes et a choisi ce travail pour la sécurité et la stabilité qu'il offre).

On peut affirmer avec certitude, d'après sa boulimie sexuelle et son anorexie alimentaire, que Mathilde tente de boycotter son bonheur. Pourtant, elle voudrait aller mieux et sauver son mariage. Sa thérapie consistera donc aussi à travailler sur son besoin de trahir, afin de comprendre d'où provient cette compulsion érotique.

LES BESOINS PSYCHOLOGIQUES

Le besoin angoissé de changer peut aussi cacher des besoins d'ordre non pas affectif, mais psychologique, qui rendent nombre de personnes instables, agitées et, dans l'ensemble, plutôt malheureuses. Leur incessante quête de nouveauté semble cacher une « immaturité psychoaffective [1] ». Esclaves de leurs exigences intérieures, elles sont, de ce fait, incapables de s'adapter à la réalité extérieure, aux rythmes et aux modalités relationnelles des autres. Quelles sont les origines de cette instabilité ? Nous allons en voir cinq, les principales.

La crainte des persécuteurs

Maria, qui a vingt ans, perçoit le monde qui l'entoure comme hostile. Elle se sent critiquée et entravée. Elle est mariée, et son couple semble être la seule bouée à laquelle elle puisse se raccrocher. Pour le reste, c'est une jeune fille un peu désorientée, qui tire les cartes dans la rue et prédit l'avenir. Elle vient consulter parce que depuis qu'elle est mariée, c'est-à-dire depuis un an, elle prend la pilule sans avoir passé aucun examen. Dans ces conditions, son médecin a refusé de renouveler son ordonnance, mais elle est prise de panique dès que l'on parle d'un éventuel examen gynécologique. La raison en est qu'à treize ans, un tampon s'est bloqué dans son vagin, et qu'elle a vécu l'intervention du médecin comme une horrible intrusion. En dépit de cet épisode, elle a une activité sexuelle régulière, sans grand désir, mais sans douleur. Depuis qu'elle est mariée, elle prend la pilule parce qu'elle est terrorisée à l'idée d'une éventuelle grossesse. Pour elle, ce serait une sorte d'effraction de son corps.

Maria est très fragile et voit dans les personnes qu'elle rencontre des persécuteurs potentiels. Elle a une piètre opinion de la société occidentale, qu'elle trouve menaçante et aliénante, alors qu'elle idéalise l'Afrique et ses grands espaces. Elle rêve de vivre dans un milieu tribal, à fabriquer des objets artisanaux, et elle envisage de partir en Côte-d'Ivoire avec son mari, un homme de couleur.

Derrière le problème de la contraception orale se cache donc une personnalité « marginale », mal adaptée à la vie métropolitaine et à la société en général. Dans ce cas, prescrire la pilule sans procéder à un examen gynécologique semble être un moindre mal, dont nous avons assumé la responsabilité, tout en exigeant de Maria qu'elle fasse d'autres contrôles médicaux visant à exclure toute contre-indication. Il arrive qu'une requête tout à fait banale, comme celle de Maria, permette ainsi de lever le voile sur une réalité dramatique. Cette jeune fille aurait besoin d'une aide existentielle bien plus soutenue, mais elle la refuse. Espérons que l'Afrique, et la tolérance qui y règne, lui convienne mieux que notre société, trop réglementée.

L'urgence impulsive

La recherche continuelle de nouveauté peut se transformer en besoin pressant dicté par une impulsion. C'est ce qui arrive à Jacques, âgé de quarante-cinq ans, menuisier de son état. Son épouse a découvert ses trahisons parce qu'il était en retard dans la livraison des meubles. Lorsqu'il passait dans des quartiers fréquentés par des dames de petite vertu, il lui prenait l'envie de voir ce qu'elles savaient faire. Et alors, en début ou en fin de tournée, il s'accordait de petites transgressions.

Le besoin d'agir

Certains ne réussissent pas à se faire une « représentation des événements », c'est-à-dire des faits vécus qui matérialisent leur image d'eux-mêmes et de leur vie. Or cette absence de mémoire du passé les contraint à agir sans répit, l'action étant leur seul moyen de donner une substance à une existence autrement dénuée de sens. Le cas de Gilles est emblématique : il ne comprenait pas ses amis qui, pour se distraire, allaient au cinéma ou lisaient. Lui, il devait prendre sa moto et aller faire un tour, c'est-à-dire faire quelque chose de « concret ».

La perversion sexuelle

Certaines personnes ne peuvent établir une relation d'amour authentique, parce qu'elles voient les autres comme de simples objets, à consommer et à jeter. C'est pourquoi elles *doivent* sans cesse changer de partenaire, sous peine de perdre toute stimulation. Le pervers est piégé dans une situation paradoxale, puisque d'une part, il est l'esclave de son choix sexuel, qu'il doit toujours répéter à l'identique et que, de l'autre, il est dans l'obligation de chercher constamment de nouveaux objets de désir, pour maintenir son intérêt.

La claustrophobie affective

Pour certains, une relation sentimentale est une « corde au cou », une cellule de prison. Ces personnes souffrent, dans le domaine affectif, d'une claustrophobie qui les affecte aussi dans leur vie en général, puisque bien souvent, elles ne peuvent entrer dans des lieux clos, prendre l'ascenseur ou descendre à la cave. Elles aiment les grands espaces et l'évasion, tant matérielle que sentimentale. Pour ces gens-là, le besoin de changer correspond à l'impossibilité de vivre un rapport stable sans se sentir étouffés et oppressés. Ainsi André, courtier dans une grande banque, acceptait tous les changements de poste et d'implantation qui lui étaient proposés, non seulement pour faire carrière, mais aussi parce que cela lui donnait un prétexte pour ne pas affronter ses difficultés à établir une liaison avec une femme.

L'INSTABLE ET SA VICTIME

Bien souvent, les esclaves du besoin de changer exercent une influence considérable sur ceux qui les entourent; et l'on voit des époux ou des fiancées se transformer en victimes de ces instables, qui sont de véritables tyrans. En effet, les drogués de la nouveauté sont en général égocentriques et narcissiques. L'urgence du changement s'impose à eux comme un impératif intérieur qui les rend peu sensibles à la vie relationnelle et, par conséquent, aux besoins des autres. Ainsi Richard, un mari agité, est parti de chez lui pour suivre son désir de liberté sans éprouver la moindre culpabilité à l'égard de sa femme, mais aussi sans se soucier des conséquences de son absence sur l'équilibre de ses enfants qui, victimes de son instabilité, grandissent sans avoir de figure paternelle auprès d'eux. Mais il arrive aussi que l'instable et sa victime soient liés par un autre type de rapport, beaucoup plus complexe.

Élise, quarante ans, se plaint d'étouffer avec son mari Antoine, qu'elle juge trop possessif. Elle est partie quelques mois, mais poussée par un vif sentiment de culpabilité, est ensuite revenue. Et ce n'est pas la première fois que cela se produit. Élise a besoin d'évasion, mais en réalité, comme nous allons le voir, elle recherche une autre vie. Il est vrai qu'Antoine lui téléphone dix fois par jour, s'inquiète si son portable est éteint et qu'il ne la trouve pas, et éprouve un intérêt morbide pour le plus petit détail de sa vie. Il exige qu'elle lui raconte tout, de ce qu'elle a mangé jusqu'à ses sensations les plus intimes. Il a une exigence de partage total qui est en général plutôt féminine, alors qu'Élise ressent un besoin d'autonomie qui remonte à son lointain passé.

Née en Afrique du Sud d'une famille d'origine néerlandaise, elle a toujours eu une âme d'exploratrice. C'est d'ailleurs ce qui l'a poussée à quitter son pays pour venir en France. Mais son esprit d'aventure (elle est export manager, *c'est-à-dire responsable de ventes à l'étranger) est étouffé par sa vie conjugale, qui provoque en elle une sorte de claustrophobie. C'est pourquoi de temps à autre, elle « fugue » chez une amie ou s'éclipse quelque temps en prétextant d'un voyage d'affaires.*

Elle trouve son mari sensible et très présent, et se demande si le problème ne tient pas plutôt à elle. Mais le comportement d'Antoine est clairement excessif. S'il pouvait, il l'enfermerait dans une cage, pour l'avoir à sa disposition et pouvoir l'adorer quand il veut et comme il veut. Il oublie qu'aimer vraiment, ce n'est pas posséder, mais au contraire tenir compte des besoins de l'autre et les respecter. Et il ne réussit pas à comprendre, et encore moins à tolérer, le besoin d'autonomie de sa femme.

Que faire dans de tels cas, où l'on n'est pas confronté à une vraie névrose, mais plutôt à deux conceptions différentes de la vie ensemble ? On peut, par exemple, travailler sur les attentes initiales des deux partenaires, afin de savoir si leur couple a été fondé sur une illusion réciproque ou sur des projets explicites mais non réalisés. Le mariage d'Élise et d'Antoine a tout de même fonctionné pendant plus de quinze ans, et ils sont très unis et désireux de sauver leur relation. C'est pourquoi ils ont décidé d'entreprendre une brève thérapie, afin de comprendre comment concilier leurs visions divergentes de la vie à deux.

Ce qui est curieux, chez eux, c'est leurs attitudes à propos de l'intimité, qui ne correspond pas au schéma habituel (en effet, il est bien plus fréquent que les femmes se plaignent du manque de sensibilité de leur mari et de son indifférence). Dans leur cas, c'est l'inverse : Antoine essaie de pénétrer dans le monde privé d'Élise au-delà de ce qu'elle est disposée à accepter, ce qui la pousse à chercher une échappatoire. Le besoin de modifier ce lien perçu comme asphyxiant paraît donc légitime. Par ailleurs Antoine, qui semble victime des fugues de son épouse, est peut-être plus perturbé qu'elle. Comme nous l'avons vu, le mécanisme apparent de l'instable et de sa victime peut cacher un tableau beaucoup plus complexe.

CHAPITRE VI

Le changement en thérapie

C'est la recherche du bonheur qui pousse au changement. En effet, ce sont les personnes qui souffrent ou qui se sentent malheureuses qui désirent modifier quelque chose dans leur vie : leur travail, leur lieu de résidence, leur état civil (en se mariant ou en divorçant), ou même leur corps. Cela peut parfois aller jusqu'à de véritables « révolutions », comme dans le cas des transsexuels, qui changent d'anatomie et de sexe.

Le plus souvent, pourtant, on attend que le changement vienne de l'extérieur – par exemple que les autres se transforment – alors que, pour changer vraiment, il faut aussi modifier quelque chose en soi, au besoin avec l'aide d'un thérapeute professionnel.

Il a fallu attendre le XXe siècle pour que cette aide acquière un véritable statut. Auparavant, on allait voir, de façon tout à fait informelle, des amis, des connaissances, des prêtres. Mais au cours de ces cinquante dernières années, les métiers liés à la « santé mentale » ont connu une croissance extraordinaire. Outre les médecins et les psychiatres, on trouve désormais des psychanalystes, des psychothérapeutes, des *counselors*, des consultants, des gourous, des formateurs...

Comment s'y retrouver alors dans la jungle des psychothérapies ? Le nombre et la variété des modèles d'approche psychologique ont fortement augmenté. Si à la fin des années 1950, il existait trente-six psychothérapies différentes aux États-Unis, il y en avait cent trente au milieu des années 1970 et l'on en comptait pas moins de quatre cent soixante au milieu des années 1980 [1].

On peut néanmoins dire que globalement, la majeure partie des psychothérapeutes s'inspirent de l'une des tendances suivantes :

– le modèle psychodynamique-psychanalytique ;
– le modèle cognitif comportemental ;
– le modèle humaniste existentiel ;
– le modèle systémique relationnel ;
– le modèle corporel.

Dans ce chapitre, nous allons donner une description rapide de ces différentes écoles, parce qu'il nous semble que les gens s'y perdent, faute de critères leur permettant d'établir les distinctions nécessaires et de choisir un spécialiste vraiment adapté à leurs besoins.

MÉDICAMENTS ET BISTOURI

Bien entendu, il n'existe pas que le traitement par la parole. La chirurgie peut elle aussi entraîner des changements importants : l'élimination d'une tumeur, la correction d'une malformation ou la modification d'une partie du corps sont autant d'interventions qui peuvent avoir des répercussions psychologiques considérables. C'est d'ailleurs ce qu'affirment certains partisans de la chirurgie esthétique, qui en viennent, par exemple, à mettre en cause l'approche psychologique des « dysmorphophobies ». Les personnes qui présentent ce syndrome ont une perception déformée de leur image corporelle : elles sont convaincues d'avoir des organes (le plus souvent le nez, les seins ou les organes génitaux) disproportionnés, c'est-à-dire trop grands ou trop petits. Avant, on s'efforçait d'intervenir sur leur représentation mentale d'elles-mêmes, avec l'aide, par conséquent, d'un psychologue; aujourd'hui, la chirurgie plastique offre des solutions plus rapides, peut-être même trop.

Toutes les implications de ce phénomène se trouvent en jeu dans le cas des transsexuels, et il faut alors faire preuve d'une grande prudence. En effet, il convient d'éviter des opérations précipitées, mais aussi éviter de réduire le problème à une question purement psychologique. Il n'y a rien de banal à changer de sexe. C'est pourquoi, dans les pays où cette intervention est légale, les intéressés doivent désormais se soumettre à des bilans hormonaux, psychologiques et psychiatriques. En outre, les conséquences juridiques d'un tel acte sont examinées. Il est donc procédé à un véritable travail d'expert avant que l'opération soit autorisée.

Cet acte chirurgical doit être appréhendé dans l'optique élargie de la médecine humaniste moderne, afin d'éviter le réductionnisme biologique que peut favoriser la complicité entre la demande angoissée du patient et la réponse du chirurgien. Au cours du congrès international sur l'impuissance, qui s'est tenu à Paris en 1998, une critique de fond a d'ailleurs été formulée à cet égard : guérir le pénis – ont dit certains – ne signifie pas guérir l'impuissance. De même qu'il faut bien voir le Viagra comme un médicament, et non comme un aphrodisiaque, une intervention chirurgicale doit avoir un sens bien précis si l'on veut que le changement obtenu corresponde vraiment aux attentes initiales.

La médecine traditionnelle a mis au point des médicaments qui peuvent agir sur la psyché et sont utilisés dans le cadre de la thérapie du bien-être. La première pilule du bonheur, le Valium, a commencé à se répandre il y a un peu plus de trente ans. Il s'agit d'un anxiolytique à effet relaxant, précurseur des tranquillisants qui sont devenus les indispensables compagnons de vie de millions de personnes, surtout des femmes. Une fois que le marché de l'anxiété a été saturé, une réorientation s'est opérée vers celui de la dépression, et l'on est entré dans l'ère du Prozac. Mais n'oublions pas non plus, parmi les médicaments du bien-être, le Viagra qui, quoique commercialisé pour ses vertus contre l'impuissance, sert dans la plupart des cas de « béquille » à une virilité fragile, d'où son extraordinaire succès. Pour les femmes, on peut rappeler, outre la révolution qu'a représenté la pilule anticonceptionnelle, les thérapies hormonales de substitution prescrites à la ménopause ou, récemment, le Xenical, produit qui, en réduisant de 30% l'absorption des lipides, a permis une nouvelle stratégie de contrôle du poids, moins agressive que la prise d'amphétamines. Et là encore, au-delà du traitement de l'obésité pathologique, le Xenical a rapidement rejoint les rangs des médicaments du bien-être. Nombreuses sont les Occidentales aisées qui, lorsqu'elles sont invitées à des réceptions où elles ne peuvent refuser totalement de manger, recourent sans complexe à ce « miraculeux dégraissant ».

A priori, nous ne sommes ni pour ni contre des médicaments qui représentent pour certaines personnes la seule façon de déclencher, voire d'obtenir, le changement désiré. Mais nous ne cesserons jamais de dire que le bonheur n'est pas apporté par des pilules et que la prudence ne réside pas plus dans la sérotonine que le courage dans la dopamine.

CEUX QUI DOIVENT CHANGER (ET CEUX QUI NE VEULENT PAS)

Dostoïevski disait que l'on peut amener un cheval à l'abreuvoir, mais pas l'obliger à boire. Toute métaphore mise à part, beaucoup de gens restent très réticents, voire timorés, à l'égard de la psychothérapie. Cela demeure vrai même si l'on ne passe plus pour un fou dès lors que l'on consulte un analyste et bien que les films de Woody Allen aient popularisé l'image du « psy ».

On rencontre aujourd'hui un grand nombre de personnes qui refusent de chercher de l'aide, pensant pouvoir changer toutes seules, grâce à leur volonté et leur intelligence. D'autres estiment que la psychothérapie n'est pas efficace, qu'elle n'est d'aucune utilité pour modifier sa vie ou, plus simplement, pour se sentir mieux. Et puis, il y a ceux qui hésitent, même s'ils sont convaincus qu'elle peut leur apporter quelque chose, parce qu'ils craignent de passer pour des ratés ou des fous. De façon générale, les hommes refusent davantage que les femmes de s'aventurer dans les méandres de la psyché, comme s'il s'agissait d'un voyage incertain et sans retour [2]. Ils oublient que le thérapeute n'est ni un gourou ni un pédagogue revêche, mais un pilote qui ouvre une voie et se laisse ensuite entraîner par l'embarcation. Les Américains parlent à son propos de *facilitator*, terme qui indique bien qu'il s'agit pour lui d'aider les autres à surmonter leurs peurs et les difficultés de leur vie.

D'où vient donc cette résistance à la psychothérapie ? Elle peut résulter en partie de la confusion engendrée par la variété de l'offre. Mais le refus d'entreprendre un travail sur soi-même découle surtout du fait que l'on voudrait que ce soient les *autres* qui changent. Si l'on a, par exemple, un problème de couple, on pense que c'est son partenaire qui devrait réviser certaines de ses attitudes. Or il est très important, pour pouvoir choisir la thérapie appropriée, d'identifier le problème et de décider qui doit changer.

Quand c'est lui qui est malade

Aline et Léo ont cinquante-cinq ans. Ils sont mariés depuis trente ans et ne parviennent pas à divorcer même s'ils ont lancé à deux reprises les démarches nécessaires pour se séparer. Les deux fois, ils ont renoncé parce que aucun des deux n'était capable d'affronter la solitude. Ils restent donc ensemble non pas par choix, mais par une sorte de nécessité. Ils ont engagé une âpre lutte de pouvoir, dans laquelle Léo « s'entraîne » à envoyer Aline au tapis à coup de critiques répétées. Car c'est Léo qui a un problème. Sa personnalité caractérielle l'a peu à peu éloigné des autres, y compris de ses amis. Et en dépit du mépris qu'il exprime à l'égard du mariage, c'est son seul port d'attache. Dans son passé, il a vécu une autre histoire sentimentale, qui s'est mal terminée, une fois encore à cause de son agressivité et de son mauvais caractère. Après cet échec, Léo est resté seul, jusqu'à sa rencontre avec Aline.

Leurs problèmes conjugaux ont commencé il y a quelques années, quand il est parti pour une autre femme. Ensuite il a décidé de revenir, imposant sa présence à Aline qui, à ce stade, aurait préféré le divorce. Le besoin de s'affirmer de Léo est fondamentalement velléitaire et se transforme, de ce fait, en tentative de domination dans la vie privée, alors qu'Aline, elle, a un grand désir de tendresse. Cet antagonisme est une des raisons pour lesquelles ils n'ont pas fait l'amour depuis des mois. Léo a besoin de décharger son agressivité, et comme il est incapable de nouer des relations en dehors de chez lui, il finit par n'avoir plus que sa femme comme cible. En outre, quand elle n'entre pas dans son jeu, il devient déprimé et traverse, en alternance, des phases d'irritabilité et de mutisme.

En ce moment, le couple traverse une nouvelle crise. Pendant des années, Léo s'est plaint d'avoir une épouse trop terne, alors qu'il aurait voulu avoir une « courtisane à domicile ». Or, peut-être en réaction à la trahison de son mari, Aline a changé : elle s'habille différemment, a maigri et s'est coupé les cheveux. Elle a désormais un style plus dynamique et affirme se sentir mieux ainsi. Et lui, au lieu d'apprécier cette transformation, il est saisi d'incontrôlables accès de jalousie dus au fait qu'il la soupçonne de chercher un amant.

Nous l'avons dit, et cela paraît tout à fait évident, le problème, au sein de ce couple, c'est Léo. C'est en effet lui qui devrait entreprendre une psychothérapie, et c'est lui qui ne veut absolument pas en entendre parler. Mais sachant que leurs enfants sont grands, et que leur mode de vie est sans aucun doute préjudiciable à Aline, il n'est pas exclu que celle-ci opte enfin pour une séparation-libération. Briser son mariage peut anéantir quelqu'un, ou simplement l'attrister, mais il est aussi des cas, comme en politique, où en se soustrayant au joug d'un tyran, on peut recommencer à vivre. D'autant que Léo, comme tous les narcissiques à tendance paranoïaque, n'a nullement l'intention de se remettre en cause.

Quand c'est elle qui est malade

Corinne a vingt-neuf ans et pour sa fête, Charles lui a fait une surprise en lui achetant un chemisier. Rien à voir avec un achat de dernière minute à la boutique duty-free *de l'aéroport : sachant qu'elle aime les tournesols, il a choisi, dans un magasin de luxe, un chemisier en soie imprimée dont les motifs représentent cette fleur, symbole de l'énergie solaire et de leur tumultueuse relation. En effet, Charles, qui a cinquante-huit ans, est marié, et si son mariage est érodé par le temps, il n'est cependant pas encore prêt à quitter sa femme, du moins tant que Corinne ne lui aura pas prouvé qu'elle peut vivre un rapport de couple fondé sur un véritable échange, et non sur une satisfaction à court terme.*

Deux jours après avoir reçu son cadeau, la jeune amante, déçue par la décision de Charles de passer un énième week-end avec sa femme, adopte une attitude de défi – sans même en avoir conscience. Dans un premier temps, elle affirme qu'elle va sortir avec un nouvel ami et qu'à cette occasion, elle portera le chemisier que Charles lui a offert. Puis elle déclare qu'elle le mettra pour se rendre au congrès auquel il doit participer, accompagné de son épouse. Face à la perspective d'une scène fort désagréable, Charles se voit dans l'obligation d'être ferme : il avertit Corinne qu'elle ne doit pas franchir certaines limites et lui créer des problèmes sur le plan professionnel. Un tel comportement pourrait d'ailleurs hypothéquer leur avenir. Corinne rétorque qu'il prend des risques en la défiant de cette manière et qu'il devra en supporter les conséquences.

Une banale querelle d'amoureux risque donc de tourner au bras de fer. Or, malheureusement, cette situation tend à se répéter, car Corinne n'est jamais consciente de son agressivité. En revanche, elle perçoit très bien la réaction de Charles, qu'elle interprète comme une menace. Nombreux sont les couples dont la relation frôle la rupture lorsque la projection des tendances de l'un des partenaires sur l'autre finit par créer une atmosphère irrespirable, encore alourdie par des disputes incessantes et des accusations réciproques.

Ici, c'est Corinne qui aurait besoin d'une aide personnelle susceptible de lui permettre de reconnaître ses erreurs de comportement. Mais bien entendu, elle n'accepte aucune critique, convaincue que tout est de la faute de Charles, parce qu'il ne se décide pas à quitter sa femme.

Quand c'est le couple qui est malade

La première fois que Yann et Martine viennent consulter, ils disent vouloir mieux « accueillir » leur nouveau-né au sein de leur couple. Un an plus tard, ils reviennent pour qu'on les aide à prendre leurs distances vis-à-vis de leurs familles d'origine, qu'ils perçoivent comme étouffantes et envahissantes. Malheureusement, au lieu de s'améliorer, la situation s'aggrave. Après quelques mois et la naissance d'un deuxième enfant, ils sont de retour, cette fois à cause de la violence grandissante de Yann.

Martine et Yann se sont connus très jeunes et leur mariage est une sorte d'alliance contre un ennemi particulier : leurs familles respectives. Yann, qui a désormais vingt-sept ans, est engagé dans la sourde lutte d'intérêt, qui l'oppose à deux de ses frères à propos d'un héritage disputé : la ferme familiale, où son père l'a exploité en l'obligeant à travailler dès l'âge de dix ans. Yann a toujours été en conflit avec l'autorité. Enfant, il répondait aux grands du village ; plus tard, il a refusé de faire son service militaire, optant pour l'objection de conscience ; enfin, plus récemment, il a participé en première ligne à des manifestations d'extrême gauche. Tant qu'il a des ennemis à combattre, il réussit à « organiser » sa violence intérieure, mais lorsque le danger venant de l'extérieur diminue, le jeu de massacre commence au sein du couple. Leur mésentente est désormais compliquée par son désir à lui d'aller habiter dans la ferme familiale, alors que Martine refuse de vivre dans cet environnement lourd de tensions. De son côté à elle, la famille est moins violente, mais tout aussi perturbée. Victime d'un viol à l'âge de quatorze ans, Martine n'a reçu aucun soutien des siens. Ce sont des personnages sans consistance : son père a toujours été absent, et sa mère tombe malade au moindre problème.

Ces deux jeunes gens se sont unis pour fuir des familles difficiles et ont très vite eu des enfants, comme s'ils voulaient créer, autour d'eux, une atmosphère « normale ». Mais ce choix mutuel qui repose non pas sur des raisons positives, mais avant tout sur le besoin de se protéger, rend leur vie de couple difficile. Et malheureusement, la situation ne fait que se dégrader. Les accès de violence de Yann sont de plus en plus fréquents, au point que lors d'une crise, il a jeté leur chat du deuxième étage. Et quand Martine a menacé de le quitter, il l'a forcée à faire l'amour avec lui. En effet, depuis quelques mois, pour « se défendre », elle refuse les rapports sexuels, et cette forme d'agressivité passive ne fait qu'exacerber le sadisme de son mari.

Depuis une dizaine de séances, Yann commence à admettre qu'il est en guerre avec tout le monde et à reconnaître que pour lui toute relation, y compris d'amour, tient forcément de la lutte. Réussira-t-il à évoluer vers un style de vie plus « civilisé » ? Si la réponse est non, il nous incombera d'aider Martine qui, fort heureusement, est indépendante sur le plan financier, afin qu'elle puisse sortir de cette spirale infernale. Mais, là encore, les choses ne sont pas aussi simples qu'elles en ont l'air. En effet, une complicité pathologique souterraine empêche Martine, marquée par la violence subie à l'adolescence, de se soustraire à son rôle de victime. C'est donc le couple, qu'il faut aider à surmonter cette collusion, ce qui ne sera possible que si tous deux réussissent à vaincre leurs résistances à l'égard de la psychothérapie. Mais un premier pas a déjà été fait.

Quand c'est la famille qui est malade

Il arrive parfois que tout le noyau familial soit concerné. C'est ce qui arrive à Aurélie, dix-sept ans.

Aurélie est la dernière de quatre enfants. Les trois premiers n'ont jamais créé de problèmes, alors qu'elle a toujours été difficile. Lunatique, ombrageuse, elle fumait souvent des joints et avait à l'école des résultats plutôt irréguliers, jusqu'au jour où elle a été surprise à voler dans un grand magasin de sa ville. Après cet épisode, sa grande sœur Marie a commencé à la repousser et à se disputer avec un des frères qui lui reprochait d'être trop sévère à l'égard d'Aurélie.

Le centre auquel se sont adressés les parents leur a conseillé d'engager, tous ensemble, une thérapie familiale, plutôt que d'« isoler » leur fille en la considérant comme la seule personne ayant besoin de changer. Au cours des séances conduites par deux psychothérapeutes (un homme et une femme), parents et enfants se sont rendu compte des mécanismes qui les avaient amenés à choisir Aurélie comme « bouc émissaire » endossant la responsabilité de tous les problèmes familiaux. Peu à peu, celle-ci a mis un frein à ses comportements destructeurs et les rapports entre tous les membres de la famille se sont améliorés.

LA PSYCHOTHÉRAPIE : QUAND ET POURQUOI ?

Il peut arriver à chacun d'entre nous d'être confronté à des événements fortement anxiogènes, voire destructeurs, de traverser une période émaillée de problèmes aux origines lointaines, de vouloir changer quelque chose à ses comportements, mais de ne pas y parvenir. Parfois, les conseils et le soutien de nos proches nous aident à surmonter ce malaise ; d'autres fois, c'est le contact avec la nature, une période de recueillement et de réflexion dans un environnement agréable et beau qui nous apportent le soulagement nécessaire et nous redonnent de l'énergie. Comme l'affirmait déjà

Thomas d'Aquin, la beauté est, en soi, un remède au malaise de l'âme. Mais quand on ne dispose pas de ces stratégies de changement, que l'on pourrait qualifier d'« informelles », ou que celles-ci se révèlent insuffisantes, la psychothérapie peut fournir les instruments nécessaires pour surmonter les difficultés.

Rappelons qu'une bonne thérapie doit nous permettre de comprendre qui nous sommes, quelles sont nos valeurs, pourquoi nous faisons ce que nous faisons, comment nous établissons des relations avec ceux qui nous entourent, ce que nous prenons et ce que nous donnons aux autres. Elle doit aussi nous aider à décider de ce que nous voulons, de ce que nous voudrions conserver et modifier de nous-mêmes... Le seul fait d'admettre que l'on a besoin d'assistance constitue déjà un élément important de tout véritable processus de changement. En outre, la thérapie aide à se reconstruire une biographie en permettant de donner un sens à l'être unique qu'est chacun de nous et à son existence, en émettant différentes interprétations ou hypothèses qui peuvent être à l'origine d'un tournant positif. Voyons de plus près ce processus de reconstruction à travers l'exemple d'Isabelle, vingt-quatre ans.

Dans le passé, Isabelle a connu des périodes dominées par l'impulsivité, tant du point de vue alimentaire que sentimental : elle a fait une « indigestion » d'expériences en tous genres, comme bien des adolescents, en prenant au passage des risques insensés. Après l'échec de sa énième relation, elle s'est concentrée sur le domaine professionnel, qui semble susceptible de lui offrir davantage de stabilité et de continuité. Dans le même temps, elle s'est inscrite à l'université, alors qu'elle affirmait ne plus éprouver d'intérêt pour les études. Elle aspire à devenir libraire, car le goût de lire demande des rythmes lents, bien différents de la nécessité d'agir à laquelle elle s'est habituée.

Elle a désormais des objectifs bien définis, mais elle n'a pas les stratégies qui lui permettraient de les réaliser. En effet, s'il paraît raisonnable et en rapport avec son âge de consacrer davantage à son travail et moins aux hommes, elle reste néanmoins influencée par sa nature profonde et oscille entre des comportements impulsifs et une invincible paresse. C'est du moins le nom qu'elle donne à cette incapacité d'agir qui lui fait passer des journées entières devant la télévision, à attendre vainement qu'une bonne idée vienne donner un sens à sa vie.

Au cours du travail thérapeutique effectué avec Isabelle, trois hypothèses se sont dessinées pour expliquer cette paresse.

– *L'opposition à la mère* : la mère d'Isabelle est envahissante, affectivement peu présente mais, à l'inverse, obsédante dans la vie quotidienne. Elle lui donne constamment des conseils et la surveille à un point tel qu'Isabelle l'a surnommée « la fliquesse ». En réaction à cette invasion maternelle, la fille a donc adopté une attitude d'opposition défensive. Vue sous cet angle, sa paresse est en réalité un défi.

– *L'imitation du père* : le père d'Isabelle est un vrai Méridional dont la devise est « il faut vivre et laisser vivre ». Il est parti parce qu'il voulait « être heureux » et n'a jamais caché à ses enfants qu'il y avait d'autres femmes dans sa vie. Une petite rente, une prime de licenciement et une indemnité de complaisance après un accident du travail : telles sont les stratégies de survie qui lui ont permis de s'en sortir, mais qui ont aussi convaincu Isabelle qu'il n'est guère nécessaire de se donner du mal. Une certaine dose de paresse permet même de vivre mieux ou, au moins, de survivre sans grand effort.

– *Masquer un manque d'énergie* : Isabelle voudrait faire des choses, mais elle n'y parvient pas. Son perfectionnisme exacerbé l'empêche de se mettre vraiment à la tâche pour changer sa vie; car elle a des objectifs ambitieux, qui dépassent largement ses possibilités réelles.

Quelle stratégie adopter lorsque l'on est confronté à des personnes en apparence apathiques qui cachent, en fait, de grands desseins contrariés par leur incapacité à les réaliser ? La réponse réside dans un *idéal adapté.* Il faut donc soutenir la volonté de changement d'Isabelle en l'aidant en même temps à revoir ses objectifs. Si nous sommes souvent préoccupés face à des jeunes sans ambitions, nous ne sommes néanmoins pas toujours attentifs à leurs souffrances cachées quand, par exemple, l'absence de projets masque en réalité un grand désir d'atteindre des objectifs démesurés. La construction d'un idéal adapté et de stratégies appropriées semble être un objectif éducatif susceptible de les orienter vers une plus grande réussite dans la vie.

LE MODÈLE PSYCHODYNAMIQUE-PSYCHANALYTIQUE : FOUILLER LE PASSÉ

Les thérapies fondées sur ce modèle appliquent les principes de la psychanalyse freudienne, selon laquelle le véritable conflit est à l'intérieur de l'individu, même si ses manifestations macroscopiques apparaissent dans le cadre de relations sentimentales ou au travail. Les thérapies analytiques insistent davantage que les autres sur la dimension intérieure et visent un changement profond de la personnalité. Pour elles, les souffrances présentes trouvent le plus souvent leur origine dans des événements passés soumis aux mécanismes psychiques du refoulement ou du déni, et donc repoussés au niveau inconscient.

Le poids du passé

Patricia a trente ans et a commencé à aller mal quelques mois après la naissance de sa petite fille. Elle a vécu son accouchement, qu'elle nous raconte dans ses moindres détails, comme une sorte de cauchemar. L'anesthésiste a eu du mal à lui faire la péridurale, le travail a duré plus longtemps que prévu et il a fallu poser des forceps sur la tête du bébé pour l'aider à sortir. Patricia a eu l'impression d'être « vidée », blessée dans son intégrité corporelle.

Cette attitude, exprimée sur un ton très dramatique et caractérisée par des peurs excessives et incompréhensibles, continue au cours des mois suivants, pendant lesquels elle craint la mort subite de sa petite fille, dont elle imagine l'enterrement. Dans un rêve, elle voit l'eau de la baignoire déborder, inonder l'appartement, et provoquer la mort par noyade de toute la famille.

Face à la récurrence de ces cauchemars angoissants, dominés par la présence de la mort, nous avons opté pour une psychothérapie de crise. Il est ainsi apparu que son accouchement, certes difficile, a aussi réveillé de vieux traumatismes et d'anciens deuils. Patricia parle d'un petit frère mort peu après sa naissance et de la disparition de sa mère, longuement malade, alors qu'elle avait à peine huit ans. Elle est désormais convaincue que, comme sa mère, elle ne sera pas en mesure d'élever sa fille. Pourtant, à côté d'elle, il y a son mari, qui est attentif et diligent, et qui représente un soutien indispensable, alors que son propre père l'a abandonnée pour une jeune femme quand elle était adolescente.

Au cours de sa psychothérapie, Patricia, qui avait totalement perdu le sommeil, réussit de nouveau à dormir, mais elle se sent coupable de ne plus allaiter sa fille la nuit. Peu à peu, elle comprend qu'elle s'est identifiée à une figure maternelle perçue comme faible et lacunaire, dont l'histoire l'a profondément influencée. Et maintenant, devenue mère à son tour, elle est prisonnière d'une pensée magique qui veut que le passé se reproduise inéluctablement. Nous l'avons aidée à comprendre qu'en réalité, c'était seulement une idée qu'elle se faisait et non une prophétie nécessairement vouée à se vérifier. La présence affectueuse et rassurante de son mari était la preuve que sa vie avait pris un autre chemin que celle de sa mère. Ses séances de thérapie, deux fois par semaine, l'aident aussi à interpréter positivement les progrès de sa petite fille : dans son cas, la maternité n'est pas un échec, mais, au contraire, une expérience riche et adulte.

Le rôle du transfert

La relation thérapeutique offre à celui qui se sent mal un rapport émotionnel particulier, appelé « transfert », qui est considéré, en psychanalyse, comme le véritable facteur de changement. Alors que les autres thérapies visent à modifier le comportement ou le contexte, en psychanalyse, on pense qu'il faut faire une expérience émotionnelle « correctrice ». Autrement dit, l'intéressé doit affronter et revivre avec le thérapeute les expériences négatives de son passé afin de pouvoir ensuite les transformer en leur donnant un sens nouveau. Au cours du transfert, le patient est encouragé à reporter sur le thérapeute les sentiments qu'il éprouve pour des figures importantes de sa vie passée, et qui ont été refoulés ou involontairement déplacés dans la sphère affective et relationnelle de sa vie d'adulte.

Quand on dit que les patients tombent forcément amoureux de leur analyste, on confond naïvement amour et transfert. Certes, la nuance est subtile, mais en même temps, elle est très précise. Le thérapeute, qui s'est lui-même soumis à une analyse personnelle au cours de laquelle il a appris à reconnaître les ambiguïtés qui peuvent surgir dans le cadre du rapport analytique, veille à ce que les sentiments du patient n'en sortent pas. L'analysant ne se borne donc pas à comprendre son expérience, il la « vit » avec l'analyste, en prenant conscience, sous sa houlette, de ce que les situations peuvent évoluer autrement qu'il ne le craint.

Nous allons voir ce modèle à l'œuvre dans le cas de Mathilde. Au cours de sa thérapie, elle se rendra compte que le thérapeute a une attitude stable et immuable, mais pas pour autant ennuyeuse comme celle de ses parents, et qu'il s'offre à elle comme un « contenant » fiable. Ce n'est qu'au prix de ce passage, à travers le transfert relationnel sur l'analyste, que pourra se produire le véritable changement affectif. Ensuite, il faudra que le patient apprenne à se défaire de la dépendance qui s'est créée au cours de la cure, tout comme l'enfant et l'adolescent évoluent, en conservant respect, affection et reconnaissance à l'égard de leurs parents, vers une vie adulte autonome. Mais venons-en à Mathilde.

Elle a trente-sept ans, une fille de dix ans, un métier (celui de médecin), qu'elle exerce brillamment, et malgré cela, elle n'est pas heureuse. Elle se présente à la consultation dans une tenue négligée. Elle parle d'elle-même comme d'une perdante et ne s'estime pas. Cette attitude est surtout perceptible dans le domaine affectif, où apparaît une tendance au sabotage qui l'amène à vivre des situations sentimentales difficiles, avec des hommes égocentriques ou marginaux qui, dit-elle, l'ont toujours « roulée ».

L'influence de sa famille d'origine, traditionnelle et conservatrice, ne semble s'exercer que sur le plan professionnel, et non dans sa vie privée. Elle a été séduite par Max, qui a rencontré de nombreuses difficultés professionnelles au point de devoir, pour éviter une condamnation, fuir à l'étranger. Mathilde l'a aidé tant qu'elle a pu, jusqu'au jour où il est mort mystérieusement, à quarante ans, au cours d'une rixe dans un bar du port de Marseille. Elle le décrit comme un narcissique instable, toujours engagé dans des entreprises qui le dépassaient. Plus que la figure d'un « boss », se dégage plutôt celle d'un mythomane qui lui parlait de grand amour, lui promettait une vie de luxe et omettait ensuite de payer la note de téléphone.

Après la mort de Max, Mathilde a continué de s'embarquer dans des histoires vouées à l'échec, passant chaque fois d'une phase chaotique à une phase de solitude. Elle est attirée par des hommes fascinants, sans aucune fiabilité. Toutes les personnes stables qu'elle rencontre, et avec lesquelles elle pourrait établir un rapport durable, lui semblent mortellement ennuyeuses.

Mathilde a tendance à adopter les rythmes des autres, et au lieu de se mettre en position de protagoniste de ses relations, en faisant valoir ses exigences, elle se plie docilement à celles de son compagnon du moment. Aussi avons-nous arrêté avec elle une stratégie à suivre avec le dernier candidat en date, afin qu'il apparaisse clairement qu'elle n'est pas toujours disponible. Malheureusement, les choses se sont mal terminées. En effet, alors qu'elle avait refusé de lui consacrer tout un week-end (comme il le demandait), il n'a plus donné signe de vie. Dans un premier temps, elle a été déçue par cette conclusion ; ensuite, elle a compris qu'elle avait encore une fois choisi un homme narcissique, ne pouvant supporter la moindre frustration et, en définitive, incapable d'aimer vraiment. Enfin, cette expérience lui a montré qu'elle pouvait agir sur sa propre histoire, au lieu de la subir.

Nombreux sont les gens qui sont restés « fixés » à une situation d'enfance dans laquelle ils ont appris qu'il importait de se comporter de façon à répondre aux attentes des autres, en plaisant à ses parents et à ses professeurs. C'est précisément ce qui est arrivé à cette jeune femme, dont la famille d'origine, fortement conservatrice, sans être pour autant pathologique, ne l'a pas aidée à devenir autonome. Il aurait mieux valu pour Mathilde qu'elle naisse en Amérique, où les jeunes gens sont incités à partir de chez eux pour affronter la concurrence sur les campus universitaires et essayer de s'affirmer dans la vie. Mathilde, qui est encore dépendante de sa famille, voit les hommes « stables » comme ses parents, et elle poursuit le rêve adolescent de connaître une autre vie en choisissant des personnes qui ne sont pas fiables. Fort heureusement, au cours des séances (qui se poursuivent), elle apprend que la continuité du rapport thérapeutique peut être vitale, et non ennuyeuse. Pour la première fois, elle comprend qu'une relation fiable peut être stimulante et favoriser son développement.

Un des mérites de la psychanalyse est sans nul doute de pouvoir guérir grâce aux mots, et d'avoir ouvert de nouvelles voies permettant d'aider les gens à résoudre leurs difficultés. Même si l'on n'est pas d'accord avec les idées de Freud, il faut les connaître pour comprendre l'origine et l'essor des psychothérapies d'aujourd'hui. Dans le cadre de la relation analytique, le psychanalyste entreprend un long chemin avec son patient, l'amenant à mieux connaître ses pulsions inavouées et les motivations profondes de nombreux comportements qui le perturbent et créent des malaises. À travers l'analyse des rêves, les associations libres, la réémergence des souvenirs, ainsi que l'identification et l'interprétation de ses résistances, le patient prend peu à peu conscience des aspects fondamentaux de sa psyché.

Cependant cette méthode, qui est longue et coûteuse, a été dénoncée par certains comme un moyen réservé à quelques privilégiés. D'autres psychothérapeutes estiment que le principal défaut de la psychanalyse est que l'attention est focalisée sur les conflits intrapsychiques, vus comme la source unique de tous les problèmes, sans prise en compte des variables environnementales. C'est précisément sur celles-ci que se concentrent, à l'inverse, le modèle cognitivo-comportemental.

LE MODÈLE COGNITIVO-COMPORTEMENTAL : CHANGER DE COMPORTEMENT

Ce type de psychothérapie vise à agir sur les comportements et les représentations mentales des individus. L'idée initiale était qu'il suffisait de changer de comportement pour modifier aussi son attitude mentale : on mettait en œuvre ce que les Américains appellent le *body mind*, c'est-à-dire un processus qui relie le corps à l'esprit. Par la suite, on s'est rendu compte, surtout dans les cas les plus complexes, que le changement demeurait aléatoire si l'intervention thérapeutique ne portait pas aussi sur la représentation des événements. Autrement dit, il ne suffit pas d'agir autrement, il faut aussi *voir* la réalité avec d'autres yeux.

Surmonter anxiétés et phobies

Jean est un beau brun, étudiant en philosophie. Il consulte parce qu'il vient de décrocher une bourse d'études dans le cadre du programme européen Erasmus. Il doit partir à Heidelberg, en Allemagne, mais il ne peut pas : il est saisi d'attaques de panique qui l'empêchent de voyager seul. Il est d'ailleurs venu accompagné de son père. Jean commence par apprendre une technique de relaxation musculaire, qu'il peut pratiquer aussi chez lui, et par énumérer les situations dans lesquelles surgissent ces crises d'angoisse, en partant de celles qui ne suscitent en lui qu'un peu d'anxiété et en progressant vers celles dans lesquelles il a l'impression qu'il va s'évanouir ou faire un infarctus. Au cours des séances, il s'habitue, quand il se sent décontracté, à imaginer des scènes où il voyage seul : il sort de chez lui, monte dans le bus, achète son billet à la gare, s'installe dans le train, et c'est alors que surgit le moment le plus dange-

reux pour lui : il a peur d'avoir une crise de panique et de mourir étouffé si le train passe sous un tunnel.

Au bout de dix séances, Jean réussit à prendre les moyens de transport tout seul, et au bout de trois mois, il part pour l'Allemagne.

La technique employée dans le cas de Jean, appelée « désensibilisation progressive », a été conçue par Joseph Volpe, un des pionniers de la psychologie comportementale. Elle est surtout utilisée pour aider à surmonter des phobies, mais elle est efficace dans une vaste gamme de situations qui provoquent de l'anxiété (peur des examens, obsessions, compulsions, bégaiement, etc.).

Faire autrement

Il existe une stratégie d'intervention fondée sur la reproduction, par approximations successives, d'un modèle de comportement adapté. Cette technique repose sur les théories comportementales élaborées par Watson, Pavlov et Skinner au cours des premières décennies du XXe siècle en opposition à la psychanalyse. D'après eux, les comportements humains ne sont pas innés, mais acquis à travers des expériences négatives ou positives, et la psychopathologie dérive de modèles de comportement mal adaptés qu'il convient de remplacer par d'autres, plus adéquats. Le thérapeute comportementaliste s'efforce donc de définir avec précision le trouble présenté par celui qui vient demander de l'aide, et tente de lui enseigner de nouvelles façons de faire. Il est donc plus « directif » qu'un psychanalyste : il peut donner des « devoirs » à la maison, ou suggérer des modifications et des stratégies particulières à utiliser dans les rapports interpersonnels.

Le succès des thérapies sexuelles mises au point par Masters et Johnson [3] repose justement sur ce genre de prescriptions concrètes visant à modifier le comportement dans l'intimité. Les partenaires qui ne réussissent plus à bien faire l'amour sont invités à changer le cadre dans lequel ils se rencontrent. Ils doivent ensuite renoncer aux comportements sexuels devenus peu satisfaisants et les remplacer par des formes d'échange qui leur apportent encore du plaisir. Au début, il peut s'agir simplement de communication verbale, puis de contact corporel mais non génital, puis, enfin, de contacts génitaux. La pénétration est interdite jusqu'à ce que chacun soit parvenu à la redécouverte du corps de l'autre, des caresses, des gestes adéquats. Ces nouvelles thérapies sexuelles ont été critiquées parce que, si elles pouvaient donner des résultats dans les cas peu graves, elles étaient inefficaces dans les situations névrotiques. Elles montrent néanmoins très bien comment un changement dans le domaine de l'action peut modifier l'attitude mentale, jusqu'à relancer l'érotisme.

L'approche comportementale peut également être efficace dans certains conflits sentimentaux. Louise en est l'illustration.

Âgée de trente-huit ans et mère de deux petits enfants, Louise est mariée à Sylvain, un homme intelligent mais très introverti. Elle a découvert par hasard qu'il la trompait avec sa secrétaire : alors qu'ils étaient ensemble en voiture, elle a cherché un numéro de téléphone sur son portable, et elle a vu que parmi les derniers numéros en mémoire figurait celui de cette femme. Cela a éveillé ses soupçons, et elle a procédé à quelques contrôles qui l'ont amenée à découvrir que Sylvain retrouvait sa secrétaire deux à trois fois par mois pendant ses heures de travail.

*En proie à un mélange d'angoisse, de panique et de colère, Louise est venue nous voir. De nature, elle n'est pas agressive, mais plutôt déprimée et masochiste. Elle a tendance, instinctivement, à adopter la politique de l'*autruche :

faire semblant de rien en espérant que le problème se règle de lui-même. Elle a néanmoins envoyé quelques piques à Sylvain, dont l'unique résultat a été de le rendre plus prudent et encore plus déterminé à poursuivre sa relation avec sa secrétaire.

Louise n'a jamais essayé d'adopter le comportement contraire, celui de la sorcière *qui use de représailles à l'égard du compagnon infidèle. En effet, beaucoup de femmes, agressives et vindicatives, ou dotées d'une forte estime personnelle, ne peuvent supporter la blessure narcissique de la trahison. Et elles emploient alors, même si cela doit entraîner des conséquences plus graves encore, toutes les armes à leur disposition pour se venger de l'affront subi et rendre coup pour coup. Louise, elle, semble incapable d'agir ainsi. Ses parents lui ont appris à être une gentille petite fille qui disait toujours oui, d'où son attitude malléable et soumise...*

Nous avons étudié ensemble la possibilité de mettre en œuvre une contre-stratégie, dite ironiquement de la *courtisane*. Observant le comportement de la secrétaire de son mari, Louise s'est rendu compte qu'il s'agit d'une femme élégante, qui porte des tenues séduisantes, ce qu'elle-même a toujours négligé. Elle s'est aussi rappelé que Sylvain aime les vêtements sexy de couleur noire, qu'elle trouve, pour sa part, ridicules. Nous l'avons néanmoins encouragée à aller en ce sens en lui montrant comment l'écart de son mari pouvait se transformer, pour elle, en occasion de faire réémerger la facette séduisante – courtisane – qui existe chez toute femme et qu'elle a du mal, pour sa part, à admettre. D'ailleurs, quand elle avait fait une timide tentative quelques années plus tôt, son mari s'était moqué d'elle, lui demandant si l'on était au mardi gras... Il lui faut aujourd'hui relancer cette entreprise avec davantage de crédibilité, car il y a de fortes chances que cela puisse profiter tant à son couple qu'à son développement personnel.

Comme on le voit, dans ce cas, nous avons joué un rôle très « directif », proposant activement diverses stratégies à cette patiente, la responsabilisant et lui faisant entrevoir les différents choix qui s'offraient à elle.

L'approche comportementale se prête aussi à la consultation « rapide », parfois même du genre « courrier du cœur ». Les lettres envoyées par les lectrices font souvent apparaître la difficulté que l'on peut avoir à changer d'attitude mentale, condition cependant indispensable pour réussir à modifier la réalité extérieure.

Tel est le problème de Léa, qui reconnaît que sa dépression était déjà présente avant qu'elle ne rencontre son dernier compagnon, de huit ans son cadet. Pour cette femme qui se heurtait à une situation de souffrance et de malheur, il a fait office d'antidépresseur en lui permettant de se sentir de nouveau vivante et créative. Mais dès le début, lui a été plus nécessaire à elle qu'elle ne l'était pour lui. Et quand elle a commencé à manifester sa souffrance par une attitude déprimée et pleurnicharde, il l'a laissée tomber. Si, dans une perspective égoïste, c'est logique, Léa, elle, trouve que c'est profondément injuste, parce qu'elle se retrouve seule et « vide ».

Dans notre réponse, nous avons souligné à quel point un comportement de ce genre est négatif et stérile : il faut que Léa change de style et qu'elle commence à utiliser des armes positives afin d'essayer de séduire et, peut-être, de reconquérir son compagnon. Il est évident que par courrier, on ne peut faire mieux que l'encourager à changer ; mais si elle entreprenait un traitement comportemental, il serait possible de recourir au jeu de rôles et aux techniques d'affirmation de soi, pour simuler les nouvelles attitudes à adopter.

Penser autrement

Ont également connu un grand essor les thérapies fondées sur l'approche cognitive, qui précède l'approche comportementale. En effet, notre comportement passe par la médiation des processus cognitifs, et il ne peut survenir de changement qu'une fois que la personne comprend ce qui lui arrive. Nous allons voir, à travers l'histoire de Béatrice, à quel point nos pensées et nos convictions influent sur nos actions à l'égard des autres et de nous-mêmes.

Béatrice a trente-deux ans et vit depuis cinq ans une relation clandestine avec Raymond, un homme marié, mais « séparé à la maison ». Il déclare être déçu, sur le plan sexuel, par sa maîtresse, qui ne connaît que *l'orgasme clitoridien. Au cours de notre entretien, il apparaît que ces récriminations à propos de leurs rapports sexuels ne sont qu'un prétexte et cachent une insatisfaction plus générale, qui concerne l'ensemble de leur histoire.*

Pour commencer, leur relation n'a pas évolué au point de pouvoir se substituer au mariage de Raymond, et elle semble au point mort. Béatrice aimerait se marier et avoir des enfants, alors que Raymond, qui en a déjà trois, n'en désire pas d'autre. Il souhaiterait même que la situation reste telle qu'elle est et continuer à mener sa vie familiale en parallèle.

Compte tenu de son attitude, nous avons conseillé à la jeune femme d'enquêter sérieusement sur l'état de leur relation. À la séance suivante, Béatrice arrive toute blanche, en pleurs, et raconte qu'elle a découvert que depuis des mois, Raymond fréquente une autre femme avec qui il vit une sexualité plus satisfaisante. Et au lieu de s'excuser, il l'a critiquée encore plus vivement peut-être pour se protéger et éviter de se sentir coupable.

Comment a réagi Béatrice à cette situation et à ce revirement subit ? Elle a d'abord consommé sa vengeance, révélant tout à la femme et à la nouvelle maîtresse de Raymond. Après cela, elle s'est sentie soulagée et a commencé à le voir autrement. Auparavant, elle avait très peur de se sentir seule, parce qu'elle était convaincue que si elle perdait cet objet d'amour, elle perdrait aussi tous les espoirs qu'elle avait mis en lui. Maintenant, elle sait qu'elle doit reprendre le contrôle de son énergie afin de pouvoir la réinvestir ailleurs. Et surtout, elle pourra tirer profit de cette crise pour essayer de comprendre comment elle a pu se tromper si grossièrement dans son choix sentimental, puisque Raymond n'était pas l'homme qu'elle s'était imaginée et qu'elle a cru fréquenter pendant cinq ans.

Béatrice, qui était persuadée qu'en perdant son amour elle perdrait tout, agissait sur la base d'une croyance irrationnelle et erronée. En la modifiant et en chassant sa hantise de l'échec total, elle a réussi à réduire sa déception amoureuse à sa juste mesure et à repenser sa vie.

LE MODÈLE HUMANISTE EXISTENTIEL : CHANGER LE SENS DES CHOSES

Les approches inspirées de l'humanisme existentiel – la thérapie existentielle de Rollo May et Victor Frankel, la thérapie centrée sur le patient de Carl Rogers, la Gestalt-thérapie de Fritz Perls et l'analyse transactionnelle d'Eric Berne – se donnent pour objectif de soigner, mais surtout de développer la spontanéité et la créativité des gens afin d'améliorer leur qualité de vie. Dans cette optique, les troubles émotionnels ne sont pas l'expression de pulsions réprimées, de traumatismes subis ou d'un Moi malade ; ils résultent d'une incapacité à donner un sens à son existence.

Pour ces thérapeutes, la maladie contemporaine est

l'absence de significations, le vide existentiel. Pourtant, ce qui distingue les êtres humains des animaux est la conscience et la connaissance de soi qui permettent de réfléchir et de faire des choix responsables. Si l'on veut changer, il faut alors prendre en main sa vie, en cessant d'accuser le destin, ses parents ou le passé. Rester attaché à ce qui a été n'est qu'un moyen de ne pas vivre l'expérience du présent en évitant de devenir pleinement conscient de ses besoins réels et, dans le même temps, des limites de l'environnement ainsi que des possibilités qu'il offre. Les thérapeutes de ces écoles permettent à leurs patients de faire des choix existentiels adaptés et responsables, en les aidant à analyser leurs sentiments et leurs sensations les plus authentiques. Ils attirent leur attention sur le *comment* et non sur le *pourquoi* de leurs expériences.

Dora, vingt-sept ans, suit une thérapie gestaltiste. Elle raconte, lors d'une séance, qu'elle est contente d'avoir quitté son petit ami. Le thérapeute note qu'elle a une expression triste et que ses lèvres tremblent. Il l'interrompt pour lui demander de se concentrer sur ce tremblement et de l'exprimer : « Nous sommes les lèvres de Dora, nous voudrions pleurer mais Dora ne nous laisse pas pleurer... » Il suggère ensuite à la jeune femme d'utiliser deux sièges différents, pour expérimenter pleinement ses sensations dans les deux postures.

Il ressort de ce jeu de rôles que Dora ne se permet pas de vivre ses émotions négatives ; une partie d'elle-même les nie, et l'autre se venge en lui imposant de fortes migraines. À ce point, elle se rappelle que quand elle était petite, son père souffrait de migraines qui le poussaient à s'isoler, et que cela lui déplaisait beaucoup. Le thérapeute l'encourage à dire où se trouve sa colère, ici et maintenant. « Dans mes mains qui ressentent un fourmillement », répond-elle. Il lui suggère ensuite de jouer une scène imaginaire guidée par ses mains... Ses mains voudraient saisir son père qui s'en va et l'immobiliser.

Le thérapeute demande à Dora quelle est la part d'elle-même qui fuit et qu'elle voudrait au contraire immobiliser. Elle répond : « Ma sexualité. » En effet, elle est encore vierge et tend à rompre quand les relations menacent de devenir intimes.

En faisant dialoguer les parties opposées d'elle-même qui veulent et refusent qu'elle s'implique émotionnellement, Dora réussit à comprendre qu'en fait, elle n'est pas du tout contente d'avoir quitté son compagnon et que son désir le plus profond est en réalité de se marier et d'avoir des enfants. À la fin de la séance, elle dit vouloir le rappeler et qu'elle espère faire l'amour avec lui.

Ce fragment de séance thérapeutique gestaltiste illustre une partie de l'éventail des techniques verbales et non verbales auxquelles le thérapeute peut recourir pour diriger l'attention du patient vers ses sentiments et ses pensées : séquences imaginaires guidées, dramatisations, jeux de rôles, concordance entre la communication verbale et non verbale, etc.

LE MODÈLE SYSTÉMIQUE RELATIONNEL : CHANGER NON PAS L'INDIVIDU, MAIS LE SYSTÈME

Dans les thérapies dites familiales, ou systémiques, ou encore stratégiques, le changement peut être provoqué par des prescriptions particulières – « prescription paradoxale », « réencadrement », « emploi de métaphores », etc., qui visent à modifier non pas tant les individus que le contexte. La cible du changement est donc l'ensemble du système et, comme en diplomatie ou dans des négociations commerciales, on introduit des variables nouvelles qui permettent de modifier la donne de la tractation.

Selon la thérapie systémique relationnelle, l'intervention doit donc être déplacée de l'individu vers le contexte afin d'essayer de modifier les comportements et les structures de tout le noyau familial, ce qui peut parfois couvrir trois générations : grands-parents, parents, et enfants. On examine les croyances dominantes dans la famille d'origine des deux partenaires, les conflits spécifiques entre les différentes générations, les modes de résolution des conflits, les modèles de communication verbale et non verbale, les mythes et rites familiaux, le degré d'accord ou de désaccord sur des questions importantes pour l'histoire de la famille ainsi que sur les valeurs et comportements acceptables.

L'objectif n'est pas de changer un individu isolé, mais d'introduire une transformation des relations et des schémas de comportement entre les membres du groupe. En effet, comme l'illustre le cas de Valérie et Henri, les dysfonctionnements d'un couple sont souvent liés aux modèles des familles d'origine des deux partenaires.

Henri et Valérie ont cinquante ans. Ils sont mariés depuis quinze ans et ne se supportent plus. Lors d'une dispute plus vive que les autres, elle a avoué à son mari qu'un été, elle l'avait trompé, et il est parti. Au bout d'un mois, ils ont renoué le contact sous le prétexte honorable des enfants, et peu à peu, ils ont surmonté cette crise. Au début, les disputes ont continué, puis une thérapie leur a permis de comprendre qu'il existait une autre modalité de vie commune.

Valérie est issue d'une famille à structure pyramidale, à l'ancienne, qui s'enorgueillit de nobles ancêtres. Son père et ses oncles, très connus dans la ville où ils vivent, sont des figures d'autorité attachées à leurs idées et à leurs valeurs. Elle partage cette vie de clan et y a introduit son mari qui, lui, a vécu à l'étranger au sein d'une famille éclatée. Henri, qui est architecte, est un homme créatif et sensible, qui a beaucoup souffert de la séparation de ses parents et a toujours eu envie de connaître une grande famille accueillante.

Aujourd'hui il continue de jouer à l'enfant gâté alors que sa femme commence à lui demander, à cinquante ans, de grandir et de se comporter en chef de famille. Mais comment le devenir dans ce milieu où il a été admis à condition qu'il baisse la tête et qu'il accepte les règles du groupe en vigueur ? C'est là qu'apparaît la collusion inconsciente de ce couple. Valérie a déjà une famille, qui compte beaucoup pour elle ; elle choisit un homme sensible, peu enclin à s'imposer et qui occupera une case prédéfinie. Quant à Henri, il est en quête d'une famille et bien content d'avoir trouvé une place dans son clan à elle.

Sur le plan professionnel, il connaît aussi des difficultés ; il veut rester créatif, et n'accepte pour cette raison que des travaux qu'il juge intéressants. Ce qui se traduit parfois par une baisse de revenus qui suscite des reproches de la part de Valérie.

Au cours de la thérapie, nous avons réussi à convaincre Henri qu'il doit enfin changer de rôle et assumer celui de chef de famille, ce qui l'amènera peut-être à rencontrer des conflits avec le clan, mais lui permettra aussi de regagner l'estime de sa femme. Il a également adopté une autre attitude au travail, acceptant des tâches plus pénibles et plus rémunératrices, et s'imposant comme un homme dont le travail constitue un élément décisif de sa virilité.

Au bout d'une dizaine de séances, enfin libéré des modèles du passé, ce couple se reconstruit sur la base d'une nouvelle relation. Valérie reconnaît que sa famille d'origine a de l'importance pour elle, mais pas au point de sacrifier sa vie conjugale. Et Henri comprend qu'il ne peut continuer à chercher nostalgiquement une structure d'accueil, et qu'il doit plutôt être le protagoniste de sa propre vie. De la sorte, ils se transforment en un nouveau couple, en un véritable couple.

LE MODÈLE CORPOREL : ÉLIMINER LES BLOCAGES DU CORPS

Les psychothérapies qui s'inscrivent dans ce courant (thérapie reichienne, végétothérapie, bioénergie, rolfing, thérapie primale, approche posturale) considèrent l'être humain comme une réalité psychocorporelle. Dans cette perspective, tout événement psychique se manifeste au niveau du corps à travers des tensions musculaires et somatiques qui sont des réactions de défense contre des angoisses et des émotions négatives. D'après Wilhelm Reich, certains blocages musculaires signalent les émotions réprimées et indiquent comment elles sont maintenues sous silence. L'observation de la posture habituelle d'une personne et de ses blocages et raidissements corporels permet au thérapeute de traduire les messages émis par le corps du patient, d'en comprendre le caractère et de mettre en œuvre les stratégies d'intervention les plus adaptées pour lui permettre de prendre conscience de son corps et de libérer les émotions refoulées. Les résistances émotionnelles agissent comme un « blindage musculaire » qui bloque les sentiments en nous protégeant de tous les stimuli douloureux, tant internes qu'externes.

Dans les thérapies corporelles, donc, le patient parle de lui-même à travers son corps. Reich allait jusqu'à soutenir que les mots sont eux aussi une défense contre les émotions, et que pour cette raison, le silence est indispensable pour qu'elles puissent se manifester. Voyons maintenant comment cela se passe dans la psychothérapie bioénergétique, mise au point par Alexander Lowen [4].

André, ingénieur quadragénaire au physique avenant, fréquente un groupe de bioénergie. Tous les autres membres sont assis en cercle, en silence ; lui se trouve au centre, en tenue de gymnastique, et effectue un exercice spécifique sous la direction du psychothérapeute. Ce dernier observe André et lui demande de respirer profondément et de faire attention à toutes les sensations ou émotions qu'il éprouve. André dit ressentir un fourmillement autour des yeux. Le thérapeute lui demande de les fermer. Au bout de quelques minutes, André émet un bruit sourd et dit : « J'ai peur. » Il doit alors « rester » dans l'émotion et l'exprimer. À ce moment-là, il lance un long hurlement Puis, il se met à pleurer à chaudes larmes et s'assied par terre.

Le thérapeute l'écoute en silence en lui massant les épaules. André murmure qu'il s'est rappelé le jour où un voleur était entré dans le tabac de ses parents. Il avait trois ans et il était demeuré immobile, terrorisé parce qu'il sentait sa mère paralysée de peur à côté de lui. Plus tard, elle lui a raconté cet épisode en lui disant qu'il avait été très courageux et n'avait pas soufflé mot jusqu'à ce que le voleur s'en aille. En réalité, il avait retenu son envie de hurler et avait fermé les yeux de frayeur. Il ne se souvenait absolument pas de cet événement, qu'il semblait avoir refoulé, mais les exercices bioénergétiques ont débloqué la tension autour de ses yeux et lui ont fait revivre cette émotion d'autrefois. À la suite de cette expérience, André se rend mieux compte des situations dans lesquelles il éprouve de la peur et évite de « s'exposer » en pratiquant des sports extrêmes, qui lui ont déjà valu diverses fractures et contusions.

Outre le travail sur la respiration, l'approche corporelle comporte des exercices physiques, de la relaxation et diverses techniques favorisant l'expression d'émotions fortes comme la colère ou la peur. Il s'agit de mobiliser différentes parties du corps : donner des coups de pied jusqu'à ce que l'on sente de qui ou de quoi on voudrait se libérer ; dire *non* à plusieurs reprises et de plus en plus fort ;

appeler à l'aide, etc. On intervient donc non seulement à travers l'analyse du contenu verbal, mais surtout en recourant à des stratégies qui permettent l'extériorisation corporelle du blocage émotionnel à l'origine du symptôme à traiter. L'élimination des tensions musculaires libère les émotions réprimées et fait en même temps émerger des souvenirs et des expériences frustrantes. L'analyse de ces sentiments permet ensuite au patient de prendre conscience de conflits émotionnels ancrés dans son enfance ou dans sa vie présente.

LA PSYCHOTHÉRAPIE EST-ELLE VRAIMENT UTILE ?

La réponse est claire : oui. Les études menées à ce sujet par des chercheurs de différents pays sont unanimes [5]. Une enquête récente, réalisée par l'Union américaine des consommateurs [6], où des patients étaient directement interrogés, fait apparaître de nets progrès chez les personnes qui ont suivi une psychothérapie. Mais il faut dire que du point de vue de l'efficacité, il y a de grandes variations d'une thérapie à l'autre [7]. Comme nous l'avons vu, tous les traitements s'efforcent de faciliter le changement, grâce à une vaste gamme d'outils, en partant des rêves ou des blocages corporels, des comportements quotidiens ou des souvenirs d'enfance. Chacun peut donc choisir la méthode qu'il juge la mieux adaptée à son cas ou qui l'effraie le moins, compte tenu également de sa durée et de son coût, mais en veillant à consulter un professionnel reconnu, qui lui inspire confiance et estime.

En effet, il ressort des études effectuées que la relation thérapeutique, dénominateur commun de toutes les formes de psychothérapie, est un facteur plus important que l'orientation théorique choisie. La chaleur, le degré d'acceptation, la confiance et la compréhension que le patient perçoit dans son rapport avec le thérapeute sont essentiels. N'oublions pas, en outre, que la psychothérapie peut avoir des conséquences négatives à cause, par exemple, de l'incompétence, de la négligence de l'intervenant, de stratégies erronées ou encore d'abus sexuels (5 à 10 % des patients en subiraient !).

Il faut également souligner qu'aujourd'hui, bon nombre de thérapeutes mettent en œuvre une approche éclectique, intégrant des techniques et des concepts issus de différentes écoles thérapeutiques [8], afin de renforcer les progrès personnels de leurs patients. Toutefois, si les psychothérapies favorisent efficacement le changement intérieur, elles ne peuvent cependant agir directement sur les facteurs sociaux qui conditionnent notre existence. Le type de soutien que nous recevons de la part de parents, d'amis et de collègues, la qualité de vie professionnelle ou associative dont nous bénéficions, et la nature des structures éducatives, sanitaires ou de loisirs que nous fréquentons sont autant d'éléments qui contribuent à nous faire aller mieux ou moins bien, à nous ouvrir des perspectives de changement ou, au contraire, à s'y opposer. Pour imprimer à sa vie un changement durable et satisfaisant, il faut trouver le courage de se modifier intérieurement, mais aussi être capable de voir les transformations en cours dans le monde, afin de saisir les occasions qui se présentent et de subir le moins possible des mutations non désirées. Pour orienter nos efforts individuels et collectifs, nous allons étudier, dans les prochains chapitres, quatre secteurs de la réalité sociale où il faut, selon nous, avoir le courage de changer en se donnant, enfin, les moyens de mener une vie meilleure et d'exploiter pleinement toutes les potentialités.

Deuxième partie

CHANGER À L'EXTÉRIEUR

CHAPITRE VII

Le travail : de l'obligation à la créativité

Lorsqu'ils ont été chassés du Paradis terrestre, Adam et Ève n'ont pas dû renoncer au seul bonheur de l'Éden : ils ont dû s'habituer à souffrir et à gagner leur pain en travaillant. Depuis les hommes se retrouvent dans cette situation paradoxale : ils doivent lutter pour se libérer de la fatigue physique et intellectuelle que comporte le travail, mais en même temps ils sont tellement pris par ce travail que beaucoup d'entre eux aujourd'hui ne vivent plus que pour ça [1].

Le mot travail lui-même a connu à travers les siècles de nombreuses significations et, aujourd'hui encore, il fait naître en nous des émotions aussi profondes que contradictoires. Rappelons les grandes étapes de cette histoire.

Pendant la préhistoire, le travail est exécuté par les hommes avec l'aide d'animaux domestiques, auxquels s'ajoutent, à partir de l'époque mésopotamienne, le soutien des esclaves. Dans la Grèce antique, les hommes libres préfèrent se consacrer à la politique, à la philosophie, à la gymnastique et aux arts. Ils laissent les activités matérielles et les activités de service aux esclaves, aux femmes et aux métèques (les étrangers de sexe masculin). Au Moyen Âge, les serfs de la glèbe et les artisans remplacent les esclaves sans que pour autant le jugement porté sur le travail devienne positif. Au contraire, il reste placé sous le signe de la pénitence et de la fatigue, comme l'a souligné Dominique Méda [2].

L'ère industrielle correspond à un changement radical : l'introduction du machinisme soulage les hommes du poids des travaux les plus lourds. Mais plus encore que l'industrialisation, c'est le protestantisme qui a donné au travail une nouvelle signification. En effet, le travail devient alors un moyen pour abattre les barrières sociales et renverser l'ordre des privilèges acquis par la naissance. Nous sommes à l'aube d'une société méritocratique qui permettra une mobilité sociale impensable pour les sociétés précédentes. La législation née avec la Révolution française ouvre la voie à l'idée selon laquelle le travail est une activité à laquelle tout un chacun a droit en fonction de ses goûts personnels : chacun a droit au métier ou à la passion qu'il se choisit. L'avènement de la société industrielle transforme des millions de paysans et d'artisans en travailleurs – ouvriers, employés, dirigeants –, qui abandonnent leur maison pour se rendre au bureau ou à l'usine.

Pour la première fois de son histoire, le travailleur voit sa vie transformée de manière radicale : il ne travaille plus dans sa boutique, ou dans son propre champ ; il ne dort plus dans le quartier où il travaille ; il ne collabore plus avec ses proches mais avec des étrangers ; il n'obéit plus à son père mais à son contremaître ; il ne se nourrit plus des repas préparés pour lui en famille, mais de repas préparés industriellement ; il ne porte plus des vêtements taillés sur mesure, mais des vêtements faits en série ; enfin il ne connaît plus personnellement les gens à qui il destine le produit de son travail. Par ailleurs, alors que la maison devient le royaume du féminin, le monde du travail, lui, devient un monde masculin. Le travail n'est plus seulement un instrument pour survivre, il acquiert progressivement de nombreuses connotations personnelles et sociales jusqu'à devenir le centre de l'identité personnelle et de la vie de chacun d'entre nous.

DU CHÂTIMENT AU PRIVILÈGE

Pendant des siècles, les aristocrates, tous ceux qui occupaient le sommet de la pyramide sociale n'ont pas été obligés de travailler : le prestige et la richesse n'étaient pas le fruit d'un métier, mais du nom et des rentes. Aujourd'hui, au contraire, un entrepreneur, un administrateur délégué ou un directeur général passent beaucoup plus d'heures à travailler qu'un ouvrier ou un employé. Ainsi, alors que par le passé, plus on était riche, moins on travaillait, et que ceux qui le pouvaient préféraient consacrer leur temps libre à eux-mêmes, à leur famille et à leurs amis, aujourd'hui, à la faveur d'un renversement aussi curieux que paradoxal, le travail n'est plus un châtiment, mais une raison de vivre, et une sorte de privilège.

Dans les dernières décennies, les découvertes technologiques et informatiques ont permis de proposer des produits et des services qui conduisent à faire progressivement l'économie de l'homme. Par conséquent, il est devenu de plus en plus difficile de trouver un travail. Si, dans la société industrielle, la croissance de la consommation, associée à la lenteur relative du progrès technologique, permettait au marché d'absorber aussi bien les nouveaux travailleurs que la main-d'œuvre plus âgée, notre société postindustrielle, elle, voit les innovations technologiques se développer à un rythme si rapide que l'équilibre entre l'offre et la demande est rompu, ce qui crée un excédent de personnes à la recherche d'un emploi. Aujourd'hui, on compte en Europe plus de trente millions de personnes sans travail ; dans les zones les plus déshéritées, le chômage frappe surtout les jeunes et les femmes.

TROP DE TRAVAIL OU PAS ASSEZ : LE STRESS, DANS TOUS LES CAS

Dans les pays occidentaux, le stress provoqué par un travail excessif et frustrant est en nette augmentation pour toute une partie de la population. Ce stress est la cause de maladies psychosomatiques, de conflits dans la vie privée, et il est à l'origine de l'absence de désir.

Une enquête menée auprès de 10 000 personnes dans vingt et un pays a confirmé que le stress professionnel est l'ennemi numéro un de l'amour [3]. De nombreuses autres études ont confirmé que les hommes et les femmes reviennent du travail trop fatigués pour être de bons parents ou de bons époux et qu'un grand nombre d'entre eux sont si dépendants du travail qu'ils restent à leur bureau et cumulent les heures supplémentaires alors qu'ils pourraient tranquillement rentrer chez eux. Il est vrai qu'il s'agit d'une caractéristique masculine [4].

Mais qui n'a pas de travail est encore plus déprimé. Et il ne s'agit pas seulement d'une question économique. Le chômage (pour donner un exemple) peut certes sauver le couple mais il tue la *libido*. Tel est du moins le résultat d'une enquête récente conduite à Genève. Il y est démontré en effet que face à des problèmes économiques le nombre de divorces tend à diminuer. Il ne faut pas y voir un indice de bonheur, mais bien plutôt le signe du besoin. Au contraire, le sentiment que chacun a de sa propre valeur personnelle est gravement menacé. Le chômeur vit l'absence de travail comme une véritable castration symbolique. Cela est particulièrement vrai dans l'univers anglo-saxon qui met l'accent sur la responsabilité personnelle alors que le monde latin tend à projeter la responsabilité sur l'extérieur, en faisant par exemple endosser à l'État, la faute d'un échec personnel.

Selon de nombreux auteurs, on rencontre chez les chômeurs une estime de soi déplorable, une forte tendance à l'isolement social ainsi qu'une tendance à l'alcoolisme [5]. Les enfants des chômeurs ont de plus mauvais résultats à l'école, redoublent plus souvent et ont plus de difficultés à entretenir des rapports normaux avec l'autorité. Les femmes des chômeurs souffrent, elles, de la présence de leur mari à la maison et les conflits augmentent au sein de la famille.

Pour des hommes qui ne sont plus dans leur première jeunesse, la perte du travail signifie l'obligation de rester dans une maison qu'ils perçoivent trop souvent encore comme le royaume des femmes. La sensation de ne pas être à leur place fait naître un sentiment d'avilissement et la frustration les conduit vite à se refermer sur eux-mêmes. Le chômage suscite chez les hommes des réactions analogues à celles que provoque le viol chez les femmes. Ceux qui perdent leur travail sont souvent impuissants, en colère et souffrent de symptômes dépressifs. À Flint dans le Michigan, où de nombreux ouvriers avaient été licenciés après la fermeture des usines de la General Motors, une enquête a mis en évidence que le taux de criminalité était devenu supérieur à celui de New York et qu'on avait assisté à une augmentation vertigineuse des viols, des suicides et des violences conjugales.

Des effets moins spectaculaires, mais tout aussi dévastateurs, frappent les nouvelles générations qui craignent de ne pas trouver un emploi. Un sondage effectué auprès d'un échantillon de jeunes gens italiens compris entre quinze et vingt-quatre ans montre que la nouvelle génération se réfugie dans la vie privée, dans la famille et dans l'amitié parce qu'elle n'a plus aucune confiance dans les institutions. Cette situation finit par faire disparaître les prémices de tout engagement social [6].

On peut préférer une thèse moins pessimiste concernant ce groupe en pleine croissance et évoquer la constitution d'une *jeunesse digitale* [7]. Il s'agit de jeunes femmes et de jeunes hommes qui utilisent avec habileté l'ordinateur, la poste électronique, l'Internet et s'avouent satisfaits de cette ubiquité fraîchement conquise. Ils sont confiants dans l'ingénierie génétique, qui modifie le corps humain ainsi que le destin biologique ; ils acceptent aussi bien l'androgynie que la féminisation, phénomènes grâce auxquels les femmes et les hommes se retrouvent sur le même plan. Ils accueillent avec enthousiasme la possibilité offerte à un sexe de partager des valeurs qui étaient restées jusque-là le monopole de l'autre. Enfin, ce sont eux surtout, les « jeunes digitaux », qui ont conscience que le temps libre est au moins aussi important que le temps de travail et que le loisir est souvent plus créatif que l'activisme effréné. Pour cette catégorie, la distinction du bureau et de la maison, de la profession et du temps libre est acquise. Une fréquentation assidue du chômage l'a habituée à faire alterner les périodes de travail précaire et les périodes de travail plus intense, les voyages et le temps consacré à la famille ou passé entre amis.

Le chômage serait-il parfois une chance pour apprendre à employer de manière plus créative un temps que l'on peut considérer comme *libéré* plutôt que *libre* ? Malheureusement l'expérience clinique semble prouver le contraire : quand le temps libre n'est pas choisi mais imposé, il devient un handicap très lourd, entretenant le manque de confiance en soi et un sentiment de méfiance généralisé [8].

Faut-il comprendre la diminution du travail comme une libération ou comme une condamnation ? Pour trancher la question, une étude a été entamée en 1999 qui permet de confronter différents groupes de jeunes gens : des employés ; des *free lance* qui mènent deux ou trois activités parallèles ; des mi-temps et, enfin, des jeunes à la recherche de leur premier emploi. En attendant les résultats définitifs de l'enquête, il semble que l'on puisse déjà dire que l'idée selon laquelle le travail est la valeur organisatrice de l'existence appartient à un modèle traditionnel, en voie d'être dépassé. De nouvelles divisions du temps semblent apparaître qui donnent une importance privilégiée aux activités aujourd'hui considérées comme marginales et improductives.

En d'autres termes, l'activité professionnelle tendrait progressivement à perdre son caractère de pilier central autour duquel s'organise la vie de chacun. Ce qui est certain, c'est qu'à l'avenir, le travail changera de forme et que le temps libre occupera de plus en plus de place dans la vie d'un nombre croissant de personnes. Il suffit de se livrer à ce bref calcul. Vers la moitié du XIXe siècle, un homme vivait en moyenne quarante ans et son travail absorbait en moyenne la moitié des heures de son existence. Aujourd'hui, un jeune de vingt ans peut vivre encore soixante ans, c'est-à-dire à peu près 525 000 heures. S'il en consacre 80 000 au travail et 219 000 au sommeil, aux soins du corps et aux travaux domestiques, il lui reste encore à disposition un capital de 226 000 heures de temps libre !

DE L'EMPLOI FIXE À L'ARC-EN-CIEL DES POSSIBILITÉS

Combien sont ceux d'entre nous qui ont été poussés par leurs parents à poursuivre leurs études parce qu'un diplôme était la garantie d'un emploi ? La sécurité de l'emploi, moyennant un travail manuel ou un emploi de bureau fatigant, souvent répétitif et rarement gratifiant, était au moins la solution à la question de la survie matérielle.

Aujourd'hui, les temps ont changé, ainsi que les mentalités. Apparaissent de nouvelles conceptions du travail qui font la part belle au changement, justement.

En route vers l'arc-en-ciel

Le marché du travail dans les années à venir devrait offrir deux types de possibilités : la succession de métiers qui évoluent dans le temps, ou la combinaison de métiers différents.

Dans certains pays, la mobilité professionnelle est valorisée comme un signe de compétence. Un Américain, au cours de sa carrière, change de métier et de ville en moyenne tous les cinq ans. La capacité de déplacement est le signe d'un bon professionnel. À l'inverse, en Europe, la continuité reste souvent considérée comme un indice de stabilité morale et d'attachement à l'emploi, quand bien même cette stabilité et cet attachement se feraient aux dépens de la créativité et de l'initiative personnelle.

D'un autre côté, on voit se développer le phénomène des « puzzles professionnels ». Beaucoup de personnes ne gagnent pas assez avec leur travail principal et mènent une activité parallèle – souvent au noir, et presque toujours sur leur temps libre. De telles situations ont toujours existé, et les exemples ne manquent pas, du concierge qui s'improvise plombier ou « homme à tout faire » à l'esthéticienne qui, en plus, s'occupe de clients à domicile. Plus récente est la naissance des « travailleurs mixtes ». Il s'agit de personnes qui exercent une profession libérale mais qui s'occupent en même temps de plusieurs activités. Ainsi les architectes qui travaillent dans un studio et qui, en même temps, écrivent des articles de *design* ou d'ameublement pour des revues spécialisées. Ainsi les journalistes *free lance* qui dirigent aussi des bureaux de presse. Cette nouvelle manière de travailler, appelée arc-en-ciel, nécessite des capacités d'adaptation psychologiques qui n'appartiennent pas à tout le monde. Tandis que l'employé n'a pas besoin de planifier sa journée de travail, celui qui mène plusieurs activités de front doit faire face à la nécessité de gérer son emploi du temps de manière autonome. La coexistence d'occupations variées nécessite des compétences majeures, ainsi qu'une expérience plus diversifiée. Elle implique aussi une perte de temps inévitable dans les déplacements qui conduisent d'une activité à l'autre. On voit aussi augmenter la tyrannie de l'intimité qui n'est plus séparée clairement de l'activité professionnelle mais se trouve confondue dans une zone grise d'indétermination. Dans les sphères de direction, par exemple, les vacances sont organisées sur des lieux choisis en fonction des possibilités qu'ils offrent pour une socialisation profitable. Ainsi, aux États-Unis, certains terrains de golf sont à la mode parce qu'ils permettent de faire de très bonnes rencontres... pour les affaires. Il ne s'agit jamais de véritables vacances, mais plutôt de prétextes pour monter de nouveaux projets et faire de nouvelles connaissances.

Les anciens et les nouveaux nomades

Nos parents et nos grands-parents ont été nomades avant nous, quand ils ont été forcés d'émigrer. Aujourd'hui, nous regardons avec préoccupation les milliers de chômeurs qui quittent le Maroc ou les Philippines. Mais, parallèlement à ces nomades contraints de l'être, on commence à rencontrer des nomades qui ont choisi de l'être. Parmi les jeunes, on voit augmenter les *rootless*, les sans-racines ; ceux-là prennent des chemins qui les conduiront le long de parcours professionnels qui les éloignent de leur famille, de leurs amis et de leurs traditions.

D'autres personnes encore sont nomades par choix de vie. Elles utilisent leur travail pour voyager et se déplacer. Michael Balint les a identifiées comme des « philobates [9] ». Ce psychanalyste a élaboré une théorie originale selon laquelle coexistent, en chacun de nous, deux tendances contradictoires que nos ancêtres nous auraient léguées. Il y aurait, d'une part, les « ocnophiles », qui se satisfont de la stabilité et qui ont probablement hérité des habitudes de nos aïeux sédentaires, et les « philobates », d'autre part, appelés aussi « acrobates du risque », qui auraient pour descendants lointains les nomades d'aujourd'hui. Cette dernière catégorie est prête à utiliser les changements professionnels et sentimentaux comme autant d'occasions pour vivre de nouvelles expériences. Il n'y a rien d'étonnant à ce que ces nouveaux nomades soient souvent issus de couples mixtes où ils ont reçu de leurs parents des stimuli culturels et ethniques divergents.

Adieu le bureau : en avant le télétravail

Combien de fois le matin vous a-t-il surpris malheureux à l'idée de sortir de chez vous pour vous rendre au bureau en affrontant la circulation et le mauvais temps ? Dès maintenant certains d'entre vous peuvent éviter ce cauchemar grâce au télétravail, ou travail à distance.

Le télétravail peut prendre des formes assez simples : transfert à la maison d'activités sous forme papier ou disquette ; recours au téléphone, comme c'est déjà le cas des commerciaux, des journalistes, des magistrats ou des avocats ; traitement de données à travers Internet, ou encore vidéoconférences.

Les défenseurs du télétravail soutiennent que les entreprises y trouvent un bénéfice en termes de flexibilité, de productivité et de créativité ; les télétravailleurs, quant à eux, épargnent le temps qu'ils perdaient dans les transports, ils deviennent autonomes, ils peuvent voir davantage leurs enfants, améliorer leurs rapports familiaux ou amicaux, mais aussi redécouvrir la vie de quartier. Certaines catégories comme les handicapés et les personnes âgées peuvent accéder à un travail de manière plus aisée. L'*homeworking* est aussi un avantage pour la collectivité, parce qu'il permet une redistribution géographique et sociale du travail, une réduction du trafic et de la pollution.

Il reste que certains inconvénients ne manquent pas d'apparaître. Par exemple pour les hommes qui sont habitués à lier amitié sur leur lieu de travail, il peut devenir difficile de socialiser sur des bases différentes. Remarquons aussi que les femmes que le travail extérieur a sauvées de la tyrannie domestique, risquent de se retrouver à nouveau emprisonnées entre les quatre murs de leur maison. Peut-être suffirait-il de ne pas imposer le télétravail mais de l'offrir comme une possibilité à ceux qui le désirent.

En route vers le bureau virtuel

Naguère, on pouvait facilement distinguer les lieux de travail en fonction du type de travail qu'on y faisait. Les usines qui accueillaient les ouvriers étaient la plupart du temps des préfabriqués hideux, bruyants et insalubres, alors que le bureau-prison, que ces mêmes ouvriers regardaient avec envie, devenait le décor du cauchemar éveillé des employés. Le bureau lui-même était le cadre d'une lutte pour conquérir un espace plus vaste, un emplacement meilleur, dans l'attente d'arriver un jour aux étages réservés aux dirigeants, ou plus tard encore aux gratte-ciel édifiés pour magnifier la gloire et le pouvoir du *top management*.

Les édifices de représentation de toutes les grandes entreprises se dressaient, dans toute leur majesté, pour témoigner de la puissance et de la stabilité de la société. Citons les immeubles des compagnies d'assurance et des maisons de crédit qui devaient incarner la sécurité et la bonne gestion de l'argent qui leur était confié. Les plus beaux gratte-ciel de l'Amérique ou de Hong-Kong ont été construits par des banques avec cet objectif symbolique. Plus que l'opulence, c'est la solidité qui incarnait le sens de la continuité. Aujourd'hui, en Suisse, où le sentiment de stabilité est encore très important, on a l'habitude de construire des murs dont l'épaisseur est moins une affaire de température que de symbole.

Dans nos sociétés postindustrielles, l'inscription spatiale des statuts professionnels a perdu de son importance, comme on peut le remarquer aux États-Unis ou dans les pays scandinaves. Les salles de réunion sont construites avec des parois amovibles, et l'on préfère aux espaces clos un seul et unique espace ouvert que l'on peut moduler en fonction des exigences de l'entreprise. Les usines modernes sont elles-mêmes moins sales, moins bruyantes et moins insalubres. Les techniciens et les dirigeants peuvent partager les mêmes espaces et il n'existe plus de cantines séparées pour les ouvriers et pour les patrons. Enfin, l'arrivée massive des femmes dans le monde de l'entreprise s'est accompagnée d'efforts pour rendre les lieux de travail moins anonymes : on a vu se multiplier les plantes vertes, les objets de décoration, d'ameublement.

Travailler où que ce soit, mais dans des espaces plus agréables, devient ainsi une tendance commune. Cette tendance est favorisée par le développement surprenant des nouvelles technologies de communication. Les puces électroniques, l'ordinateur portable et l'Internet permettent le voyage des données et des voix. Ils ont entraîné la création de nouveaux instruments où l'on voit se combiner différents médias comme dans le cas du vidéo-téléphone ou de la vidéo-conférence. De nombreuses personnes travaillent désormais en réseau, ou à travers l'e-mail, et parfois avec des correspondants qui se trouvent sur d'autres continents et qu'elles n'ont jamais rencontrés.

Donata Francescato, par exemple, fait partie de deux groupes de recherche internationaux qui mènent des études sur la diminution de la violence et de l'agressivité à l'école. Ces groupes travaillent uniquement en réseau et par e-mail ; ils se rencontrent une fois par an dans des villes qu'ils choisissent pour leur beauté : Dublin, Rome, Munich, Vienne ou Bergen.

Les bureaux virtuels peuvent se trouver partout, dans des lieux agréables, ou dans des lieux fonctionnels. De nombreuses multinationales ont tendance aujourd'hui à organiser des réunions avec leur personnel dirigeant dans les aéroports, entre deux escales, dans l'idée qu'un lieu de travail doit être plutôt une structure fonctionnelle qu'un endroit fixe. On peut aussi mentionner l'organisation des rendez-vous d'affaires sur les yachts, ou la location de bureaux provisoires dans plusieurs villes du monde dans le cadre d'un projet temporaire.

Au fur et à mesure que le temps de travail perd de sa rigidité, les salariés obtiennent des horaires flexibles, un travail à temps partiel ou une répartition personnalisée de leurs congés. La conséquence de ce mouvement est que les usines et les bureaux commencent à se vider et à perdre leur signification d'unité de temps et de lieu significative et autonome.

DU CHEF AUTORITAIRE AU TRAVAIL EN RÉSEAU

Les modifications matérielles dans l'espace du travail reflètent parfaitement l'évolution contemporaine de l'organisation du travail.

Dans un passé récent (qui n'est pas encore tout à fait aboli), la hiérarchie à l'intérieur de l'entreprise était lisible dans l'organisation rigide de l'espace. À l'intérieur de ce type d'organisation pyramidale, le climat était souvent de type féodal : les chefs contraignaient leurs collaborateurs à rester au bureau le plus tard possible et récompensaient ces preuves de disponibilité. De plus, une longue chaîne d'intermédiaires séparait la personne qui avait un contact direct avec le client ou qui s'occupait de la production de celle qui prenait les options stratégiques. D'où des distorsions, des lenteurs dans les décisions et une perte générale d'efficacité, sans compter une motivation très faible et une compétition féroce entre les différents niveaux et les différentes fonctions de l'entreprise.

Ce type d'organisation nécessitait des travailleurs obéissants, prêts à exécuter ce qui leur était ordonné et capables de réagir avec la partie rationnelle de leur personnalité en faisant taire leur affectivité.

Les changements structuraux qui ont bouleversé l'économie mondiale ont rendu complètement obsolète ce type d'organisation. Le développement des ressources humaines est devenu l'objectif principal de l'entreprise, parce qu'un engagement majeur de la force de travail signifie une compétitivité majeure. La différence entre services et produits ne cesse de diminuer et les entreprises doivent miser sur la vitesse avec laquelle elles sont capables de transformer leurs idées en produits et en propositions plus convaincantes.

Comme le déclarait le président de Fiat, Paolo Fresco,

une entreprise ne construit pas son succès sur la seule excellence de ses produits mais aussi parce qu'elle sait offrir à son client un ensemble de solutions et de services accessoires [10]. Il ne faut donc pas se limiter à la voiture; il faut être aussi capable de penser aux besoins que le consommateur éprouve en acquérant le produit : financements, assurances, réparation, pièces de rechange, etc. Fresco raconte que lorsqu'il était entré à la General Electric il y a trente ans, le produit constituait 70 % de l'ensemble et le service les 30 % restants. Aujourd'hui, la tendance s'est inversée et le rapport est de 20 à 80 %.

À l'avenir, la qualité combinée des produits et des services ainsi que la variété de l'offre seront une condition déterminante du succès économique. C'est pourquoi les salariés se voient aujourd'hui demander un nouvel ensemble de qualités, telles que la créativité, la flexibilité et le sens des responsabilités personnelles.

Ces changements dans l'organisation de l'entreprise ont créé une structure plus horizontale que verticale et ont permis de réduire le nombre des niveaux hiérarchiques. Ils ont permis d'augmenter la remontée des informations du bas vers le haut ainsi qu'une transparence majeure dans la communication des objectifs et des résultats de l'entreprise. Surtout, ils ont favorisé la montée en puissance des salariés qui se sont trouvés directement impliqués dans le service aux clients et la création du produit depuis qu'ils sont intéressés aux bénéfices de l'entreprise.

Les sociétés qui ont mis en œuvre ce type de changement ont aussi abandonné les symboles hiérarchiques de leur ancienne organisation verticale en abolissant les parkings réservés et les cantines séparées. Ces transformations ont souvent rencontré la résistance du vieux personnel dirigeant, peu enclin à renoncer à ses anciens privilèges de « chefs ».

Pour passer de la position de « chef » à celle de coordinateur d'un groupe de travail, il faut savoir trouver des médiations en cas de conflit, favoriser l'évolution des salariés au sein de la structure, modifier sa conception de l'autorité et, enfin, acquérir des compétences spécifiques. La partie n'est pas toujours facile à jouer.

Une réorganisation de ce type a été menée à l'intérieur d'une grosse banque. Un groupe d'employés entretenait de très mauvais rapports avec un chef de service aussi méprisant qu'autoritaire. Une fois que ce groupe a obtenu la possibilité d'organiser de manière autonome sa journée de travail, il a pris une décision à la fois symbolique et provocatrice. Tous les membres ont travaillé de manière particulièrement intense pendant les quatre premières heures de la journée, puis ils ont organisé une petite fête informelle dans leur bureau. Quand le chef les a surpris en train de se détendre, loin de leurs ordinateurs, il s'est empressé d'aller en informer le directeur de la formation. Il s'est alors vu ridiculiser par les employés qui ont démontré à leurs chefs qu'ils avaient abattu une plus grande quantité de travail en quatre heures qu'ils ne le faisaient avant en huit.

Le passage d'organisations hiérarchisées et autoritaires à des configurations structurées en fonction de projets et de réseaux de projets permet de développer la croissance et l'autonomie mais, en même temps, il augmente l'angoisse de ceux qui s'en sentent exclus. En particulier, les conflits et les peurs augmentent quand les salariés se voient imposer (et cela arrive dans de nombreuses entreprises) de nouvelles charges et de nouvelles responsabilités sans qu'on leur fournisse la formation requise pour développer ces compétences. La tendance qui s'est développée dans les années 1990 et qui a entraîné la redistribution des profits entre les seuls dirigeants a suscité le mécontentement et la démotivation à l'intérieur même des entreprises qui voulaient voir augmenter leur productivité. Pour réussir, mieux aurait valu s'appuyer sur la promotion de nouvelles compétences, en transformant l'organisation du travail mais aussi le système de communication formelle et informelle ainsi que le style de direction et en élargissant la redistribution des profits à tous les employés. Deux exemples vont montrer combien les cadres dirigeants peuvent être responsables de la culture d'entreprise.

– Dans une grande compagnie, le directeur général convoque un par un les plus hauts dirigeants. Il s'agit de décider de la réorientation d'employés rendus disponibles par la fermeture d'un des bureaux. Avant même d'entrer dans le bureau du directeur, chaque dirigeant tente de savoir par sa secrétaire qui est déjà passé, quelle a été la durée de l'entretien et, aussi, sa teneur. Certains d'entre eux, à peine sortis, se mettent à téléphoner aux autres. On commence à murmurer que les employés iront chez Dupont parce que c'est de lui que dépend la promotion d'un protégé du directeur général. Une semaine plus tard, on apprend par une note de service que la majeure partie du personnel excédentaire sera mise à la disposition de Dupont, bien que deux autres secteurs aient des besoins plus urgents. On apprend aussi que le protégé en question a bénéficié d'une promotion. La déception est générale, mais personne n'ose contester ouvertement cette décision. L'ensemble des dirigeants reçoivent des plaintes de collaborateurs particulièrement déçus par la manière dont cette affaire a été menée. Les semaines suivantes, on voit augmenter l'absentéisme, les erreurs, les coups de téléphone personnels et les petits délits. L'opinion est unanime : pour faire carrière dans cette boîte, il faut avoir des recommandations. Les compétences et la motivation ne comptent pour rien.

– Dans une autre grande entreprise, sept directeurs généraux se réunissent avec leur directeur pour décider de la promotion de quelque cent cinquante personnes. Un des objectifs stratégiques du groupe est d'améliorer la manière dont les cadres supérieurs assurent la direction, la coordination et la motivation de leur équipe. Au cours de la réunion, après être rapidement convenus des promotions non controversées, les directeurs prennent en considération le cas d'un dirigeant sur lequel ils étaient en désaccord deux mois plus tôt. Ce dirigeant a largement dépassé les objectifs de production et de vente, mais ses relations avec ses collaborateurs n'ont pas évolué de manière satisfaisante. On décide alors de reporter sa promotion à l'année suivante et de l'aider, entre-temps, à développer sa capacité à motiver et à faire évoluer ceux qui travaillent à ses côtés. À la fin de la réunion, chacun des huit directeurs réunit ses collaborateurs pour leur expliquer les critères qui ont présidé à l'évaluation. Ce sont ces mêmes critères qui serviront aux évaluations futures. Chaque responsable reprend le même style dans sa communication avec ses propres subordonnés. Dans ce type d'organisation, la motivation est très élevée ainsi que la certitude que la promotion se fonde sur le mérite personnel et les résultats mais aussi sur la capacité dont chacun fait preuve de travailler ensemble en vue d'objectifs communs.

ET VOUS, COMMENT POUVEZ-VOUS CHANGER ?

Les grandes transformations dans le monde du travail peuvent offrir des chances immenses mais elles nourrissent aussi un fond d'anxiété et d'inquiétude. Voici quelques suggestions pour vous aider à mieux comprendre comment vous pouvez agir sans craindre ce monde extérieur qui change à vue d'œil. Il s'agit surtout d'oser modifier les aspects peu satisfaisants de votre travail (la routine, l'éloignement, l'esclavage du bureau, ou même tout simplement un petit chef tyrannique et insupportable).

Adieu à la fixité de l'emploi

Plutôt que de perdre un temps considérable et une énergie précieuse à s'assurer un des rares emplois fixes encore disponibles, ne vaut-il pas mieux bien comprendre ses atouts et les faire fructifier sur le marché du travail de manière autonome ?

Entendons-nous : il n'est pas nécessaire de s'obstiner à se faire embaucher quand on peut faire le même travail ou un autre encore préférable, en *free lance* ou quand on peut créer sa propre société avec un ami. Aujourd'hui, qu'elles soient le fait de la législation nationale ou européenne, les lois et les possibilités de financement sont très nombreuses, et elles vont toutes dans le même sens : aider à la création de nouvelles entreprises. Ces possibilités avantagent surtout les jeunes, les femmes et les habitants de zones défavorisées. Et il ne faut pas oublier les cours de formation, ou les contributions à fond perdu. Certes, tout le monde n'a pas l'âme d'un chef d'entreprise, mais devenir patron de soi-même n'est pas seulement un risque ; c'est aussi une chance extraordinaire pour prendre le contrôle de son existence.

Le travail à temps partiel : une nouvelle chance

Aux États-Unis et dans de nombreux pays d'Europe, le travail à temps partiel existe depuis longtemps et il offre un emploi à des millions de personnes. Les sociétés de travail par intérim collaborent ainsi avec des entreprises pour des périodes brèves et définies qui s'étendent généralement de deux à trois mois. Il ne s'agit pas d'un emploi sûr, mais il peut le devenir. Il s'agit surtout d'une excellente manière d'entrer ou de revenir sur le marché du travail.

Le télétravail : y avez-vous déjà réfléchi ?

Travailler chez soi n'est plus une utopie, même si cela demeure, pour l'instant, l'apanage d'une minorité. C'est que les entreprises qui prévoient des contrats permet tant de travailler à la maison avec un ordinateur, une ligne téléphonique ou un modem sont encore rares. En revanche, les professions libérales que l'on peut exercer depuis son salon se multiplient.

Quels sont donc les métiers compatibles avec le télétravail ? En voici quelques exemples : faire des traductions techniques et les transmettre en réseau ; collaborer avec des maisons d'édition, des agences de publicité ou des studios de graphique. Bien sûr, tout cela nécessite un peu d'esprit d'entreprise. Et il faut une maison un peu grande : celui qui prend cette décision saisit parfois l'occasion pour déménager à la campagne...

Qui a peur des nouvelles technologies ?

Savoir utiliser un ordinateur, mais aussi parler l'anglais : telles sont les conditions pour pouvoir s'en sortir aujourd'hui sur un marché en constante évolution. Ce qui n'est pas un problème pour les *générations digitales* peut en constituer un sérieux pour les personnes plus âgées ou qui possèdent simplement une formation classique. C'est pourquoi il est à la fois utile et urgent de mettre de côté ses angoisses et ses préjugés pour profiter de toutes les occasions permettant de se rendre maître de ce qui est nouveau et inconnu. Nous avons bien appris à nous servir d'un téléphone portable !

Changer de comportement face aux nouvelles technologies est d'autant plus nécessaire que le monde du multimédia connaît une évolution spectaculaire. Et c'est lui qui offrira demain le plus grand nombre d'emplois et de carrières. Toutes les enquêtes récentes le confirment, le secteur ICT (Information and Communication Technology) [11] va avoir besoin de personnel compétent dans les trois années à venir mais aura du mal à le trouver. Le paradoxe c'est que pour la plupart des gens qui chercheront un emploi, ces métiers constitueront un véritable rébus.

Précarité ou flexibilité ?

L'homme de quarante ans qui fait carrière dans une grande banque et qui, soudain, lâche tout pour ouvrir une petite boutique d'artisanat ; la publicitaire *free lance* qui décide de se consacrer à un métier beaucoup plus risqué mais bien plus fascinant dans le cinéma : voilà deux exemples parmi beaucoup d'autres. Vous aussi, vous connaissez, sans doute, quelqu'un qui n'est plus de première jeunesse et qui a donné une impulsion nouvelle à sa vie professionnelle, parce qu'il y a été contraint par des événements extérieurs (une restructuration dans le sein de l'entreprise, ou un licenciement), ou parce qu'il éprouvait le désir d'un travail plus satisfaisant ou d'une vie moins frustrante.

Parfois, un tel bouleversement réussit sur tous les plans, même du point de vue économique. Parfois, au contraire, on rencontre des difficultés majeures. Toutefois, à l'intérieur d'un monde professionnel en constante mutation, où la précarité de l'emploi s'étend à la manière d'une tache d'huile et où la retraite sera un mirage pour la plupart d'entre nous, l'essentiel est de ne pas avoir peur du changement. Il faut le voir comme une chance, et non pas comme un risque.

CHAPITRE VIII

L'argent
Ni dieu, ni démon : un simple allié

Peu importe combien de dizaines de francs dorment sur votre compte en banque, peu importe si vous avez investi toutes vos économies en actions ou en SICAV, si vous êtes propriétaire ou locataire de votre appartement, ou si tout ce que vous avez aujourd'hui, c'est un compte à découvert : le monde de l'argent change à toute vitesse, sans se préoccuper de ce que vous avez en poche.

Et même si rien ne vient ébranler ce que le financier George Soros appelle le « fondamentalisme du marché [1] », c'est-à-dire la foi dans la libre concurrence, l'argent est en train de devenir une source d'interrogation pour la plupart d'entre nous. Sans doute aurons-nous toujours plus ou moins d'argent, mais nous serons bientôt dans l'obligation constante de nous demander comment le gagner, comment l'investir ou comment l'épargner. Nous devrons aussi décider de la place qu'il convient de lui accorder dans notre mode de vie.

Il n'est que de rappeler un chiffre : trois multi-milliardaires – Bill Gates, le tout-puissant fondateur de la Microsoft, la famille Walton, propriétaire de la chaîne des supermarchés Walton, et le sultan du Brunei – possèdent à eux seuls un patrimoine comparable au produit intérieur brut des 43 nations les plus pauvres du monde : leur fortune correspond au revenu global de 60 millions de personnes vivant dans les pays en voie de développement qui s'étendent du Mozambique à l'Éthiopie.

En somme, les riches deviennent plus riches alors que les pauvres sont toujours plus pauvres. Ce phénomène se retrouve à l'intérieur de toutes les nations – et même au sein de celles qui ont l'économie la plus florissante.

Aux États-Unis par exemple, entre 1980 et 1990 les 60 % d'augmentation du revenu ont concerné 1 % de la population, tandis que le revenu réel des 25 % les plus pauvres n'a pas évolué depuis trente ans. Et maintenant ce petit 1 % de la population gagne à lui seul ce que gagnent plus des 40 % des citoyens les plus pauvres de la pyramide sociale. Bien plus, les deux tiers des Américains ont un salaire qui correspond à un pouvoir d'achat inférieur ou égal à ce qu'il était il y a quinze ans, et 30 millions d'entre eux vivent en dessous du seuil de la pauvreté [2]. De même, dans les pays occidentaux, pendant ces dernières années, l'écart n'a cessé de se creuser entre les riches et les pauvres. Au Royaume-Uni par exemple la différence entre les travailleurs qui ont le revenu le plus élevé et ceux qui sont le moins payés n'a jamais été aussi grande depuis cinquante ans. Ce phénomène qui conduit à l'enrichissement extraordinaire d'un petit nombre de personnes et à l'expansion de la pauvreté dans une partie toujours plus vaste de la population prend des proportions vraiment préoccupantes dans certaines régions du monde, comme l'ex-URSS [3].

Les avis divergent quand il s'agit d'assigner des causes à cette évolution. Mike Moore, l'ancien Premier ministre de la Nouvelle-Zélande, qui a été aussi ministre des Finances, soutient que la libéralisation à tout crin des marchés financiers sous l'effet de la mondialisation a entraîné pendant les vingt dernières années la création de multinationales aux pouvoirs énormes. C'est le cas, par exemple, d'IBM. Deux chiffres illustrent cette idée : si l'on considère les 100 plus importantes entreprises du monde, seules 49 ont une base nationale, les autres sont transnationales. Par ailleurs, le revenu des 200 plus grandes entreprises du monde dépasse le PNB de 182 pays [4].

Selon Anthony Giddens, sociologue anglais et, actuellement, conseiller de Tony Blair, c'est la révolution des télécommunications ainsi que la diffusion des technologies informatiques et satellitaires qui ont favorisé l'expansion du rôle de la Bourse et de la spéculation en créant la possibilité de marchés actifs 24 heures sur 24. Tous les jours, les transactions boursières brassent des milliers de milliards de dollars selon un rythme de croissance bien plus élevé que celui des transactions commerciales. Ainsi, les nouveaux super-riches sont ceux qui ont su faire fructifier leur capital ou qui ont alors inventé de nouveaux produits et de nouveaux services pour conquérir le marché mondial.

Enfin, selon James Dale Davidson et William Rees-Mogg, respectivement banquier américain et consultant financier britannique, il sera toujours plus difficile à l'époque d'Internet et des moyens sophistiqués de télécommunications de taxer les transactions financières et par conséquent, il sera toujours plus difficile pour un État d'assurer la redistribution des richesses à travers l'impôt [5]. Les riches deviendront donc toujours plus riches. Aux États-Unis on compte déjà 500 billionnaires (c'est-à-dire des personnes dont le patrimoine correspond à un milliard de dollars) et un bon million de millionnaires. Si l'on ajoute les intérêts qu'ils peuvent tirer de leurs investissements, ainsi que les nouveaux instruments financiers dont ils disposent (les lecteurs intéressés peuvent en savoir plus, et de manière agréable, en lisant les thrillers financiers de Paul Erdman [6]), on comprend que les super-riches d'aujourd'hui deviendront à l'avenir de véritables Picsou disposant d'un pouvoir économique de loin supérieur à ceux de nombreux États.

Or, les avantages offerts par le mouvement d'affaires qui entoure ces super-riches ne concerneront que 15 % de la population. Il s'agira des *managers*, des techniciens, et de tous les professionnels qui posséderont le savoir technologique. Ils formeront ce qu'on peut appeler une « nouvelle aristocratie ». En d'autres termes, les groupes sociaux qui se sont assuré depuis vingt ans la part la plus consistante des richesses ne cesseront de prospérer. Davidson et Rees-Mogg voient venir avec exaltation cette ère des super-riches qui passeront leur vie de seigneurs féodaux dans des enclaves protégées par des armées de gardes du corps. Quant aux pauvres et aux sans-emploi, ils verseront toujours davantage dans le crime et dans l'illégalité, ce qui ne manquera pas de créer des problèmes d'ordre public analogues à ceux qui existaient au Moyen Âge. Dans leur livre, ces deux grands apologistes du libéralisme effréné ne ménagent pas les suggestions du type : *comment éviter de payer vos impôts ? Où vivre tranquillement pour jouir sans entrave de votre fortune ?*

Mais tout le monde ne saurait afficher un tel cynisme. De nombreux experts en finances regardent avec épouvante de telles perspectives et soutiennent – à la manière de Vaclav Havel – que la chute du communisme réel nous a appris que si le communisme a échoué, ce n'est pas une raison pour considérer que le capitalisme a gagné. Si le réalisme socialiste a démontré qu'il était capable de redistribuer les richesses, il s'est révélé incapable de les produire, mais le capitalisme, à son tour, s'il est capable de les produire ne semble pas disposer des instruments adéquats pour les redistribuer. Voilà pourquoi on voit naître la revendication d'un « capitalisme solidaire », ou celle d'une troisième voie. Comme l'écrit George Soros : « Aujourd'hui, le péril ne vient plus du communisme mais du fondamentalisme du marché. Le communisme avait aboli le mécanisme du marché et imposé le contrôle collectif sur toutes les activités économiques. Les fondamentalistes du marché voudraient aujourd'hui abolir les processus de décision collective pour imposer la suprématie des valeurs du marché sur toutes les valeurs politiques et sociales. Ces deux positions sont l'une et l'autre mauvaises. Ce dont nous avons besoin c'est bien plutôt d'un équilibre entre la politique et les marchés, entre le devoir d'imposer des règles et celui de les respecter [7]. »

QUI COMMANDE ? LES FINANCIERS OU LES HOMMES POLITIQUES ?

L'économiste italien Paolo Savona estime, lui aussi, que la phase actuelle du capitalisme est marquée par un pouvoir excessif de la finance dont l'action est exclusivement spéculative [8]. Il est vrai que la création monétaire à usage international, ou « argent offshore », progresse de manière globalement incontrôlée. La grande finance a le contrôle absolu des taux d'intérêt, ce qui lui permet de fixer librement le coût de l'argent et d'établir les taux de change comme bon lui semble.

Le pouvoir des hommes et des femmes qui contrôlent ce marché n'est pas seulement supérieur à celui des chefs d'entreprise : il dépasse aussi celui des gouvernements et des banques centrales.

Selon Savona, aujourd'hui, ce sont les marchés qui décident de la politique économique des gouvernements. Le contrôle appartient à ceux qui peuvent déplacer d'énormes masses d'argent d'une place économique à l'autre (banques internationales, fonds de pension) grâce à la libéralisation des marchés, la globalisation de l'économie, l'informatisation des systèmes et l'abdication des autorités qui ont abandonné le contrôle de ces transactions de masse par voie électronique. Ce sont eux qui en conditionnent la demande et l'offre en matière d'emplois, de biens et de capitaux. Ce sont eux qui en déterminent le prix. Un jour, ils travaillent sur le marché des changes en s'attaquant à la monnaie la plus faible, un jour, sur le marché des matières premières (ce fut le cas pour tout le monde en 1995), un autre jour enfin, sur le marché des actions. Si jamais une monnaie est en difficulté, les voilà qui sautent dessus. Mais ils le font pour spéculer bien sûr et non parce qu'ils complotent contre ce pays... Il s'agit de mécanismes qui déplacent des milliards de dollars d'une place financière à l'autre, et qui sont à la fois dé-personnalisés et dé-territorialisés. Leur finalité est simple : faire des affaires, un point c'est tout [9].

Il appartiendrait certes à la classe politique d'établir les nouvelles règles du jeu monétaire et économique international, mais il semble aujourd'hui qu'elle n'ait plus l'autorité pour le faire. On trouve une confirmation de cette hypothèse dans une source aussi peu suspecte que la revue conservatrice de la Harvard Business School. Cette dernière n'hésite pas à décrire une société qui court tout droit vers une situation d'apartheid économique, dans laquelle un très petit nombre de riches vit dans un univers à part. Les transformations financières en cours avec la globalisation se font toutes aux dépens de qui doit travailler pour vivre.

Des exemples ? Pensons aux privatisations, aux fusions, et aux restructurations d'entreprises. Elles impliquent toutes une réduction du personnel. Pensons à l'abaissement du salaire minimal pratiqué par de nombreux pays. Une telle politique contraint les personnes à avoir deux emplois ou à faire des emprunts. De même, assainir les entreprises et les rendre plus compétitives en Bourse signifie la plupart du temps diminuer les dépenses pour la recherche et les investissements, encourager la mécanisation avec l'allégement du personnel qui s'ensuit. De telles mesures procurent des profits très élevés pour les actionnaires et des revenus fantastiques pour les *managers*. Mais elles signifient également la perte d'emploi pour de nombreux salariés ainsi qu'une surcharge de travail à un salaire égal pour ceux qui réussissent à garder leur emploi.

Parallèlement, les hommes politiques ont perdu leur pouvoir. Cette thèse est partagée par les experts en économie : le Néo-Zélandais Tim Hazledine [10] affirme par exemple que la chute du communisme en 1989 a marqué une étape décisive pour la classe politique qui s'est vu dépassé par les potentats économiques et a progressivement perdu son influence ainsi que son prestige dans la plupart des pays du monde.

La politique-spectacle récompense les personnes habiles à manier le langage des images plutôt que les leaders susceptibles d'élaborer des programmes et de trouver des solutions aux problèmes de notre société moderne. Par conséquent, on peine à voir émerger de nouvelles figures réellement respectables, dotées de personnalité et de charisme, capables de susciter l'engagement et de provoquer la passion. Le phénomène hélas bien connu de la désaffection des jeunes pour la vie politique ainsi que le croissant abstentionnisme électoral contribuent à affaiblir une classe politique devenue incapable de s'opposer au pouvoir gigantesque de ceux qui détiennent le contrôle de l'économie internationale.

Ajoutons que les traditionnelles distinctions d'une droite conservatrice, responsable de l'orientation libérale, et d'une gauche progressiste, défendant l'intervention de l'État pour favoriser la justice sociale et réduire l'inégalité, tendent à disparaître. La conséquence est sensible : les gouvernements de gauche qui sont au pouvoir dans de nombreux pays d'Europe poursuivent des politiques économiques très proches de celles proposées par la droite.

D'autres chercheurs [11] ont souligné combien la classe politique a perdu de son pouvoir et de son prestige au profit d'organismes internationaux comme l'ONU et l'OTAN et d'une myriade d'organisations non gouvernementales. À l'ère de la mondialisation économique, il ne reste donc à la politique que la gestion des affaires locales. Si l'idée d'appartenir à la *polis* planétaire exerce une réelle fascination et si le désir se fait toujours plus grand de travailler dans une multinationale, on assiste aussi à des réactions inverses où s'exacerbent la peur de la diversité et l'attachement aux valeurs traditionnelles. Cela explique que les communes soient aujourd'hui perçues comme responsables des processus de revalorisation de l'identité locale.

En d'autres termes, la classe politique souffre d'une crise de pouvoir qui se manifeste aussi bien au niveau international par la perte de décision face aux grandes questions économiques qu'au niveau local où, au nom de la décentralisation, les administrations concentrent la plus grande partie des choix et des décisions. Ce phénomène a été confirmé par une recherche que Donata Francescato a menée à Rome sur un échantillon de 450 hommes politiques qui travaillent aussi bien au niveau local qu'au niveau régional ou national. L'insatisfaction la plus grande a été exprimée par les députés et les sénateurs : ceux qui travaillent dans les commissions parlementaires se plaignent d'être des inconnus pour le grand public, à partir du moment où ceux qui ne vont pas aux réunions peuvent apparaître plus souvent à la télévision. Le sentiment d'impuissance est diffus : les commissions produisent par exemple une grande quantité de documents qui ont en général une diffusion très restreinte et une efficacité encore moindre. Les hommes politiques locaux arrivent mieux, quant à eux, à réaliser, fût-ce même de manière partielle, les projets qu'ils entreprennent.

LE POUVOIR DU DIEU ARGENT

En attendant qu'une législation internationale vienne réglementer les marchés financiers et s'opposer au pouvoir excessif des corporations, en attendant une troisième voie entre capitalisme et communisme qui puisse distribuer de manière plus juste le savoir, les richesses et le pouvoir, on ne peut que constater combien le désir effréné d'argent est en train de modifier radicalement notre société.

Alain Minc, dans un livre au titre éloquent aussi bien qu'emblématique, *L'Argent fou* [12], soutient que dans notre société l'importance excessive attribuée à l'argent a fini par faire de l'ombre aux valeurs traditionnelles du patriotisme, de la solidarité et de l'engagement social. Par le passé, dans les pays occidentaux, le rapport quotidien à l'argent était médiatisé par des systèmes de pensée, des convictions éthiques ou religieuses, ou par des idéologies politiques. Aujourd'hui, ce monde a été englouti et l'argent triomphe seul. Et ainsi, alors que sur la scène mondiale, les politiciens sont impuissants devant les directeurs des banques centrales, dans notre vie quotidienne, nous sommes nous-mêmes à la merci de notre nouveau dieu.

Le fait que l'argent soit devenu la divinité suprême est confirmé par l'incroyable diffusion des loteries. À ses débuts, le loto faisait rêver avec ses victoires qui se chiffraient en milliers de francs ; aujourd'hui, une victoire inférieure à plusieurs millions de francs n'est même pas mentionnée par les journaux. Le même discours vaudrait pour les millions dépensés avec une incroyable légèreté lors des innombrables jeux et *quiz* organisés par nos chaînes de télévision. Et pendant ce temps, les mises sont toujours plus hautes au loto, au loto sportif ou au tiercé.

Un autre aspect de ce phénomène est facilement illustré par les salaires faramineux empochés par les joueurs de football et les top-models. Si l'on pense à Ronaldo, la première chose qui vient à l'esprit n'est pas son talent de joueur, mais les milliards versés pour son contrat. Malheureusement, cette tendance ne se limite pas aux carrières les plus éphémères : le principe du *star-system* s'est aussi étendu aux catégories professionnelles traditionnelles. Aujourd'hui, on court après le chirurgien le plus en vogue, le pénaliste le plus en vue, l'avocat le plus prisé, ou l'architecte à la mode. Leurs noms sont sur toutes les lèvres : mais c'est que le *top ten* des plus en vue et des mieux payés est publié périodiquement dans les revues professionnelles destinées aux managers ou les magazines d'information générale.

En réalité, la disproportion entre les gains de ces outsiders et ceux des autres catégories n'a cessé de s'accroître. Charles Handy, véritable gourou du management, raconte le cas d'un expert financier dont le salaire avait atteint en une année le chiffre de 7 millions de livres sterling. En fait, son revenu était proportionnel aux profits qu'il avait permis à son entreprise d'encaisser – soit un bénéfice de 42 millions de livres sterling. Or il ne s'agit pas d'une exception. En 1975, le rapport moyen entre le salaire d'un dirigeant et celui d'un employé était de 41 à 1. En 1992, les mille dirigeants d'entreprise les mieux payés avaient reçu un salaire moyen 150 fois supérieur au salaire moyen [13].

En outre, soutient Handy, si les stars du sport et du cinéma doivent leurs succès à leurs efforts et partagent leurs gains avec les maisons de production, les sponsors et les managers réalisent leurs objectifs grâce à l'effort de leurs équipes de collaborateurs. Dans ce cas, la disproportion entre leurs revenus extraordinaires et les miettes réservées à leurs collaborateurs a quelque chose de scandaleux. Cependant, ces managers, comme le remarque toujours Handy, ont l'impression qu'ils ne gagnent jamais assez, parce qu'ils doivent compenser avec toujours plus d'argent d'autres types de carences existentielles [14]. Il s'agirait d'un besoin impérieux de s'affirmer, d'être parmi les premiers pour démontrer aux autres « mâles » sa propre valeur [15].

Mais le désir de placer l'argent au premier plan ne rencontre pas l'unanimité. En Amérique même, un mouvement est né pour la défense de la vie simple [16]. Cette vie simple se doit d'être plus authentique, plus lente, moins frénétique et surtout, moins marquée par le désir de la consommation. Ce mouvement réunit plus d'un demi-million de personnes ; il publie une revue et s'oppose de toutes ses forces au principe selon lequel il n'y a pas de limite à la possibilité de gagner de l'argent. En Italie, il existe une Banque Éthique qui investit l'argent de ses clients dans des initiatives à caractère social. Cette banque est reliée à une chaîne de magasins qui promeuvent un commerce équitable et montent des projets de soutien pour les pays du Tiers-Monde.

Aujourd'hui, donc, on ne peut pas se contenter de dire qu'on assiste à un écart croissant entre les riches et les pauvres ; il faut aussi souligner que la société voit s'affirmer des tendances diverses et contradictoires qui opposent les défenseurs de l'argent qui veulent en faire l'arbitre et le critère absolu à ceux qui soutiennent qu'il faut soumettre l'argent à des impératifs éthiques plus élevés. Le nombre de personnes pour qui l'essentiel est de sauver du temps pour assurer sa croissance personnelle, réaliser ses aspirations les plus intimes ou exprimer ses talents ou ses convictions, ne cesse de croître. Ces derniers préfèrent gagner moins mais pouvoir jouir du style de vie qu'ils aiment. La thèse de Francis Kinsman [17] est que toutes ces attitudes envers l'argent sont présentes en chacun d'entre nous comme autant de tendances. Ainsi, à partir du moment où l'émergence de l'une ou l'autre de ces attitudes est conditionnée par l'évolution de notre société, il y a fort à parier que dans un futur proche l'argent nous servira à acquérir du temps. Du temps pour investir dans nos vies, du temps pour apprendre de nouvelles choses, du temps pour nos amis, du temps pour profiter des plaisirs, petits et grands, de l'existence.

L'ARGENT ET LES ÉMOTIONS QU'IL SUSCITE

Si l'argent peut être un substitut symbolique de virilité, ce n'est pas sa seule qualité. Il est possible de lui reconnaître au moins trois fonctions : la puissance, l'exhibition et la sécurité.

Pour certains dépressifs, fondamentalement fragiles, l'accumulation des richesses peut être un facteur de stabilité parce que l'argent permet d'acquérir une plus grande autonomie en limitant le sentiment névrotique d'insécurité. Par exemple, quand une personne a réussi à acheter sa maison, qu'elle a un bon revenu et quelques millions en banque, son besoin en argent-sécurité peut se trouver comblé (à la différence de l'argent-puissance, qui comme nous le verrons, ne connaît pas de limites). Certes, il y a des individus qui semblent insatiables. Il s'agit de ceux qui ne sont jamais sûrs d'eux-mêmes et qui, anxieux ou dépressifs, projettent leur angoisse sur le monde de l'argent. Ces personnes sont convaincues de ne pas recevoir assez d'affection de la part de leurs proches. Elles vivent, aussi bien sur le plan affectif que sur le plan économique, le syndrome du « puits sans fond ». Elles ne connaissent pas la signification psychologique de la satiété et sont souvent emprisonnées à l'intérieur de leur propre succès. Elles veulent toujours *davantage* comme si *davantage* signifiait *mieux*. Or, pour grandir et profiter de certaines expériences, il vaut mieux dire non et renoncer.

La fonction d'exhibition de l'argent est évidente. Il n'est pas besoin de citer les excès dont l'Amérique est coutumière ; nous pouvons étudier ses effets en Europe où l'on est passé des caprices des émirs arabes à ceux des Russes fraîchement enrichis. L'argent des premiers qui provenait des gains des puits de pétrole, a, plus d'une fois, risqué d'entraîner des ruptures de stock dans certains magasins de grandes villes européennes. À Genève, les guides touristiques accompagnaient les émirs dans les boutiques de luxe avant d'y repasser rapidement pour empocher leur pourcentage – comme cela se pratique dans les souks d'Afrique du Nord. Des situations analogues ont pu se produire avec le marché de l'automobile de luxe : il est vite devenu insuffisant de posséder une Ferrari ; il fallait en avoir au moins deux. À Puerto Banus, en Espagne, les bateaux de luxe sont devenus le symbole d'une compétition ridicule. Ces bateaux sont tous amarrés à la poupe de manière qu'on puisse évaluer à la fois leur luxe, la hauteur de leurs mâts ainsi que leur longueur. Quand un bateau vient jeter les amarres à côté du sien et qu'on constate qu'il mesure au moins un mètre de plus que le sien, on en achète un plus long que celui de son voisin !

Quoi qu'il en soit, l'argent-exhibition, aujourd'hui, est russe. *La Tribune de Genève* publie chaque mois un encadré consacré à la mise aux enchères de tableaux et bijoux qui sont une des caractéristiques de la ville. On a pu constater et c'est un fait révélateur, que la présentation des articles n'est plus accompagnée d'une traduction en anglais mais d'une traduction en russe. La Russie souffre d'une grave crise économique qui a causé une paupérisation qui n'épargne presque personne, à l'exception d'une toute petite élite qui s'est enrichie très vite en très peu de temps. Ainsi, la femme d'un homme d'affaires russe peut faire le voyage Moscou-Paris pour aller chez le coiffeur, puis rejoindre à Londres son mari qui est en train de racheter des immeubles. Mais comme l'argent russe, fût-il de provenance douteuse, a permis de relancer le marché de l'immobilier dans une grande partie de l'Europe, on fait contre mauvaise fortune bon cœur et on abaisse le seuil de la tolérance morale en privilégiant la quantité sur la qualité.

Nous avons évoqué l'argent-sécurité et l'argent-exhibition, qu'en est-il de l'argent-puissance ? Nous le connaissons : il nous vient des États-Unis et s'est exporté de par le monde. Il correspond à la glorification du pétrolier texan ou à celle de l'avocat new-yorkais qui empoche des dividendes extraordinaires en défendant une cause célèbre qui va remplir les pages des journaux.

La question est alors : comment trouver une harmonie entre le désir phallique d'affirmation de soi à travers l'argent et le respect de soi et des autres ? Un bon exemple de l'aveuglement causé par le dieu argent est l'attitude des banquiers suisses par rapport aux comptes détenus par les Juifs pendant la période nazie. Un rapport pervers à l'argent finit par détruire les normes éthiques qui devraient nourrir les relations humaines et sociales. À terme, ce rapport ronge ce que l'économiste néo-zélandais Tim Hazledine appelle le « capital social », c'est-à-dire la capacité à faire confiance à autrui, à collaborer, à créer le tissu social indispensable à la qualité de vie. La richesse excessive, comme la pauvreté excessive, porte atteinte aux rapports les plus sacrés comme ceux qui nous lient à notre famille. Les journaux sont pleins de faits divers terrifiants : enfants vendus à des pédophiles par leurs frères et sœurs ; mères qui obligent leur fillette à se prostituer ; etc.

LES SOUS : UNE SOMBRE HISTOIRE DE FAMILLE

Notre relation à l'argent est souvent ambiguë et pour une grande partie inconsciente. Elle plonge ses racines dans notre histoire familiale ainsi que dans l'histoire culturelle de la richesse. Michæl North a montré l'évolution de la nature et de la fonction même de l'argent au cours de l'histoire : de valeur refuge, il est devenu source de prestige ; de source d'investissement, il s'est transformé en valeur d'échange. Mais il faut souligner que ce sont aussi les valeurs culturelles de l'argent qui ont évolué.

Pendant le XIXe siècle, l'argent apparaissait comme quelque chose de vil : il n'était pas convenable d'en parler. C'est Freud qui le premier a souligné son analogie avec les excréments. On comprend qu'on en soit venu à déléguer les relations avec le monde indigne de l'argent à des institutions comme les banques ou à des spécialistes comme les consultants financiers ou les comptables. On peut citer à ce propos le comportement typique de certains artistes devenus célèbres. Les marchands d'art qui avaient repéré leur talent leur ont garanti la tranquillité matérielle leur permettant de mener à bien leur œuvre, en échange du monopole commercial sur leur travail. Modigliani, par exemple, a peint plusieurs fois le portrait de son mécène, un ami polonais qui lui assurait un revenu hebdomadaire en échange de ses tableaux. Jean-Michel Basquiat, un des derniers artistes maudits, était, pour sa part, dépendant de son marchand suisse.

Dans d'autres cas, la symbolique négative de l'argent tabou a conduit à des représentations fonctionnelles ou instrumentales. On entretient des rapports neutralisés avec l'argent. On en accepte les avantages, les plaisirs ; on apprécie la liberté intérieure et extérieure qu'il permet. Mais cette conduite instrumentale (la plus saine, à notre avis) a été le plus souvent balayée dans nos pays occidentaux par l'hypertrophie du dieu argent, hissé en symbole de la valeur personnelle, du pouvoir et de l'intelligence manifestés dans la lutte qui oppose aux autres pour le conquérir. En d'autres termes, la quantité d'argent est vue comme la clef du succès. Il est étonnant de voir combien les personnes qui ont réussi, et quelle que soit la manière dont elles ont réussi, reçoivent aujourd'hui des marques évidentes d'acceptation, de valorisation et d'intérêt impensables autrefois. Il ne s'agit pas seulement d'opportunisme, mais bien d'un sentiment mixte fait d'admiration et d'envie pour qui a atteint un but désiré de tous.

SEXE ET ARGENT : DES ARGUMENTS TABOUS

Notre attitude à l'égard de l'argent dépend pour une grande part de la valeur que la société et la culture lui attribuent ; il est clair aussi que les comportements transmis par le milieu familial sont d'une grande importance. On peut soutenir qu'il en va pour l'argent comme pour le sexe : chacun d'entre nous a développé, à ce sujet, des sentiments complexes et ambivalents ainsi que des névroses plus ou moins sérieuses. Ce sont nos parents qui nous ont encouragé à dépenser sans compter ou à économiser en vue du lendemain. Ce sont eux qui nous ont transmis les modalités fondamentales de notre rapport à l'argent, qu'il s'agisse du sens des responsabilités ou d'une forme de légèreté.

Une femme de cinquante ans, de très bonne famille, rappelle que jusqu'à l'âge de dix-huit ans , elle n'a jamais eu un sou en poche. Dans la petite ville où elle a grandi, où qu'elle passe, elle laissait un compte, que son grand-père venait solder régulièrement. « Dans ma famille, raconte-t-elle, les femmes dépensaient l'argent sans se soucier de sa provenance. C'était mon grand-père qui s'occupait de cela. Aujourd'hui, malheureusement, je suis un panier percé, mais mon grand-père n'est plus là pour régler mes affaires. » Et c'est ainsi que souvent, nos sentiments envers l'argent portent la trace, même inconsciente, de nos souvenirs d'enfance. La pulsion à économiser comme la pulsion à dépenser, l'aisance matérielle ou les fins de mois difficiles, toutes ces situations que nous avons dû affronter enfants peuvent susciter en nous des réactions opposées. Parler d'argent peut être tabou comme parler de sexe. Dans d'autres cas, au contraire, l'argent devient un sujet de discussion majeur. Souvent, les familles aisées enseignent aux enfants que plus on a d'argent, plus il faut craindre de le perdre. D'où de profonds sentiments d'angoisse, et des disputes fréquentes entre les couples.

Paul Auster rapporte ainsi comment ses parents ont divorcé parce qu'ils avaient des positions complètement opposées sur cette questions [18]. Son père qui avait grandi pendant la Grande Dépression avait un respect quasi religieux pour les économies alors que sa mère, qui venait elle aussi d'un milieu pauvre, éprouvait un plaisir immense à dépenser son argent et cultivait le shopping comme on cultive un art. Le petit garçon devenu grand se rappelle avec tendresse ce que signifiait entrer dans un magasin en compagnie de sa mère. Paul Auster précise bien que sa mère n'était pas une cigale mais qu'elle aimait dépenser pour les petits plaisirs de la vie qu'elle pouvait se permettre alors que son père vivait, lui, dans l'obsession d'une ruine imminente. Les disputes de famille durèrent pendant des années avant que le mari ne finisse par interdire à sa femme de faire les commissions et s'en charge personnellement, passant trois fois par semaine chez les grossistes. Peu de mois s'écoulèrent avant le divorce.

LES FRANÇAIS : DE L'ÉPARGNE À LA BOURSE

Quelle est l'attitude des Français à l'égard de l'argent ? Ils traversent actuellement une phase de transition. Ils sont passés de l'épargne à la Bourse. La population qui s'était habituée à vivre sur les intérêts que lui procuraient son livret à la poste ou ses obligations est en crise. Avant la plus grande partie des Français se fiaient au salaire qui tombait régulièrement le 27 de chaque mois et à un petit revenu à la fois régulier et rassurant. Aujourd'hui, ces mêmes Français ont tendance à vivre les fluctuations de la Bourse et la remontée des actions sur les obligations comme une menace. Ce changement suscite en eux un sentiment d'angoisse parce que pour gagner autant d'argent que par le passé, ils doivent se mesurer à un risque qu'ils n'ont jamais voulu prendre.

Cependant, ce changement d'époque qui nous oblige à passer de la sécurité des obligations à des opérations financières plus risquées nous oblige aussi à comprendre un peu mieux notre rapport à l'argent, si nous voulons décider au mieux et en accord avec notre personnalité.

Il y a des gens, par exemple, pour qui l'argent est une chose qui échappe au contrôle : ils n'en ont jamais assez et ne cessent de contracter des dettes. Ce type de comportement ne prédispose pas à jouer en Bourse, car les personnes en question ont tendance à tout vendre tout de suite pour réaliser un profit immédiat, tant elles sont incapables de supporter l'angoisse liée à la fluctuation de leurs actions. Elles font le bonheur des intermédiaires financiers qui s'enrichissent grâce aux commissions de ces clients très anxieux.

D'autres personnes sont impressionnées par l'argent et par ceux qui le représentent. Elles adoptent une conduite d'autopunition, comme cette amie qui avait souscrit un prêt à 14 % pour acheter une maison et qui, quand les taux ont diminué, a attendu pendant des mois avant d'aller renégocier son contrat : elle ne pouvait pas affronter l'idée d'aller discuter avec des banquiers.

Il y a aussi ceux qui vivent dans la terreur d'être escroqués : ils sont méfiants et angoissés à l'idée de tout perdre. Ils ont tendance à investir dans les obligations des grandes compagnies qui inspirent confiance, quitte à regretter d'avoir laissé passer de meilleures occasions mais qui auraient nécessité des investissements d'un tout autre type.

Enfin, il y a ceux qui investissent pour éprouver l'ivresse du jeu. Ils sont heureux que l'ouverture du marché leur donne l'occasion d'investir la fortune familiale dans des spéculations risquées. Souvent cependant, leur excessive confiance en eux-mêmes les conduit à prendre des décisions un peu trop hasardeuses.

Cette période de changement nous oblige donc à réfléchir sur notre rapport à l'argent. Elle nous oblige aussi à changer et à doser le risque et la prudence, la générosité et la parcimonie : elle nous apprend surtout à considérer l'argent comme un instrument pour améliorer notre qualité de vie. Les prudentes fourmis doivent apprendre le plaisir du risque, et les cigales celui de faire des économies ou, au moins, celui de ne pas se laisser impressionner par l'argent. Prenez notre amie : elle a connu une joie profonde ainsi qu'une flambée d'estime de soi le jour où elle a finalement pu entrer dans la banque pour renégocier le prêt de sa maison...

LES FEMMES ET LA SHOPPING-THÉRAPIE

La nécessité d'apprendre à investir son argent en suivant les fluctuations du marché est une tâche plus difficile pour les femmes si l'on pense que, dans la plupart des cas, elles ont dépendu de la gestion économique d'un autre.

Aujourd'hui encore, celles qui sont propriétaires exclusives d'un compte-chèque sont minoritaires. Elles ont, le plus souvent, un compte commun avec leur conjoint ; ne signent pas les chèques importants, ne négocient pas les taux d'intérêt, ne demandent pas de prêts à la banque. Ce n'est pas tout. S'il est vrai aujourd'hui que beaucoup de femmes gagnent leur vie, elles ont encore la mauvaise habitude de payer ou de déduire de leur salaire les dépenses pour la baby-sitter, les courses ou la crèche. Tout se passe comme si elles se sentaient en faute de ne pas être à la maison et de ne pas pouvoir assumer les tâches ménagères. Notons cependant que cette situation est en train de changer, mais elle ne change pas toujours en mieux.

Les femmes d'aujourd'hui ont, en effet, inséré dans leur rapport avec l'argent un nouvel élément : la « shopping-thérapie ». Beaucoup sont frappées par ce phénomène : plus elles gagnent, plus elles dépensent. La plupart d'entre elles n'arrivent pas à faire d'économies. Acheter une nouvelle robe ou une nouvelle paire de chaussures représente un antidote contre le stress, un antidépresseur ou un calmant [19]. Certaines ne sont pas seulement saisies par la frénésie du shopping : elles sont victimes d'une véritable compulsion au gaspillage. Voilà qui explique les grands repas avec de somptueux vêtements qu'on ne portera qu'une fois. Quand on voit cela, on repense à la vieille formule selon laquelle une femme dépense toujours plus d'argent que son mari ne le souhaiterait, pour faire savoir aux autres femmes que ledit mari gagne beaucoup plus que ce que les autres ne l'imaginent. Les femmes de ce genre rencontreront des problèmes dès qu'elles devront affronter des situations qui exigent à la fois une certaine autonomie et une maîtrise des questions d'argent. Françoise, par exemple, a traversé son divorce sans difficulté tant que son ex-mari lui faisait son chèque, mais elle a connu la pire des crises quand elle s'est retrouvée dans l'obligation de gérer un capital dont elle ne s'était jamais préoccupée avant.

Certes, changer d'attitude par rapport à l'argent, ou cesser d'en déléguer la gestion à autrui, n'est pas chose facile. Le cas de Colette Dowling, le célèbre écrivain américain est assez emblématique : après avoir gagné plus d'un million de dollars avec son livre *Le syndrome de Cendrillon*, elle s'est comportée exactement comme son propre personnage. Elle a délégué à autrui (« le prince ») la gestion de son propre succès. Une série de mauvais investissements l'a menée à de sérieuses difficultés économiques. Il ne faut pas sous-estimer que dans ce cas un autre facteur est intervenu : celui d'un enrichissement imprévu. Qui gagne de l'argent de façon soudaine ne gagne pas en même temps la maîtrise de l'argent et encore moins le bonheur.

Colette Dowling a raconté par la suite cette expérience dans un livre consacré aux rapports que les femmes entretiennent avec l'argent [20]. Elle y souligne combien les femmes ont peur de finir « sous les ponts », c'est-à-dire toutes seules, abandonnées, et sans un sou. Derrière cette peur de ne pas savoir gérer un bilan se cache la plupart du temps un vieux préjugé ou un espoir inavoué : une « vraie » femme doit savoir trouver quelqu'un qui sache s'occuper d'elle. De telles attitudes se traduisent la plupart du temps par des comportements autopunitifs. Par exemple, en Amérique, seulement 30 % des femmes qui ont entre 45 et 64 ans (contre 47 %

des hommes) épargnent de l'argent en vue de leur retraite ; d'autres ont une confiance en elles-mêmes tellement faible qu'elles se jugent incapables de gérer leur argent. Elles se croient en tout cas incapables d'inventer de nouvelles perspectives.

LES JEUNES ET L'ARGENT INVISIBLE

En Europe, nous ne sommes pas encore arrivés aux excès des étudiants américains qui paient tout avec de « l'argent en plastique », entendez avec une carte de crédit, depuis qu'ils ont dix-huit ans. Avec la complicité des banques, ils multiplient ces cartes jusqu'à en posséder une dizaine. De cette manière, bien avant encore d'avoir un métier, ils accumulent des dettes. Dans la société de consommation, où le temps semble se réduire à la seule dimension du présent, la carte de crédit donne l'illusion de la richesse – renvoyant à un futur difficile à imaginer l'inévitable règlement des comptes.

Ce type de conduite s'inscrit dans un phénomène beaucoup plus vaste et complexe : les transformations socio-économiques sont telles que les jeunes gens d'aujourd'hui entrent bien plus tard dans la vie active. À trente ans, il n'est pas rare qu'ils vivent encore chez leurs parents, et si d'aventure ils gagnent de l'argent, ils n'ont pas la moindre idée de ce qu'est la véritable autonomie financière. En outre, la fin de l'époque de la sécurité de l'emploi les contraint aussi à alterner les périodes où ils perçoivent un revenu et celles où ils doivent s'en passer. Cette situation entraîne une gestion de l'argent très différente de celle qu'ils ont apprise dans leur famille où la personne qui travaillait rapportait à la maison son salaire tous les mois. On ne compte déjà plus les accidents de parcours, comme ces jeunes diplômés qui brûlent leur première paye pour des vacances à l'étranger et se retrouvent quelques mois plus tard sans argent pour leurs impôts. L'un d'eux se plaignait en riant de ce que l'argent de poche versé par maman et papa ne l'avait pas habitué à planifier les entrées et les sorties d'argent sur des périodes aussi longues...

Or, si l'époque de la sécurité de l'emploi est achevée, il en va de même pour la retraite. Les bouleversements démographiques ont entraîné une crise du système des retraites. Dans un futur proche la disproportion entre le nombre de travailleurs et celui des retraités sera si importante qu'il deviendra impossible de payer les retraites. Il convient donc de s'occuper de manière urgente, et très jeune, de sa propre vieillesse, en épargnant ou en investissant dans des caisses de retraite privées.

ET VOUS, COMMENT POUVEZ-VOUS CHANGER ?

L'argent, comme nous l'avons vu, occupe une place très importante dans notre société. Certes, il existe une contre-culture de la vie simple, qui s'inspire de l'écologie et de l'idéologie du New Age, devenue elle-même un joli fonds de commerce, mais il s'agit de positions largement minoritaires par rapport au triomphe du dieu-argent. C'est lui le véritable moteur de la plupart des conduites humaines. C'est pourquoi apprendre à se comporter de manière différente en matière d'argent, c'est-à-dire éviter à la fois la passivité, le mépris et la cupidité actuelle, passe par toute une série de changements.

La fourmi qui chante et la cigale qui travaille

Quelles sont les racines profondes de notre comportement face à l'argent ? Est-ce parce que notre père était avare que nous nous sommes rebellés et que nous sommes aujourd'hui un panier percé ? Est-ce parce que nous avions des parents économes que nous sommes obsédés par l'idée de faire des économies ? Mais, pour nous, que représente l'argent ? Nous donne-t-il un sentiment de sécurité, un sentiment d'ennui à l'idée de devoir nous en occuper ou provoque-t-il une montée d'angoisse ?

Il est essentiel de réexaminer notre rapport à l'argent, et de chercher à savoir ce que cette conduite doit à notre famille et à notre milieu culturel, de manière à pouvoir mieux comprendre quels sont nos points forts et nos points faibles.

La nécessité de devenir plus actif et plus responsable dans la gestion de ses revenus et de son épargne peut offrir une bonne occasion de devenir plus mûr et de redéfinir ses valeurs. Chacun de nous devra évaluer s'il est plus fourmi ou cigale et devra découvrir les côtés positifs de ces deux figures. L'idéal, ne serait-ce pas de devenir une fourmi capable de danser et de chanter ou une cigale capable de travailler ?

En couple : un bilan positif ?

Selon les statistiques relatives aux divorces, ce sont les disputes sur les questions d'argent qui sont à l'origine de la majeure partie des crises qui mènent un couple à se séparer. Il est donc important de comprendre si l'argent est ou non une source de conflits. Il faut comprendre qui paie quoi (est-il juste que ce soit madame qui paie la femme de ménage ?), qui décide de quoi (qui décide d'acheter la maison ou de changer de voiture ?) et se demander si certains points ne sont pas à renégocier.

Quand une femme entre à la banque

Les femmes manifestent plus de réticences à discuter d'argent. Si elles vivent en couple, elles délèguent la gestion des affaires au mari. Au travail, elles sont gênées pour demander une augmentation de salaire méritée. Quand elles vont à la banque, elles ne s'intéressent ni aux investissements ni aux plans retraite. Il est peut-être temps de changer et de regarder vers l'avenir : l'autonomie passe aussi par une gestion plus saine de ses finances.

CHAPITRE IX

L'école : de l'enseignement à l'apprentissage

Que peuvent bien avoir en commun la prison d'Alcatraz, le *Titanic* englouti au fond des mers et les cercles de l'enfer de Dante ? On peut voir en chacune de ces images une métaphore de l'école – c'est du moins ce que pensent plusieurs milliers de jeunes à qui on a demandé de décrire leur vie au lycée. La plupart du temps, les dessins et les symboles utilisés pour évoquer leur expérience révélaient des sentiments mêlés de colère, de désespoir et de désillusion [1].

Si un tel malaise n'est exprimé que par une minorité de lycéens, il comporte néanmoins un risque de violence qui se manifeste de manière de plus en plus spectaculaire dans un bon nombre d'établissements des pays occidentaux. Les formes de cette violence sont variées : elles vont de l'agressivité diffuse (la violence et le chantage frappent aussi bien les élèves que les enseignants) jusqu'aux terribles massacres qui font verser le sang dans les *high schools* américaines. Si ces épisodes sont la pointe émergée de l'iceberg, le malaise est en vérité bien plus diffus. Sans doute est-ce aussi parce que l'école ne parvient pas à changer rapidement et à emboîter le pas aux transformations qui ont marqué le monde du travail et la société en général.

Il faut souligner que l'école, tout comme la famille, exerce une influence considérable sur les jeunes en pleine période de formation et que de nombreux destins se décident entre ses murs. Aujourd'hui, les parents, surtout les mères, sont engagés dans la recherche de solutions meilleures. Mais pour faire le bon choix, il faut comprendre quels sont les problèmes les plus graves des écoles traditionnelles, et les chances offertes en revanche par les établissements d'avant-garde.

RÉNOVER L'ÉCOLE AVEC L'ÉDUCATION ÉMOTIVE

Marc a treize ans, il est en quatrième et n'a pas envie de travailler. En classe, il dérange souvent ses camarades et il finit fréquemment chez le proviseur. Les enseignants sont formels : Marc est un garçon intelligent, mais qui ne s'applique pas. Il affirme quant à lui qu'il veut arrêter d'étudier parce qu'à l'école, il s'ennuie.

Valérie, elle, est en première. Pendant les interrogations de grec, s'il lui arrive d'ignorer une réponse, son professeur attend en silence et, parfois, ce silence peut durer cinq longues minutes. Valérie s'énerve, devient toute rouge et ne réussit pas à dire un mot. Depuis quelques semaines, elle est sujette à de violents maux de ventre qui l'empêchent de se lever le matin. Elle aussi se demande s'il ne vaudrait pas mieux arrêter les études ou changer de lycée. Elle ne se sent pas du tout à sa place. Elle se sent bête.

Marc et Valérie ne sont que deux exemples, mais leur situation est significative de ces jeunes gens qui se sentent mal dans nos écoles. Ne pourraient-ils pas étudier avec plaisir et avec joie dans d'autres contextes ? Aujourd'hui, l'école est divisée par un grand débat entre traditionalistes et innovateurs.

Ces derniers soutiennent que les méthodes didactiques classiques finissent par communiquer aux jeunes une conduite passive qui pénalise l'autonomie et la créativité, soit deux des qualités les plus prisées dans le monde du travail des sociétés postindustrielles. La didactique traditionnelle se reconnaît aux caractéristiques suivantes : elle est plus attentive au maître qu'à l'élève ; elle fait la part belle à l'enseignant, au livre de textes et au cours magistral. Enfin, elle repose sur une structure disciplinaire rigide. Or, comme l'écrit Franco Frabboni, un des meilleurs spécialistes de didactique, « la formule du cours magistral, qui propose un résumé oral de ce que l'étudiant peut trouver dans le livre de textes assure une présence diffuse et totalisante de l'enseignement aux dépens de l'apprentissage, alors qu'aujourd'hui plus que jamais la complexité des tâches à résoudre et des problèmes à régler requiert des réponses innovantes auxquelles seul un apprentissage expérimental peut préparer. L'étudiant doit non seulement percevoir que l'argument traité en cours est pertinent pour ses objectifs mais aussi qu'il est prenant d'un point de vue émotionnel aussi bien qu'intellectuel [2] ».

Dans le modèle traditionnel, les classes sont organisées en fonction du principe d'efficacité formelle, obtenue à travers un enseignement contextuel qui s'adresse simultanément à tous les élèves de chaque classe. L'éducation est considérée comme une nécessité du monde social dont la finalité première est la transmission aux jeunes gens du respect de l'autorité et d'un minimum de compétences déterminées. Dans une telle optique, on accordera la plus grande importance à la hiérarchie, aux règles, et au savoir livresque. Les jeunes gens sont répartis dans des classes non pas parce qu'on accorde de la valeur au groupe, mais pour des raisons pratiques, c'est-à-dire parce que cela coûte évidemment moins cher de payer un seul professeur pour faire cours à plusieurs élèves à la fois.

Ce modèle remonte au Moyen Âge et nie l'apport des Anciens qui avaient développé des méthodes didactiques originales. Comme le remarque Malcom Knowles, un des pionniers de la pédagogie des adultes aux États-Unis, les premières tentatives d'éducation systématique dans l'histoire ont été entreprises pour un public adulte [3]. Confucius et Lao-Tseu dans la Chine ancienne, les prophètes de l'Ancien Testament, Jésus dans l'Évangile, mais aussi Aristote, Platon, Socrate, Euclide et, à leur suite, Cicéron, faisaient cours aux adultes. Ils considéraient en effet l'expérience comme une des ressources les plus précieuses pour l'apprentissage. C'est pour cela qu'ils ont mis au point des techniques destinées à engager les individus dans des processus mentaux actifs. Les anciens Chinois et les Hébreux ont inventé la méthode des cas critiques où le maître décrit une situation problématique, le plus souvent sous forme de parabole, qui sert de point de départ, et chaque élève en exploite ensuite les caractéristiques afin de trouver les solutions possibles. Les Grecs ont inventé le dialogue où celui qui dirige le débat pose une question ou propose un dilemme. Alors, tous les participants doivent apporter leur propre contribution de pensée et d'expérience à la recherche d'une réponse ou d'une solution. À l'inverse, les Romains avaient le goût de la rencontre directe et organisaient des joutes au cours desquelles chacun tentait d'affirmer son propre point de vue contre un adversaire qui soutenait la thèse adverse.

C'est bien plus tard qu'ont été fondées les premières écoles pour enfants, écoles qui devaient les préparer au sacerdoce. Comme il s'agissait d'enseigner aux jeunes gens le contenu de la foi et les rites, des stratégies d'enseignement fondées sur quelques présupposés appelés *pédagogiques* ont été définies. Au XIXe siècle, ce modèle a été adopté par les écoles publiques qui se sont vu confier le devoir de transmettre les valeurs de la chrétienté et de préserver une société hiérarchique et autoritaire. Un tel système éducatif repose donc sur un postulat : les jeunes n'aiment pas apprendre et il faut donc les y contraindre. Ils doivent apprendre exactement ce que le maître leur demande d'apprendre sans chercher à savoir si ce qu'ils apprennent leur servira un jour ni s'interroger sur leurs inclinations personnelles. Cette conception est encore dominante à l'école et répandue du collège à l'université.

Depuis le début du XXe siècle, les efforts conjugués des pédagogues et des psychologues du développement, ainsi que des spécialistes de l'apprentissage pour adultes, ont conduit à la construction d'un nouveau modèle qui plonge ses racines théoriques dans la pensée de Maria Montessori, de Rudolf Steiner, de Célestin Freinet, de Peter Peterson et de Carl Rogers. Ce modèle a fait l'objet de nombreuses expériences et il a été adopté à une large échelle, surtout dans les écoles maternelles et les écoles élémentaires.

Ses caractéristiques principales sont les suivantes :

– L'accent est mis sur la fonction émancipatrice de l'école.

– Une grande attention est accordée au contexte et au milieu de l'enseignement.

– On privilégie les structures souples dès lors qu'on reconnaît qu'il y a plusieurs manières d'enseigner.

– On reconnaît les sentiments de l'élève et on s'accorde sur la nécessité de lui prodiguer des encouragements.

– On essaie d'utiliser toutes les fonctions du cerveau humain.

– On multiplie les expériences pédagogiques à l'intérieur et à l'extérieur de la classe.

– On se tourne vers la communauté de manière à la faire participer de manière constructive à l'expérience.

– On abandonne le groupe-classe fixe et on tente de créer des groupes mobiles. On cherche des méthodes mieux adaptées à l'individualité de chacun.

DES LEÇONS D'ÉMOTION

Au cours des dernières années, certains spécialistes sont allés jusqu'à proposer que l'école abandonne le primat accordé à l'aspect cognitif pour mettre au premier plan la dimension émotive. Il convient alors d'encourager le développement de ce que Daniel Goleman a appelé l'« intelligence émotionnelle », et qui possède son propre quotient, le *QE* (ainsi appelé pour le distinguer du *QI*, le fameux quotient d'intelligence qu'on a tenté de mesurer avec des tests [4]). Pourquoi a-t-on accordé une telle importance au *QE* ? D'abord, parce qu'il est apparu que l'intelligence émotionnelle est plus importante que l'intelligence cognitive pour déterminer le succès professionnel. Savoir travailler en groupe et résoudre certains conflits est en effet un atout précieux, tout comme la capacité à s'adapter au changement. Seul celui qui sait apprendre, écouter, communiquer, gérer des collègues et surmonter les obstacles sera capable de faire du chemin. Au contraire, les ratés sont souvent arrogants, autoritaires et incapables de s'adapter au changement.

Recevoir une bonne éducation émotionnelle dès les bancs de l'école devient donc un atout pour affronter un monde en pleine mutation. Charles Handy, conseiller en management, a raconté comment il avait fréquenté les meilleures écoles privées d'Angleterre et les plus prestigieuses universités pour obtenir son diplôme en lettres. Il a fait remarquer comment il s'était retrouvé en possession des notions indispensables pour réussir ses examens, mais privé des compétences nécessaires pour affronter le monde du travail dans lequel il est nécessaire le collaborer avec les autres et non de briller à tout prix et de l'emporter sur autrui [5]. Selon Handy, sept qualités sont nécessaires dans le monde du travail : la confiance, la curiosité ; la volonté ; le contrôle de soi ; la capacité à communiquer, la capacité à coopérer et la capacité à déléguer. Une école incapable d'enseigner ces compétences est une école qui ne sera jamais efficace.

À quoi reconnaît-on l'éducation socio-affective ? On définit de cette manière la partie du processus éducatif qui concerne les sentiments, les conduites et les émotions. Elle met aussi l'accent sur le développement personnel et social des élèves et encourage l'estime de soi. C'est que les sentiments que les étudiants éprouvent pour eux-mêmes et pour leurs professeurs peuvent influencer leurs résultats scolaires de manière encore plus déterminante peut-être que leurs capacités cognitives. Qui plus est, l'éducation socio-affective permet aux jeunes gens d'apprendre à se respecter et à s'évaluer en leur indiquant les avantages que peut offrir une résolution non-violente des conflits. Elle apprend à être tolérant et à assumer la responsabilité de ses comportements.

Cette méthode fonctionne aussi quand il s'agit de remotiver les élèves qui ont des difficultés scolaires ou des problèmes interpersonnels, ou bien des personnes qui ont abandonné les études. Mais ce n'est pas tout. Elle permet également de rendre le goût des études aux jeunes qui ont connu une scolarité brillante dans les petites classes et qui, par la suite, ont perdu progressivement tout intérêt pour l'école [6].

Dans de nombreuses écoles en Europe, grâce aux efforts de certains enseignants, l'éducation socio-affective fait partie intégrante de l'enseignement, du primaire jusqu'au supérieur. Mais sa diffusion est encore discrète. C'est pourquoi il nous semble que les parents doivent s'informer avant d'inscrire leurs enfants. Si un grand nombre d'entre eux ont compris enfin l'importance de l'enseignement des langues étrangères, ou l'utilisation de l'ordinateur, peu choisissent une école en fonction de l'attention qu'elle accorde au développement socio-affectif des élèves. Il s'agit pourtant d'une véritable priorité, comme l'atteste de nombreuses institutions à l'avant-garde des pays européens [7].

RECHERCHE DÉSESPÉRÉMENT ENSEIGNANT DE SEXE MASCULIN...

Si notre lecteur a cinquante ans ou plus, il a rencontré pendant sa scolarité des enseignants de sexe masculin – au collège et au lycée, mais aussi, sûrement, à l'école élémentaire. Si notre lecteur a la trentaine, il se pourrait, au contraire, qu'il ait surtout vu enseigner des femmes – en particulier à l'école primaire. Quant aux enfants qui entrent aujourd'hui à l'école, il se pourrait bien qu'ils ne rencontrent jamais aucun enseignant de sexe masculin jusqu'au baccalauréat. Dans nos écoles, en effet, ce type d'enseignant tend à devenir une espèce en voie de disparition. Comment en est-on arrivé là ?

Remontons en arrière. Pendant des siècles, faire des études et enseigner était un privilège réservé à une petite élite, et tous les enseignants étaient des hommes. Dans l'Antiquité, à Sparte ou à Rome par exemple, après la petite enfance, les enfants étaient confiés à des maîtres masculins. Plus tard, il n'était pas question qu'une femme fût le précepteur d'un roi ou d'un noble. C'est seulement au XIXe siècle que certaines femmes accèdent à l'enseignement dans les premiers instituts féminins ; par la suite, et progressivement, elles commencent à exercer dans les écoles pour garçons.

Au cours des trente dernières années, en revanche, on a pu assister à une révolution silencieuse : les hommes ont abandonné l'enseignement pour se consacrer à des professions plus rémunératives. Il est indéniable que la féminisation de l'école a eu des effets extrêmement positifs. En maternelle comme en primaire, où la présence des femmes est prépondérante à tous les niveaux, on a mené de nombreuses expériences pédagogiques mêlant les aspects cognitifs avec les dimensions affectives, et les résultats ne se sont pas fait attendre. Dans l'enseignement supérieur, la présence féminine a été un modèle pour de nombreuses jeunes filles et a poussé un grand nombre d'entre elles à choisir la profession d'enseignant.

Cependant, il est indéniable aussi que la féminisation de la profession a entraîné sa dévalorisation sociale. Traditionnellement, en effet, les « métiers de femme » ont moins de prestige et moins de pouvoir dans notre société [8]. N'oublions pas, en effet, que les activités qui ont à voir avec les soins (baby-sitter, maîtres d'école élémentaire, enseignants, assistantes sociales, etc.) sont parmi les moins bien rémunérées. Les établissements prestigieuses tendent donc à engager des enseignants de sexe masculin – parfois, comme c'est le cas dans les institutions privées, en leur offrant des salaires plus élevés, ou en leur proposant des responsabilités qui ne se limitent pas à l'enseignement (vice-proviseur, chefs de projet, responsables dans certains secteurs de l'organisation de la vie scolaire). Mais il est de plus en plus difficile de trouver des enseignants motivés et compétents. La qualité et le nombre d'enseignants hommes dans une école est donc un indicateur de choix important, surtout si votre enfant est un garçon.

LE DRAME DES GARÇONS : VIVRE DANS UNE SOCIÉTÉ SANS PÈRE

Pourquoi est-il si important que les garçons et les filles n'aient pas seulement des maîtresses mais aussi des maîtres ? Parce que nous vivons dans une « société sans père » et, de manière générale, dans une société privée de fortes figures masculines.

L'instabilité matrimoniale, le nombre croissant de divorces, les familles monoparentales où la mère divorcée essaie de s'en sortir tandis que l'ex-mari devient insaisissable, l'augmentation des mères célibataires mais aussi les familles normales où les pères sont absents psychiquement ou symboliquement : tous ces symptômes expriment l'effondrement de l'identité masculine. Nous ne prétendons pas que la crise de la virilité soit due seulement à l'absence du père. Il reste cependant, comme l'a souligné le Canadien Guy Corneau, que l'absence d'un modèle auquel se référer conduit à l'augmentation de l'insécurité masculine et à une crise d'identité diffuse [9].

Il est vrai qu'un professeur ne peut ps se substituer au père qui vient à manquer. Mais il est clair que sa présence peut aider. Pensons à un film comme *Le Cercle des poètes disparus* dans lequel Robin Williams joue le rôle d'un enseignant adoré par ses étudiants. Le film illustre bien l'importance que peut acquérir un homme sur un groupe d'adolescents qui l'admirent. Il ne faut pas oublier que les adolescents, plus encore que les adolescentes, constituent une population à risque. En effet, les comportements déviants sont bien plus fréquents chez les garçons qui, du reste, interrompent leurs études ou redoublent plus souvent et qui posent de plus gros problèmes de discipline [10].

Le cas s'aggrave encore si un garçon à problèmes se retrouve seul parmi des femmes. Niels Krieger, un chercheur danois, l'a bien montré : dans la première adolescence, c'est-à-dire entre onze et seize ans, l'élève qui veut affirmer sa virilité et mesurer ses limites, en se confrontant avec les autres, rencontre de grandes difficultés s'il ne trouve face à lui que des femmes [11]. S'il connaît des problèmes difficiles, et si le père est absent physiquement ou psychiquement, il n'est pas rare qu'il se révolte contre les enseignantes et qu'ils ne reconnaisse pas leur autorité. Cette manière de défier les femmes pour tester sa virilité peut prendre des formes diverses : refus de travailler, agressivité ou indiscipline, injures. Dans les cas les plus graves, les adolescents forment des bandes pour agresser leurs camarades, pour frapper leurs professeurs ou saccager les établissements par des actes de vandalisme. Toutes ces conduites sont des expressions de la colère ressentie devant l'obligation de se soumettre à une autorité féminine qui, la plupart du temps, est confondue avec l'autorité de la mère. Cette peur panique d'être « contaminé » par le monde féminin conduit ces jeunes à rejeter en bloc les caractéristiques positives de l'intimité, qui est vécue comme le contraire de la virilité (aimer et être aimé prendre soin de quelqu'un mais aussi laisser quelqu'un prendre soin de vous).

Cela est d'autant plus grave qu'il s'agit d'un moment décisif sur le chemin qui mène à la constitution de l'identité. Axel Honneth explique que la condition pour qu'un enfant réussisse à se construire comme individu est justement qu'il soit, ou qu'il se sente, reconnu comme individu par les autres [12]. Celui-ci devient progressivement conscient de son individualité à travers la gamme toujours plus étendue d'interactions que lui offre le milieu dans lequel il vit. La confiance en soi constitue en effet le fondement psychique sur lequel viendront se structurer tous les comportements positifs ultérieurs.

Il reste que ce sentiment de confiance en soi naît de l'amour et de l'estime dont témoignent les adultes à travers la communication corporelle ou le langage. Le rapport avec la figure féminine devient ainsi le socle de l'empathie et de la capacité à se reconnaître dans ses prochains. Et si cette figure féminine est trop présente à l'extérieur de la famille et si, en plus, comme cela arrive souvent en milieu scolaire, elle est associée à la sanction et à l'autorité, alors on comprend que cette situation puisse aggraver une structure marquée par un rapport conflictuel et violent à la mère.

Les enseignantes ne comprennent pas toujours que les comportements de leurs élèves leur servent à affirmer leur virilité, et ce de manière prédominante dans certains contextes. Se disputer, se bagarrer, se pousser, être vulgaire : voilà souvent ce que signifie « être entre garçons ». La plupart du temps, les professeurs femmes ont peur de ne plus contrôler la situation et interviennent de manière intempestive pour éviter les conflits [13]. Elles perdent tout sens de l'humour et ne craignent rien tant que le contact physique violent propre aux garçons de cet âge. Les enseignants hommes sont bien plus à l'aise et acceptent sans problème des comportements exubérants auxquels ils savent assigner des limites claires et des règles appropriées. Le problème devient alors que beaucoup d'adolescents se retrouvent à l'école comme à la maison sans la moindre figure masculine qui puisse leur apprendre à lutter même physiquement, à être forts et décidés sans devenir violents, c'est-à-dire en sachant garder le sens de la mesure et assurer les conséquences de leurs gestes. Ces adolescents vont grandir sans être capables d'exercer sur eux-mêmes un autocontrôle efficace et ils resteront toute leur vie immatures du point de vue émotionnel.

Récemment, Donata Francescato a participé au programme européen Youth Start, consacré aux adolescents difficiles qui avaient abandonné l'école de manière précoce [14]. Ces adolescents qui avaient en moyenne dix-sept ans se comportaient comme des enfants de quatre ans. Ils couraient l'un après l'autre en l'insultant; ils étaient incapables de se concentrer et de travailler de manière autonome, ne serait-ce que pendant quelques minutes; ils se disputaient de manière féroce, et parfois, même, ils étaient capables de se battre pour les motifs les plus stupides. Ils ne respectaient aucune règle, ni l'interdiction de fumer, ni celle de sortir sans autorisation. Tout se passait comme si ces enfants avaient été habitués à satisfaire chacun de leur besoin de manière immédiate, résumant leur existence au moment présent qu'ils étaient en train de vivre. Rien d'étonnant à ce qu'ils soient incapables d'imaginer leur avenir qu'ils entrevoyaient d'ailleurs avec un sentiment d'angoisse ou de terreur. C'est seulement à travers un lent travail de rééducation émotionnelle et cognitive et grâce à la présence constante, tout à la fois sévère et affectueuse, d'une référence masculine incarnant l'autorité qu'on a pu atteindre l'objectif fixe : rendre ces adolescents capables d'affronter, de manière responsable, un apprentissage professionnel.

QUAND L'ÉCOLE EST COUPÉE DU CONTEXTE SOCIAL

Au XIXe siècle, les ancêtres de nos écoles publiques avaient pour objectif de préparer les élèves à travailler dans une usine ou dans un bureau. Enfermer les élèves dans la même salle pendant des heures constituait une procédure idéale pour les habituer à passer plus tard une journée du même genre. Aujourd'hui, alors que le travail perd son cadre spatial et temporel, les écoles sont devenues aussi obsolètes que les vieilles usines. Il s'agit la plupart du temps de constructions laides et déglinguées, qui rappellent des prisons ou des hôpitaux. De surcroît, depuis plusieurs années, on a assisté, pour des raisons d'économie, à la concentration de différentes écoles à l'intérieur d'un même lieu, ce qui a créé des espaces gigantesques où évoluent des centaines ou des milliers d'individus, élèves et professeurs.

Sur le plan psychosocial, les conséquences sont connues. Dans les écoles trop grandes, les élèves participent moins à la vie de l'établissement, les chances de briller sont réduites, les épisodes de violence augmentent et on assiste au regroupement des moins bons éléments frappés d'exclusion [15].

En plus, de nombreuses écoles sont de véritables circuits fermés qui n'entretiennent presque aucun rapport avec le monde environnant. Une telle coupure peut provoquer un malaise chez les élèves comme ches les enseignants – c'est du moins ce qui émerge d'une enquête conduite auprès de 240 instituts d'enseignement supérieur [16]. La majeure partie des 5 000 élèves interrogés ignoraient tout de la réalité économique, sociale et culturelle, et même géographique du quartier dans lequel se trouvait leur école.

Ce qui manque aujourd'hui à beaucoup de ces jeunes gens qui ont passé leur vie entre les murs de l'école, c'est la chance, offerte autrefois à leurs prédécesseurs, de pouvoir apprendre quelque chose en regardant les adultes travailler. Cette distance entre l'école et le monde du travail a pris des proportions inquiétantes. Une recherche menée auprès des enfants de l'école primaire faisait émerger l'influence prédominante de la télévision. Les métiers que les enfants n'avaient jamais vus sur le petit écran n'étaient pas connus ou pour le moins considérés comme insignifiants [17].

Les écoles d'avant-garde aujourd'hui tentent d'inverser cette tendance et découvrent l'importance d'impliquer les autres structures sociales dans le processus éducatif. Il n'est plus possible en effet de penser que l'école puisse à elle seule assumer toute l'éducation. Il faut, au contraire, étendre la responsabilité pédagogique à l'ensemble de la société.

Nous devons commencer par le faire nous-mêmes avec les enfants et les adolescents que nous connaissons : nos propres enfants, mais aussi nos neveux et les enfants de nos amis. Ainsi sont nées des expériences pilote. Aux États-Unis par exemple, des associations de bénévoles sont parvenues à instaurer un partenariat avec des entreprises qui permettent à leurs employés d'exercer une fonction de tuteur pendant leur temps de travail. Ces employés doivent prendre en charge, une heure par semaine, des enfants ou des adolescents.

Parmi les pays qui ont cherché à combler l'écart qui sépare l'école du monde du travail et à étendre la fonction éducative à toute la société, l'Islande est sans doute celui qui a mené les expériences les plus intéressantes. Chaque été, les enfants de l'école élémentaire travaillent dans le jardin municipal en plantant des fruits et des légumes qu'ils pourront rapporter chez eux après les avoir récoltés. Les enfants un peu plus âgés, de onze à seize ans, se voient confier des travaux utiles pour la communauté : il s'agit de réparer les routes, de nettoyer les cimetières, ou de faire des stages d'apprentissage auprès d'artisans; le tout ne dure jamais plus de quatre heures par jour. De cette manière, on sort les enfants de la rue et on leur donne la possibilité d'expérimenter des métiers exercés par les adultes. Mais ce n'est pas tout. Ces expériences permettent aux adolescents de faire la connaissance d'autres adultes à l'extérieur du cercle familial et de mettre en place des relations amicales qui peuvent se prolonger pendant l'été. De cette manière, l'insertion des jeunes dans le tissu social est facilitée.

L'INSATISFACTION DES ÉLÈVES ET DES PROFESSEURS

Pendant longtemps, l'école a sélectionné les meilleurs élèves et permis l'ascension sociale des plus méritants qui étaient issus de milieux défavorisés. Cela n'est plus vrai aujourd'hui. Les chômeurs qui possèdent un DEA ou un diplôme ne manquent pas, même si la plupart du temps, ces titres ne correspondent pas aux exigences du marché.

L'institution scolaire a donc failli à son devoir parce qu'elle n'a pas su transmettre à ses élèves une culture de base qui leur permette de devenir des citoyens de leur temps et de participer à la vie de leur époque. On peut avancer de nombreuses explications pour expliquer ce phénomène. Un peu partout dans le monde, on voit grandir l'écart entre les écoles de prestige, réservées aux enfants des classes dirigeantes, et les écoles de série B, le plus souvent publiques, le plus souvent situées dans les quartiers défavorisés, et qui sont incapables d'offrir une préparation professionnelle adéquate ou une éducation globalement satisfaisante. Dans un livre qui a suscité de nombreuses polémiques, Viviane Forrester a bien décrit la vie aliénée des gamins de banlieue qui vont dans des écoles qui tombent en ruines et ne proposent aucun futur [18].

Au cours de son travail, Donata Francescato a pu s'apercevoir *de l'intérieur* ce que signifie que de vivre dans ces structures dégradées. Une de ses enquêtes l'a menée dans un institut technique du sud de l'Italie, institut considéré comme difficile, avec un taux très élevé d'abandon scolaire. Cette situation d'échec scolaire était vécue de manière dramatique par les élèves et par les enseignants au point que parmi ces derniers, à l'exception d'un petit groupe, s'était développé un fort sentiment d'inutilité. Ce sentiment était aussi perçu par les élèves. En effet, qu'il s'agisse des élèves ou des professeurs, tous avaient choisi cet institut en ultime recours. Ils se sentaient tous des marginaux et 57 % des élèves avaient déjà redoublé au moins une fois. L'atmosphère était très tendue, la moindre divergence de vue était devenue le prétexte de bagarres absurdes entre professeurs et élèves. À l'intérieur de chaque groupe couvait la colère que masquait mal une conduite d'ennui et de désintérêt.

L'étude menée incluait 84 enseignants, 360 élèves, et 23 auxiliaires (appariteurs et autres) ainsi que 185 parents d'élèves. Amenés à échanger leurs points de vue grâce à des techniques participatives, les différents groupes ont été conduits à indiquer les points forts et les points faibles de leur école. Au début, chacun a eu tendance à accuser les autres pour expliquer la situation de crise. Alors que les enseignants soulignaient que les abandons scolaires étaient dus à l'imitation des pairs, à la perte de motivation et d'intérêt, aux insuccès répétés et au désintérêt des élèves, ces derniers considéraient que ces mêmes abandons étaient dus à la conduite autoritaire, offensive et humiliante de certains professeurs, à l'absence de transparence dans les critères d'évaluation et à une faible motivation des enseignants.

Pendant la confrontation, il est apparu clairement qu'il existait d'autres causes à ce malaise. Les unes étaient d'ordre social : les étudiants qui habitaient loin manquaient de moyens de transport ; l'école se trouvait à côté d'une zone de vente de drogue et de délinquance ; un grand nombre de parents d'élèves étaient au chômage ; enfin, on comptait une proportion importante de familles monoparentales ou désagrégées. Les autres causes étaient liées à des problèmes internes de fonctionnement : superpositions d'horaires ; manque d'organisation ; ronde continuelle des suppléants ; isolement de l'école.

On a demandé à chaque groupe de proposer des solutions pour ces différents types de problèmes. Les parents ont demandé plus de contacts entre l'école et l'extérieur ainsi que la constitution de groupes de discussion pour améliorer les relations avec leurs enfants. Tous ont réclamé des programmes mieux adaptés au monde du travail, de meilleurs rapports entre les enseignants et les élèves, mais aussi entre les élèves eux-mêmes et un système d'évaluation à la fois plus transparent et plus objectif. Enfin, tous ont appelé de leurs vœux un climat scolaire plus serein.

ENSEIGNANTS OU TRAVAILLEURS SOCIAUX ?

Chaque année, les enseignants se voient assigner une nouvelle sphère de compétence : éducation à la santé ; cours sur la sexualité, prévention contre la drogue ; information sur les risques du sida ; etc. Et l'école doit aussi surveiller les enfants à problèmes, favoriser l'intégration des enfants handicapés, ou suivre de particulièrement près les enfants du divorce ou du chômage qui connaissent souvent des problèmes scolaires ou affectifs...

Or les enseignants ne sont pas formés à assumer de telles tâches. De nombreuses écoles fonctionnent grâce au dynamisme et à la bonne volonté d'un petit groupe d'enseignants, d'une grande force et d'une extraordinaire motivation, qui prennent sur leurs épaules tous les devoirs qui ne relèvent pas strictement de l'enseignement. Ils se retrouvent, pour finir, épuisés, stressés et gênés dans leurs activités par la méfiance croissante de leurs collègues.

Les enseignants qui avouent ne pas posséder les instruments et les capacités pour répondre aux besoins de leurs élèves sont légion. Ils se sentent méprisés socialement et un certain nombre d'entre eux n'hésitent pas à déclarer qu'ils attendent le moment de prendre leur retraite [19]. Ils montrent par leur exemple que le travail scolaire et les diplômes ne paient plus, ni en termes financiers, ni en termes de statut social, ni en termes de succès professionnel. Comment être surpris alors que les élèves n'aient pas de considération particulière pour l'école et la culture ?

Certains viennent en cours avec la Mercedes de papa ou une grosse moto et se moquent des professeurs qui circulent dans de petites voitures. L'un d'entre eux confesse amèrement : « La plupart des élèves pensent que nous enseignons à l'école parce que nous ne sommes bons à rien d'autre. Ils sont convaincus que quelqu'un de vraiment compétent ne choisirait jamais d'enseigner. »

LE MODÈLE DU NID EST-IL ENCORE ADAPTÉ ?

Dans les écoles, le modèle de la classe domine encore. À l'école primaire, les enfants vont passer cinq ans en compagnie des mêmes camarades. *Idem* pour les cinq ans de primaire et les deux premières années de collège.

S'ils sont bien dans cette classe, ils se feront des amis pour la vie. Mais s'ils s'y sentent mal, s'ils se sentent exclus, s'ils ont un camarade agressif, ils se trouvent prisonniers de situations qui peuvent non seulement les rendre malheureux, mais aussi entraîner de graves manques affectifs. Il existe pourtant d'autres modèles : celui qui permet aux enfants de faire partie d'un petit groupe de base qui suit certaines disciplines avec des élèves qui n'ont ni le même âge ni la même spécialisation. De cette manière, ils ont la possibilité de se faire d'autres camarades d'aider les plus petits mais aussi de recevoir un coup de main des plus grands.

Un autre facteur dont il faut tenir compte dans le choix de l'école si nous voulons que nos enfants soient préparés à affronter la diversité du monde à venir est la composition ethnique et sociale de l'établissement. Si, en plus de la possibilité de fréquenter des groupes d'âge et de spécialité mixtes durant les activités scolaires, culturelles et sportives, une école offre aussi celle de fréquenter des ethnies et des milieux différents, c'est une bonne école pour nos enfants.

DES ÉLÈVES MAL ÉVALUÉS ET DES ENSEIGNANTS QUI NE LE SONT JAMAIS

Il y a dix ans, le mari de Donata Francescato qui est d'origine américaine, demande à l'enseignant de sa fille quelle est la méthode didactique qu'il a choisie. Le professeur répond de manière indignée qu'il n'a aucun droit de lui poser une telle question. Le mari de Donata lui demande alors pourquoi dans la section A les meilleures compositions reçoivent un 9 sur 10 alors que dans la section C la note la plus haute est 10. De nouveau, il se voit répondre que chaque professeur est libre d'adopter le système d'évaluation qu'il juge convenable. À ce point de la conversation le mari de Donata objecte qu'aux États-Unis, si les professeurs évaluaient les élèves de manière aussi hétérogène et arbitraire, il y aurait probablement des émeutes.

Cet épisode n'est rien qu'une anecdote personnelle : tous les parents, tous les étudiants ont des centaines d'histoires de ce genre à raconter, plus ou moins ridicules, plus ou moins tragiques. Mais toutes ces histoires ont un point commun : elles ont à voir avec l'évaluation. Nos enfants ont raison de se plaindre de l'arbitraire des notes qu'ils reçoivent à l'école, à l'écrit comme à l'oral. De nombreuses études ont prouvé que les interrogations ne sont pas homogènes à l'intérieur d'une même journée, ou lors de journées différentes et que les critères sont extrêmement variables.

Dans beaucoup de pays européens, et souvent dans les meilleurs écoles, on a recours à d'autres types de critères et d'exercices qui permettent non seulement d'évaluer l'apprentissage mais aussi les points forts et les points faibles de l'élève, ce qui permet par la suite d'imaginer un enseignement personnalisé. En un mot : halte à la terreur des sales notes. L'évaluation devrait être un instrument susceptible de prononcer des diagnostics et de proposer une aide à l'apprentissage de l'élève ; et non, comme c'est trop souvent le cas, une manière, la plupart du temps arbitraire, d'affirmer son autorité.

D'ailleurs, qui note les enseignants qui notent les élèves ? Tous reçoivent le même salaire pour des prestations différentes, et c'est là un des problèmes les plus importants si l'on veut apporter quelque changement. Et les écoles ne sont pas davantage évaluées. La majeure partie des établissements ne possède aucune statistique sur le parcours entrepris après l'école par les anciens élèves. Les parents, qui ont à cœur l'avenir de leurs enfants, ne peuvent choisir que par ouï-dire, se fiant aux opinions plus ou moins fondées des autres parents d'élèves et des professeurs.

VIVE L'ORDINATEUR DANS LA SALLE DE COURS

Umberto Eco a fait récemment l'hypothèse que notre société n'allait pas tarder à connaître une nouvelle division entre les *alphabétisés* et les *iconisés* [20]. La première catégorie, celle des *alphabétisés*, disposera du pouvoir parce qu'elle maîtrisera le langage des ordinateurs ; alors que la seconde, *iconisée*, devra se contenter de la télévision parce qu'elle ne connaîtra que le langage des images. Cela permettrait de comprendre pourquoi le petit écran tend à se niveler vers le bas comme si la télévision se préparait à devenir le canal de communication des esclaves du futur. Dans cette hypothèse, on comprend aussi que les hiérarchies sociales soient amenées à prendre un nouvel aspect : le pouvoir dépendra de moins en moins de la richesse et de plus en plus de la gestion de l'information. Les différences de classe seront structurées non par la possibilité d'acquérir des biens, mais bien plutôt par la capacité d'accès à la connaissance et au savoir.

Pour éviter de se trouver confiné dans la classe des *iconisés*, il est donc essentiel de maîtriser les nouvelles technologies. Et il est vrai que pour faire fonctionner un CD-ROM ou pour naviguer sur Internet, il faut posséder de nouvelles compétences, alors que la télévision peut faire l'objet d'une utilisation passive qui ne requiert aucune compétence particulière. Mais l'école offre-t-elle aux élèves la possibilité d'apprendre l'alphabet de l'informatique ? À de rares exceptions près, le changement est resté à l'extérieur des salles de classe, quand bien même 90% des écoles sont occupées d'ordinateurs.

Pour comprendre un tel phénomène, il n'est pas inutile de remonter en arrière. À l'ère pré-électronique, l'école avait le monopole indiscuté de la transmission du savoir. Par la suite, avec l'avènement des mass media (et par conséquent, des journaux, de la radio et des différentes chaînes de télévision), l'école a perdu progressivement du terrain et du pouvoir, jusqu'à voir sa légitimité remise en question. Les moyens de communication moderne jouent le rôle d'école parallèle, sans examen ni contrôle, grâce à la multimédialité de leur langage (images et sons) et au caractère ludique et affectif des messages qu'ils transmettent. Ce que montre la télévision est plus agréable à suivre et plus facile à apprendre que ce qu'offre le langage verbal et qui reste lié à l'enseignement scolaire. Face à cette concurrence, l'école a réagi soit par le refus et l'aversion déclarée, soit par l'acquisition d'instruments technologiques d'avant-garde, sans pour autant être capable de les utiliser de manière créative.

Les tentatives n'ont pas manqué pour enseigner à l'école l'utilisation des nouveaux media [21]. Ces tentatives ont marqué surtout l'enseignement des langues, des mathématiques et des sciences. Cependant, les écoles qui ont révolutionné de fond en comble leur enseignement sur la base des nouvelles technologies sont rares.

Ce n'est qu'à partir des années 1980 qu'on a introduit de nouveaux instruments permettant aux étudiants de devenir plus conscients et plus autonomes au cours de leur propre formation. Désormais, il est possible grâce au programme *base-learning* de projeter des combinaisons optimales. Ces dernières permettent un enseignement personnalisé, un apprentissage en collaboration avec d'autres élèves qui participent au même projet sur le web et un tutorat à distance. En un mot, donc, les nouvelles technologies d'enseignement qui lui correspondent le mieux. Est-ce la fin du cours magistral et de contrôles qui pèchent par manque de flexibilité et risquent, de surcroît, de tuer la créativité des élèves ?

Si vous devez choisir l'école de vos enfants, ne vous contentez donc pas de la présence d'ordinateurs, jugez plutôt de l'usage qui en est fait, concernant en particulier les nouvelles modalités d'apprentissage individuelles ou collectives.

DE LA SCOLARITÉ OBLIGATOIRE À LA *LONG LIFE LEARNING*

Toutes les recherches et toutes les études sont d'accord : l'apprentissage ne peut plus se limiter à l'école ; il doit devenir un processus qui accompagne l'être humain tout au long de sa vie [22].

Cet apprentissage ne concerne pas seulement l'acquisition de connaissances, mais l'apprentissage intentionnel et finalisé. Si les examens ne finissent jamais, c'est que le futur exige de nous que nous soyons toujours à jour. Il faudra donc apprendre vite, bien, et de manière continue. L'éducation va même peut-être devenir le foyer de la prochaine communauté humaine, qui nous verra tous engagés dans la formation et l'exploration de notre bien-être intérieur [23]. À l'avenir, l'apprentissage prendra une dimension collective. En Australie, par exemple, on a déjà vu naître des expériences de ce genre : des centres d'éducation à distance se trouvent mis en réseau de manière permanente. L'Irlande aussi et le Canada sont à l'avant-garde en la matière [24]. En France ? La grande affluence du public aux cours d'initiation à Internet pour les personnes âgées laisse penser que continuer à apprendre n'est pas seulement nécessaire mais peut aussi se révéler amusant.

Les raisons qui nous conduiront à une formation continue tout au long de notre vie sont nombreuses. Voici les principales :

– Le développement technologique qui nous met dans l'obligation d'apprendre à utiliser des instruments toujours plus neufs.

– La croissance exponentielle du savoir mis en circulation, savoir qui est multiplié par deux tous les sept ans à partir d'une base cent au début du siècle.

– La très forte probabilité que chaque adulte soit appelé à changer de travail au moins deux ou trois fois dans sa vie.

– L'augmentation des chances de trouver un travail et de sortir du chômage avec une solide base de formation.

– La nécessité d'éviter la mobilité descendante.

Le rapport Cresson de la Commission européenne retient lui aussi que le futur nous conduira vers une société fondée sur le savoir[25]. Cette société devra préparer ses citoyens à posséder :

– Une bonne base de culture générale.

– Une disponibilité constante à l'apprentissage.

– Une grande souplesse à changer de métier pendant sa vie professionnelle.

ET VOUS, COMMENT POUVEZ-VOUS CHANGER ?

Les transformations à l'œuvre dans les salles de classe, et de manière plus générale, à l'intérieur de tout le système éducatif sont l'affaire de tous. C'est en effet dans ces salles que se forment les nouvelles générations. Voici donc quelques conseils adressés aux parents (et aux enfants).

Choisir une école qui prépare au futur

Tout est là, car une bonne école doit :

– Offrir une éducation qui soit aussi socio-affective.

– Assurer la représentation d'enseignants de sexe masculin.

– Faire une grande place à l'informatique et à l'ordinateur comme nouveaux instruments d'apprentissage.

– Définir et réévaluer régulièrement ses objectifs.

– S'ouvrir et ouvrir à la diversité.

Et après le bac ?

Trop de jeunes s'inscrivent à l'université et n'arrivent pas à la maîtrise, ou bien n'obtiennent pas leur diplôme dans les temps requis et accumulent jusqu'à cinq années de retard. Et ce n'est pas tout : les jeunes bacheliers qui choisissent de faire des études d'ingénieur, d'économie ou de médecine, butent sur un autre problème : ils ne parviennent pas à surmonter l'obstacle du *numerus clausus*.

Comment éviter dans de telles conditions que l'université se transforme en un parking ? Avant tout, il ne faudrait pas que les jeunes gens choisissent leur filière par inertie ou par ouï-dire. En second lieu, il est important de comprendre que la formation après le baccalauréat ne prévoit pas seulement le cycle long de l'université. Il existe aussi des formations para-universitaires, des cours de formation professionnelle et, surtout, il y a les cycles courts qui offrent souvent de meilleures possibilités d'insertion dans le monde du travail. Il faut donc mieux s'informer avant et choisir la voie qui correspond le mieux à ses propres attentes.

CHAPITRE X

La santé : de la maladie au bien-être

Qui ne rêve d'avoir un médecin personnel comme on en trouvait jadis dans l'ancienne Chine ? Un médecin qu'on paierait de manière régulière pour qu'il s'occupe de notre santé, et non un médecin qui se contenterait de soigner nos maladies ?

Aujourd'hui, la réalité de la santé a plusieurs facettes : à côté de la mauvaise gestion des fonds publics, il y a des médecins extrêmement compétents ; à côté des hypocondriaques inguérissables qui augmentent la consommation incontrôlée des médicaments, il y a le désir extrêmement répandu des médecines douces et alternatives. Ici aussi, pour mieux comprendre la situation présente, nous devons, comme nous l'avons fait pour l'argent et pour le travail, retourner en arrière.

En matière de santé, a prévalu jusqu'à récemment une conception de la médecine reposant sur le dogme suivant lequel les gens tombent malades pour des causes accidentelles, comportementales ou pour un ensemble de facteurs imprévisibles. Une telle approche conduit à n'intervenir qu'après que la maladie s'est développée pour en traiter les symptômes. Au mieux, on peut tenter de raffiner le diagnostic précoce des troubles. Les défenseurs de cette médecine d'exception considèrent la maladie comme le problème d'un individu qui a besoin de soins spécifiques. La maladie est vécue comme une anomalie, comme une faille dans un état général de bonne santé [1].

Dans cette idéologie dominée par le « modèle médical » de la maladie, les fonds publics ont d'abord servi à créer des centres de soins ; ils ont été investis ensuite dans la formation de médecins et de spécialistes extrêmement coûteux, et encore dans l'achat d'instruments et de technologies de diagnostic perfectionnés, pour produire et distribuer une large gamme de traitements destinés aux troubles les plus variés. Dans cette optique, le malade est un patient qui dépend complètement de son médecin ; il doit avoir une confiance aveugle en lui et suivre scrupuleusement ses prescriptions.

Cette conception de la médecine traditionnelle a conduit à des progrès spectaculaires. Nous sommes ainsi parvenus à vaincre les épidémies les plus graves qui décimaient nos aïeux. Des techniques chirurgicales sophistiquées permettent d'intervenir sur un bébé encore dans le ventre de sa mère ou de prolonger la vie de personnes âgées. Les greffes sont aujourd'hui possibles : on pratique en effet les greffes de cœur, de rein, et même de poumon ou de foie. Mais ce n'est pas tout. Aujourd'hui, on ne meurt plus des suites d'un accouchement et il existe des moyens extrêmement sophistiqués pour combattre la stérilité. De nouveaux médicaments ont permis, sinon de vaincre le sida, du moins de bloquer la progression de la maladie ; et, grâce aux psychotropes, on peut contrôler les maladies mentales les plus graves.

Qu'il s'agisse des médicaments, des technologies chirurgicales ou des moyens de diagnostic plus précoces et plus précis, qui nierait aujourd'hui que ce type de médecine nous a permis d'accomplir des avancées extraordinaires ? Il ne faut pourtant pas nier que cette médaille, comme les autres, a son revers et que la médecine moderne présente elle aussi des inconvénients. Nous nous contenterons de deux exemples.

– Quand l'hôpital rend malade. Le vocabulaire scientifique surprendra sans doute la majorité des lecteurs : que sont les pathologies iatrogènes et les affections nosocomiales ? Il s'agit des maladies et des infections qui naissent justement dans le milieu de l'hôpital, là même où l'on se rend pour être soigné et vaincre la maladie. Nous en donnerons deux exemples personnels.

Le beau-père de Donata Francescato qui avait survécu à une intervention chirurgicale extrêmement délicate pour une tumeur à l'intestin a succombé à une infection pulmonaire virale contractée dans l'hôpital texan très moderne où il était soigné.

Heinrich, le beau-père de Willy Pasini, alpiniste émérite a décidé à soixante-huit ans de se soumettre à une opération de la hanche pour se faire greffer une prothèse qui devait lui permettre de continuer à skier et à marcher en montagne. Malheureusement, l'intervention chirurgicale, qui avait parfaitement réussi, a été compromise par une infection développée dans la clinique. La septicémie a obligé les chirurgiens à retirer la prothèse et à immobiliser la hanche de manière définitive. Depuis, Heinrich se retrouve aujourd'hui avec une jambe plus courte que l'autre et il a dû renoncer pour toujours à sa passion : l'alpinisme.

– Quand le bistouri est plus rapide que son ombre. Certaines interventions chirurgicales sont pratiquées à grande échelle sur la base de critères qui ne sont pas nécessairement ceux de la santé du patient. Par exemple, l'hystérectomie (ou retrait de l'utérus) est souvent inévitable, dans les cas de fibromes ou de tumeurs, mais cette opération est discutable quand elle est pratiquée pour soulager les patientes de règles douloureuses ou trop abondantes. L'étude de J.-F. Dominichetti (parue dans le *Lancet*, la prestigieuse revue scientifique) a montré que dans le Tessin, en Suisse, le nombre d'hystérectomies est proportionnel au nombre de cabinets ouverts par les gynécologues. Les données qui proviennent des États-Unis attestent, en outre, que ce type d'intervention est nettement moins fréquent si le gynécologue est une femme, et que le pourcentage diminue encore lorsque l'on demande son avis à un deuxième chirurgien. Lors du congrès de gynécologie qui s'est tenu à Paris en 1998, le président de l'association, le professeur Maurice Bruhat, a soutenu de manière fort explicite la nécessité d'adopter des règles déontologiques pour prévenir en Europe l'augmentation de ces interventions chirurgicales dont l'abus est malsain.

DE LA MÉDECINE AU BIEN-ÊTRE ENSEMBLE : LE MODÈLE SOCIAL

Jusqu'à récemment, c'est donc le modèle médical qui l'a emporté. Mais depuis quelque temps on voit un tout autre modèle se développer : le « modèle social ». Il s'agit d'une approche holiste selon laquelle de nombreuses pathologies individuelles sont provoquées par les conditions socio-économiques dans lesquelles se trouvent les patients : on peut donc les combattre par la prévention. En effet, il est établi depuis longtemps que les habitants des pays pauvres ont une espérance de vie nettement réduite par rapport aux habitants des pays riches. De même, il est établi que si on voit s'élever les standards de vie, on voit aussi s'améliorer la santé de la population. Enfin, au sein même des sociétés les plus développées, les personnes qui appartiennent aux classes défavorisées ont un taux de mortalité qui est de deux à quatre fois plus élevé que dans la classe plus aisée. Il est clair, en effet, qu'un bas salaire est un facteur qui a une influence directe sur la santé, car il signifie à la fois une mauvaise alimentation, des conditions précaires de logement, et des soins médicaux insuffisants.

Cependant, au-delà d'un certain seuil de développement socio-économique, la simple croissance des revenus n'entraîne plus automatiquement l'amélioration de la santé de la population [2]. Dans les pays occidentaux, on remarque que le poids de la maladie est moins lourd quand on a affaire à un tissu social plus dense avec des différences de revenus moins marquées, quand le « capital social » (calculé sur la base des rapports interpersonnels) est plus élevé, quand l'espace public est un lieu de sociabilité qui mobilise la population active. Ainsi, au-delà d'un certain seuil de revenus, la santé ne s'améliore pas seulement si nous prenons soin de nos personnes, mais si le tissu social qui nous entoure est en bon état. Les effets positifs du réseau social sur la santé sont soulignés dans de nombreuses études épidémiologiques. Une personne qui multiplie les contacts avec autrui et participe activement à la vie sociale se porte mieux qu'une personne qui mène une existence solitaire [3].

Néanmoins, la vie en société est aussi porteuse de maladies comme l'atteste le phénomène du harcèlement moral sur le lieu de travail. Les victimes souffrent d'un stress chronique qui peut aller jusqu'à perturber leur système endocrinien et immunitaire. Contrairement aux apparences, ces épisodes sont loin de constituer des phénomènes isolés ou rares. Selon des estimations récentes, en Europe, le phénomène du harcèlement moral frappe environ 12 millions de personnes. D'autres études ont pu mettre en évidence la relation entre les situations de bureau stressantes, dues le plus souvent à des rapports tendus avec les collègues ou les chefs de service et l'augmentation des maladies cardio-vasculaires et psychosomatiques [4].

C'est donc un fait établi : le travail a une forte incidence sur la santé. Cette constatation vaut aussi pour nos enfants. Par exemple, ceux qui appartiennent aux classes défavorisées souffrent sept fois plus d'obésité que leurs camarades plus riches. Et cela s'explique non seulement parce que dans ces milieux le manque d'argent empêche qu'on puisse pratiquer un sport et avoir une alimentation équilibrée, mais aussi parce que ces enfants sont victimes du stress causé par la situation de leurs parents : précarité de l'emploi, chômage, conflits, anxiété, dépression, alcoolisme [5].

En outre, dans nos pays occidentaux où la publicité pousse sans relâche à la consommation, les grandes différences de revenu créent une atmosphère de jalousie sociale. Cela provoque une humiliation constante et une faible estime de soi chez ceux qui ne réussissent pas à tenir le pas des plus riches et qui se sentent pour cette raison, psychologiquement et sociologiquement, exclus. Ces sentiments alimentent la tension et le stress des « laissés-pour-compte ». Une série de données confirme ce diagnostic : dans les pays où l'écart économique qui sépare les riches des pauvres est plus marqué, le taux de mortalité est plus élevé : cirrhoses du foie, accidents de la route, infections, abus d'alcool ou de drogue [6]. Ce lien entre l'inégalité de revenus et la santé présente des aspects de nature psychologique et cognitive qui dépassent de loin la situation économique réelle des individus. Des recherches menées en Australie et en Irlande ont démontré que, plus que la pauvreté effective ou le véritable manque d'argent, c'est la préoccupation pour l'argent, la sensation subjective du manque qui est à l'origine des troubles [7].

C'est pour cette raison que les partisans du « modèle social » de la santé soulignent l'importance du mécanisme de victimisation dans la recherche des causes de maladie. Si l'on tente de faire correspondre à l'état de santé des individus leurs caractéristiques et leurs comportements personnels, on finit par oublier que les facteurs sociaux ou environnementaux ont autant d'importance que les facteurs individuels. En Europe et en Occident en général, où les progrès de la médecine ont permis de réduire de manière radicale les maladies infectieuses, il faut absolument modifier l'approche médicale traditionnelle et définir des objectifs et des stratégies d'intervention qui prennent en compte les causes qui exercent une influence sur le bien-être et le malaise de la population. S'il est important de responsabiliser davantage les individus de manière à ce qu'ils prennent soin de leur santé, il n'est pas moins urgent de faire pression sur la classe politique pour qu'elle augmente la cohésion sociale et fournisse des instruments qui permettent tout à la fois de corriger l'écart excessif entre les revenus et de développer le sens de la communauté [8]. Ce n'est qu'en agissant ainsi sur les aspects sociaux et psychologiques du problème que l'on pourra améliorer la santé de tous.

J. Winter, un épidémiologiste britannique, a justement démontré l'importance des facteurs sociaux sur l'espérance de vie [9]. Il a étudié les décennies qui séparent 1900 de 1990 et conclu que pendant les deux guerres l'espérance de vie a augmenté de six à sept ans pour les hommes et les femmes alors qu'elle n'a augmenté que d'un ou deux ans pendant les autres périodes. Winter fait alors l'hypothèse suivante : ce paradoxe s'expliquerait par le plein emploi et la réduction de l'écart entre les richesses. Ces éléments, alliés à un climat de solidarité et d'engagement contre l'ennemi, ont créé une cohésion sociale inconnue pendant les autres périodes. Il faudrait ajouter l'attitude des gouvernements qui proposèrent des politiques favorisant l'union nationale.

Une autre enquête menée dans la petite ville de Roseto, aux États-Unis, a mis en évidence l'importance de ces macrofacteurs sociaux pour la santé en étudiant l'évolution d'un groupe d'immigrants italiens des années 1930 aux années 1990 [10]. Dans les années 1930, cette communauté pouvait se vanter d'un taux de mortalité bien inférieur aux autres communautés. Cela était vrai en particulier pour l'infarctus, alors que les facteurs de risque comme le régime alimentaire, la cigarette ou le manque d'exercice physique valaient aussi bien pour les Italiens que pour les autres. Ce qui assurait aux habitants de Roseto une existence plus longue et plus saine était la présence de réseaux sociaux et familiaux très forts, le sens de la communauté et la faible importance accordée aux richesses. Quand les habitants commencèrent à accumuler des biens matériels en achetant des voitures et en se dotant d'autres signes de richesse, quand ils se mirent à délaisser les réseaux de soutien traditionnels et qu'ils se lancèrent à la poursuite du succès ou d'une carrière flamboyante, alors, le pourcentage de décès pour cause d'infarctus se mit à augmenter pour rejoindre celui des autres communautés américaines. Les chercheurs en ont déduit que les caractéristiques culturelles de Roseto et la haute qualité du tissu social avaient su créer un milieu de protection susceptible de réduire le nombre d'infarctus. À l'inverse, l'absence ou la désagrégation des réseaux familiaux et amicaux, la disparition progressive de la solidarité et de l'ancrage social se sont révélées des facteurs de risque important.

Ces conclusions sont confirmées par d'autres études menées dans les pays de l'Est, avant et après la chute du communisme, et au Japon. Là aussi, il n'est pas difficile de comprendre le rapport entre la différence de revenus et l'espérance de vie. Le Japon, comme le révèle la Banque mondiale, est le pays du monde où l'espérance de vie est la plus élevée, et la différence entre les richesses la plus faible [11]. Dans les pays de l'Est, c'est exactement le contraire.

VERS UNE NOUVELLE DÉFINITION DE LA SANTÉ

L'OMS, l'Organisation mondiale de la santé, qui regroupe plus de 160 pays, a souhaité tenir compte de ces nouvelles données. Elle s'est élevée contre une définition trop médicalisée de la santé et a préféré la définir comme un équilibre complexe entre trois dimensions : le biologique, le mental et le social.

La première dimension comprend les interactions entre les facteurs innés et acquis, d'une part, et le processus d'adaptation biologique, d'autre part. La deuxième dimension est constituée par les représentations subjectives et par les expériences personnelles et relationnelles. La troisième dimension comprend les systèmes sociaux dans lesquels s'inscrivent ces habitudes personnelles – par exemple, les conditions liées à l'environnement (la pollution, le type d'habitation, la proximité d'espaces verts) et au rythme de travail.

Il est aussi possible de définir la santé comme un processus *d'empowerment*, c'est-à-dire comme le parcours qui permet à un individu d'assumer progressivement le contrôle et la gestion directe des conditions qui vont déterminer son bien-être ou son malaise. Cette évolution, qui conduit à une approche intégrée des phénomènes de santé et de prévention, suscite des réactions d'hostilité. Les résistances se rencontrent aussi bien dans le milieu médical que chez les patients. Le médecin qui est habitué à son rôle de spécialiste, détenteur du savoir qui conduit le malade à remettre aveuglément sa vie entre ses mains, ce médecin se retrouve aujourd'hui dans une situation où sa propre influence est révisée à la baisse, aussi bien en termes d'image publique que sur le plan financier. Il n'y a donc rien de surprenant à voir les barons de la médecine s'opposer de toutes leurs forces à ces changements. Le professeur Charles Hahn, célèbre cardio-chirurgien suisse, était ainsi capable de se vanter de ne jamais parler avec ses malades, parce qu'il consacrait tout son temps aux interventions chirurgicales : les phases pré- et postopératoires étaient donc prises en charge par ses assistants. Au reste, les médecins qui sont indisposés par les questions et les doutes de ceux qui souffrent ne manquent pas. Et pourtant, le dialogue avec le patient, principe fondamental de la psychologie médicale, est la clef de voûte de la revalorisation de l'identité professionnelle du médecin. Cette transformation passera par la renaissance de la figure du médecin généraliste, qui est toujours considéré en France comme un acteur de série B, un distributeur d'ordonnances, ou une gare de triage orientant vers les spécialistes adéquats. Il s'agira donc de leur restituer leur rôle de médecin de famille, accompagnateur plein de sagesse, attaché au bien-être de tous.

L'organisation par Willy Pasini des groupes « Ménopause et qualité de vie » est un autre exemple de l'évolution du concept de santé. Le principe en est simple : la personne qui décide d'un traitement n'a pas le monopole des idées. En d'autres termes, les groupes de consultation pour la ménopause ne doivent pas nécessairement être dirigés par des gynécologues sous prétexte qu'ils sont experts en traitements hormonaux. Au Canada, par exemple, les responsables de ces centres qui existent depuis longtemps déjà, ont reçu une formation psychosociale et s'entourent de médecins spécialistes. De cette manière, on a moins tendance à confier trente ans de la vie d'une femme à un médecin qui ne possède sans doute pas les instruments nécessaires pour affronter des problèmes qui engagent les aspects les plus complexes d'une personne.

Plus de 15 000 Italiennes ont bénéficié de cette nouvelle formule. Dans un premier temps on réunit les participantes dans un grand théâtre ou dans un cinéma pour leur expliquer les principes physiologiques de la ménopause et ses implications médico-sociales. Ensuite, sous la direction de psychologues spécialisés, on forme des groupes d'une vingtaine de femmes qui vont approfondir, avec l'aide de diététiciens, d'endocrinologues et de spécialistes de l'ostéoporose, les problèmes liés à cette phase de la vie. Sur le plan des motivations, la dynamique de groupe représente le véritable moteur du changement : les femmes qui entreprennent ce parcours sont alors capables de réélaborer leurs angoisses et ces angoisses sont extrêmement vives; elles peuvent aussi décider de se tourner vers de nouveaux types de traitement, comme la phytothérapie hormonale. Quoi qu'il en soit, même si l'aspect médical et pharmacologique constitue bien un élément important du traitement, il doit être intégré dans un programme plus vaste qui prenne en considération les dimensions culturelles et psychosociales du problème.

L'expérience de ces groupes de consultation pour la ménopause confirme que les résistances au changement ne viennent pas seulement des médecins mais aussi des patients. Dans notre culture, il semble parfois qu'un tremblement de terre ou une catastrophe naturelle soient nécessaires pour qu'on se mette à parler de prévention. Ce comportement se retrouve pleinement dans les problèmes de santé. Ainsi nos essais destinés à promouvoir un nouveau type d'approche face à la maladie se voient souvent contrés par l'habitude générale de déléguer la solution des problèmes à des experts ou, dans le pire des cas, à la Providence.

L'interruption volontaire de grossesse en est un excellent exemple : la plupart des femmes qui se retrouvent dans l'angoisse et la culpabilité de devoir recourir à l'avortement auraient pu éviter le drame par la prévention. Elles auraient pu, par exemple, choisir un bon moyen de contraception. Pourquoi ne l'ont-elles pas fait ? Parmi les nombreuses explications, on retiendra celle-ci : la contraception implique une décision rationnelle, à froid, tandis que l'interruption volontaire de grossesse s'impose dans l'urgence. C'est là une autre expression de la vision fataliste (et certainement irresponsable) de la vie.

Les exemples de ce désintérêt pour la prévention ne manquent pas. Pensons à la mode actuelle de la liposuccion : il s'agit d'une solution *a posteriori* pour les excès de gras. Mais ne serait-il pas préférable de les prévenir avec une hygiène de vie comprenant à la fois un régime et un peu d'exercice physique ? Une telle hygiène devrait commencer dès l'école où il faudrait offrir aux enfants une éducation alimentaire. Pensons aussi à la diffusion des antidépresseurs qui permettent de lutter contre les symptômes sans permettre d'identifier les causes du mal de vivre. N'oublions pas non plus l'engouement extraordinaire pour les produits de beauté contre le vieillissement. En 1998, le marché mondial des cosmétiques proposait quelque 1 700 crèmes contre les rides. En 1993, la vente de ces produits représentait quelque 325 millions de dollars ; en 1998, le marché avait atteint 1 milliard 275 millions de dollars. Et au fur et à mesure que les enfants du baby-boom, nés entre 1946 et 1964 vieilliront, ce marché s'accroîtra encore, alors même que l'efficacité de ces produits reste à démontrer. Cependant, il n'y a pas de doute : il est plus facile de s'étaler une crème sur le visage que de manger sain, de faire du sport.

LE MALAISE DES HÔPITAUX ET LA CRISE DES MÉDECINS

Il y a quelques années, quand il n'existait pas encore certains soins miracles, le malade restait à la maison. Il ne guérissait pas mais il était entouré de soins affectueux. Aujourd'hui, à l'inverse, les conquêtes de la médecine et de la chirurgie, la plupart du temps liées au développement de technologies sophistiquées et coûteuses, ont permis aux structures hospitalières d'élargir progressivement leur champ d'intervention. Elles se retrouvent donc dans la nécessité de gérer tous les à-côtés psychosociaux de la maladie. Cette importante transformation a entraîné une crise du système de santé qui se voit sommé d'utiliser au mieux les ressources mises à sa disposition. Faut-il alors investir dans des technologies de pointe dont ne profiteront que quelques malades, ou bien développer une assistance psychosociale plus ample ?

Les changements ont eu aussi des conséquences importantes sur les systèmes informels de soutien social. L'étrange réseau que formaient les amis intimes et les voisins les plus proches permettait une intimité telle qu'on pouvait s'entraider à la fois sur le plan affectif et sur le plan pratique. Si quelqu'un tombait malade, on restait à ses côtés et on faisait tout pour lui apporter à manger, pour s'occuper de lui ou faire le travail qu'il aurait dû faire. Aujourd'hui, en revanche, une telle fonction a progressivement disparu du milieu familial pour venir peser sur les structures hospitalières qui ont déjà du mal à répondre aux exigences médicales de première urgence mais qui, surtout, manquent de ressources, aussi bien humaines que financières, pour satisfaire la nécessité croissante d'assistance psychosociale.

La crise de la santé est donc due à un double phénomène. D'une part, elle provient de l'utilisation de techniques diagnostiques et de traitements toujours plus coûteux ; d'autre part, elle est liée à l'augmentation des tâches sociales qui ont progressivement envahi les structures de soins. Selon Peter Ellyard, aujourd'hui tous les pays du monde connaissent une crise du système de soins avec des coûts médicaux et hospitaliers de loin supérieurs aux budgets des individus et des États [12]. Dans les pays riches, les minorités qui ne peuvent pas accéder aux structures adéquates sont en constante augmentation. Partout, les polémiques éclatent à propos des listes d'attente, du nombre de lits dans les hôpitaux et du manque d'infirmières. Mais cela est aussi dû à ce que 95 % du budget de la santé est utilisé pour financer les services de soins alors que seulement 5 % sont destinés à des programmes de prévention qui ont pour objectif de maintenir ou de promouvoir la bonne santé. La crise des structures sanitaires à laquelle nous assistons de par le monde s'explique pour une large part par la persistance d'un modèle qui privilégie le traitement, l'hospitalisation et les nouvelles technologies souvent trop coûteuses.

Il est clair que le vieillissement de la population ne peut qu'aggraver ce diagnostic. Dans les pays riches surtout, l'augmentation de la durée de la vie ne cesse de poser des problèmes sérieux à la gestion traditionnelle de la santé. Il faudra donc trouver rapidement des solutions pour les pathologies gériatriques dont souffrent les malades du troisième ou du quatrième âge dont le nombre ne cesse d'augmenter.

En outre, une pression excessive a poussé le personnel hospitalier dans la crise. Ce personnel a craqué : en raison des conditions dans lesquelles il est contraint de travailler, on l'a vu perdre progressivement son idéalisme, son énergie, sa motivation et toute forme d'investissement personnel [13].

L'épuisement physique s'accompagne d'une sensation de vide, de désintérêt et de fermeture sur soi ; il comporte aussi un sentiment de fatigue et d'irritabilité psychologique. Les médecins et les infirmiers se détachent de leur travail et, par conséquent, de leurs patients et se mettent à les traiter d'une manière impersonnelle et mécanique. Certes, ce personnel peut craquer aussi parce qu'à ces difficultés s'ajoutent des problèmes d'ordre personnel ou social ainsi que des difficultés d'organisation. Un grand nombre de soignants avaient commencé à travailler dans ce secteur portés par l'enthousiasme et la passion. Ils sont progressivement déçus par la dévalorisation qui frappe leur profession. Et si autrefois les sacrifices étaient acceptés en échange de l'auréole qui entourait le métier, qu'en est-il aujourd'hui [14] ? Les médecins qui ont peur de perdre leur prestige et leur satisfaction personnelle sans avoir en retour de compensation financière sont de plus en plus nombreux. En outre, les compétences sociales qu'on réclame d'eux ainsi que les situations qu'ils sont obligés d'affronter sont de plus en plus variées. Or, bien souvent, ils manquent d'une formation adéquate. Qui plus est, les revendications des malades ont augmenté, elles aussi : ils ne se contentent plus d'être soignés, ils veulent aussi toujours plus d'informations. En un mot, la liste des devoirs ne cesse d'augmenter alors que l'image du médecin missionnaire et du médecin sauveteur a perdu de son lustre. Cette lassitude s'explique aussi par les accusations toujours plus nombreuses adressées aux professionnels de la santé, qu'on dit plus attentifs à leur carrière et à leur portefeuille qu'au sort de leurs patients.

Des États-Unis nous parvient un nouveau type d'accusation contre l'avidité de la profession : il s'agit de médecins accusés d'avoir été payés par les grands laboratoires pharmaceutiques pour recruter des malades et les soumettre aux effets de nouveaux médicaments. Chaque médecin recevait, à l'insu des patients, 1 200 dollars de la Bayer Cie pour participer à une recherche sur la vaginite ; 2 995 dollars de la Merck Cie pour étudier l'hypertension ; et 4 410 dollars de la Smithkline Beecham pour élaborer de nouveaux médicaments contre le diabète. Certains médecins ont ainsi empoché plus d'un million de dollars par an. Un médecin a même eu l'aplomb de falsifier les dossiers de ses patients pour pouvoir les faire figurer sur la liste de ces groupes pharmaceutiques [15].

En plus de la disparition des idéaux et de la dévaluation de l'image professionnelle, la crise des médecins est aussi due au mauvais fonctionnement des structures sanitaires. Beaucoup de médecins sont obligés de se transformer en chefs d'entreprise ou, pire encore, en bureaucrates pour tenter de combler les failles d'une administration inefficace. Les problèmes déferlent : ils sont dus à la surcharge de travail, à l'absence de reconnaissance, à la différence entre les compétences réelles et les tâches demandées, à l'impossibilité de travailler en équipe, à la faible mobilité professionnelle et à des styles de direction inadaptés, trop autoritaires ou trop laxistes [16].

DE VIEILLES SOLUTIONS POUR DE NOUVEAUX PROBLÈMES

Comment résoudre ces problèmes, et comment « accompagner » un changement positif dans le domaine de la santé ? Les tenants du « modèle médical » tentent de résoudre la crise en demandant plus de fonds pour la recherche, de meilleurs professionnels et des hôpitaux mieux équipés. Bref, ils tentent de résoudre un nouveau problème avec de vieilles solutions.

Selon Ellyard [17], tous les pays avancés investissent un

très haut pourcentage de leurs revenus pour payer des médicaments, des médecins et des hôpitaux qui existent déjà. Très peu de moyens, en revanche, sont débloqués pour des programmes dont l'objectif consiste à améliorer les conditions du bien-être : un régime équilibré, un peu d'exercice physique, un milieu sain. De plus, nous avons besoin de programmes pour lutter contre l'abus de l'alcool, contre la drogue et, en général, contre la plupart des conduites à risques qui peuplent nos hôpitaux de malades.

Il est vrai que les campagnes préventives dépassent largement les compétences des seuls médecins et engagent la responsabilité des gouvernements. Malheureusement, le terme *social* qui apparaît de manière si fréquente dans leurs discours a souvent une fonction purement démagogique. En réalité, ils sont bien plus soucieux d'apparaître comme les paladins de solutions spectaculaires – comme l'inauguration d'un nouvel hôpital –, que de promouvoir la prévention à long terme. Il existe en plus d'autres obstacles plus difficiles à dépasser. Les groupes pharmaceutiques, les cliniques privées ou les hôpitaux, l'ordre des médecins, enfin, s'opposent à toute forme de changement qui pourrait aller contre leurs intérêts.

Si nous revenons un instant sur les changements qui marquent le monde de l'école ainsi que le monde du travail, il est possible de trouver des points communs et des analogies entre ces trois univers. Nous retrouvons en partie dans le domaine de la santé un phénomène que nous avons déjà décrit pour l'école : les changements en cours vont tous dans le sens de la *désinstitutionnalisation*, par quoi l'on doit entendre le mouvement qui porte à chercher la santé et le bien-être à l'extérieur des institutions traditionnelles. Et comme on a pu le voir pour le monde du travail, on assiste, dans le monde de la santé, à l'abandon de la dimension verticale de la hiérarchie à laquelle on préfère désormais la dimension horizontale des échanges entre médecin et patient. Il est, en outre, de plus en plus évident que c'est aux particuliers de prendre en charge leur propre santé, sans s'attendre à recevoir une solution toute faite de la part du système sanitaire. Voilà donc la route à suivre. Et c'est précisément la route que choisissent déjà des millions de personnes : elles veulent en savoir plus sur leur corps, sur son fonctionnement, sur leur santé et comment la maintenir.

Il suffit de penser aux centaines de revues spécialisées dans les problèmes de santé mais aussi au succès des programmes télévisés consacrés au corps et à la médecine. Citons également l'augmentation vertigineuse des centres qui offrent des techniques corporelles souvent inspirées de la tradition orientale : yoga, méditation, massage shiatsu. Les médecines alternatives, elles aussi, se diffusent rapidement : acupuncture, chiropractie, homéopathie, fleurs de Bach, cristallothérapie et aromathérapie pour n'en mentionner que quelques-unes. On voit également prospérer des structures qui épousent un modèle plus américain, comme les gymnases et les centres de *fitness*, mais qui ne traduisent pas moins un nouveau souci du corps. Tous ces symptômes laissent penser que les mœurs ont anticipé sur l'évolution des structures publiques qui sont restées liées à une vision strictement médicalisée de la santé.

La nouvelle attention pour les nourritures naturelles ou provenant de cultures biologiques relève de la même tendance. Aujourd'hui, les produits « verts » ne sont plus réservés à quelques magasins spécialisés mais peuvent s'acheter en supermarché. Qui plus est, l'Union européenne nous oblige à penser déjà en termes de macrofacteurs sociaux et à considérer, par exemple, à une échelle bien plus large l'impact de la pollution. Le poulet belge « à la dioxyne » ou la vache « folle » n'ont pas simplement déclenché un mouvement de panique : il nous a appris à faire attention à ce que nous mangeons, et à comprendre que certains processus de production alimentaire sont dangereux. Espérons que ces crises entraînent une prise de conscience plus large concernant notre propre santé – et pas seulement notre alimentation.

MOINS DE MÉDICAMENTS ET PLUS D'EXPÉRIENCES REVITALISANTES

Pour construire un futur de bonne santé, il faut donc adopter un point de vue qui ne passe plus seulement par l'individu mais par la communauté. Les personnes qui ont des rapports sociaux et affectifs plus étendus, plus intenses, vivent mieux et tombent moins malades. Nous savons, en outre, que les célibataires qui n'ont pas choisi de l'être sont davantage sujets à des troubles psychosomatiques ou psychiques de nature anxieuse ou dépressive.

En plus du double effort des individus pour se construire un réseau d'amis solidaires et pour adopter un style de vie plus sain, il faut donc que la société, dans son ensemble, lance des initiatives revitalisantes et stimulantes. Pour ce faire, il est nécessaire de transférer une partie des fonds consacrés au traitement des maladies à la promotion de la santé et de reprendre sur une large échelle tous les dispositifs de prévention qui ont eu du succès (nous pensons aux campagnes contre le tabac et l'alcool). Dans certains pays par exemple, une fondation pour la prévention des maladies cardio-vasculaires a financé un spot qui faisait l'éloge de l'exercice physique. Dans le même temps, apparaissent des projets novateurs comme la *Vic Health Foundation*, association qui assure la promotion de festivals et de concerts pour faciliter l'extension des réseaux de sociabilité et favoriser les rencontres [18].

Soulignons, enfin, le succès qu'ont rencontré les séminaires de thérapie par le rire décrits en France par Rubinstein (éditions Robert Laffont). Ce type de thérapie est devenu aujourd'hui célèbre grâce à un film dont le rôle principal était tenu par Robin Williams. Il s'agit de l'histoire (vraie) de Patch Adams, un médecin qui soignait ses patients gravement malades, atteints par exemple de leucémie, en jouant avec eux et en se déguisant parfois en clown [19].

Mais nous pouvons aussi tenter de dresser la liste idéale de tout ce dont nous avons besoin pour mener une vie saine. Selon Stephen Boyden, en voici les principaux ingrédients [20] :

1. De l'air et de l'eau purs, sans substances chimiques ou micro-organismes pathogènes. Il faut impérativement lutter contre la pollution en soutenant les accords internationaux comme ceux de Montréal qui visaient à interdire tout produit détériorant la couche d'ozone.

2. L'exercice physique, qui est essentiel. Il faudrait, dans l'idéal, alterner des petites périodes de travail musculaire intense et des périodes plus longues d'exercices plus doux, le tout entrecoupé de moments de repos.

3. Contre le stress, les *meliors*. Il s'agit d'indicateurs positifs, tout le contraire de ce que les experts appellent les *stressors*, ou agents de stress. On indique par ce terme les expériences qui créent un état de bien-être et de joie en augmentant la force vitale. Ils correspondent à peu près à ce que la philosophie indienne appelle le *prana* et la philosophie chinoise le *chi*. Ils nous protègent contre l'ennui et nous remplissent d'énergie.

Quiconque a jamais participé à une manifestation politique, à un bal populaire ou à un concert de rock sait combien le sentiment d'être bien ensemble est une expérience euphorisante. Chaque personne et chaque communauté devraient donc identifier ses *meliors* – compétitions sportives, manifestations religieuses, artistiques, sportives ou culturelles – qui tiennent compte de ses spécificités personnelles ou locales, tout en développant un sentiment d'appartenance.

L'industrie du bien-être a fait les premiers pas en proposant les premières expériences *meliors* qui mélangent les concerts, la nourriture biologique, la gymnastique douce et agrémentent le tout de quelques pointes New Age. Doit-on y voir en plus un signe que la culture du divertissement est en train d'emprunter une direction plus raisonnable qui permettrait de marginaliser l'ecstasy et la musique techno ? Il s'agit en tout cas d'un immense marché, susceptible de créer de nouveaux emplois pour qui saura trouver le courage et les idées pour changer et innover.

UNE MÉDECINE QUI FONCTIONNE : LES GROUPES D'ENTRAIDE

Les groupes d'entraide sont nés d'initiatives individuelles. Ils se sont révélés un instrument décisif pour créer des réseaux de soutien dans la solitude des grandes villes. Leur objectif est d'offrir un soutien constant, de mettre fin au sentiment d'isolement et de rendre possible le partage d'expériences. Il faut cependant distinguer ces groupes en fonction de leurs objectifs et de leurs méthodes.

Des groupes pour changer ou pour améliorer son attitude

L'exemple le plus connu est sans doute celui des Alcooliques anonymes. Il s'agit d'un groupe d'entraide très ancien et très solide qui a été fondé en 1935. Il compte aujourd'hui un million d'adhérents de par le monde, qui se soutiennent dans la lutte contre un même ennemi : la dépendance créée par l'alcool. Il existe, sur le même modèle, des groupes de drogués, de parents violents, de boulimiques, d'anorexiques. Et puis, il y a aussi des associations pour les timides qui veulent devenir audacieux, pour les dépensiers qui voudraient être économes, pour les joueurs qui voudraient se défaire de leur vice. Un grand nombre de ces groupes suit les procédures établies par les Alcooliques anonymes : chaque membre évoque sa propre expérience et personne ne se permet de donner des conseils ou de faire des critiques. Tous sont là pour offrir ou recevoir du soutien. De cette manière, il devient possible de changer parce qu'on rencontre des personnes qui ont eu les mêmes problèmes et qui ont réussi à s'en sortir.

Des groupes de malades chroniques ou de handicapés

Une deuxième catégorie, très nombreuse, est celle des groupes d'entraide pour les personnes souffrant de handicaps ou de maladies chroniques, souvent contraintes de se soumettre à des traitements longs et douloureux. Les cardiaques, les diabétiques, les individus atteints de la maladie de Parkinson ou du syndrome de Down : tous peuvent fréquenter des groupes d'entraide, lesquels sont la plupart du temps soutenus par les associations correspondantes. Il n'existe pas là des règles aussi rigides que dans le cas des Alcooliques anonymes : les gens se rencontrent, parlent de leur expérience, se fixent de petits objectifs à atteindre avec l'aide des autres malades.

Prenons l'exemple d'un groupe d'adolescents diabétiques. Christine qui a seize ans a expliqué la honte qu'elle éprouvait à évoquer sa maladie devant ses camarades de classe. D'autres membres du groupe ont alors raconté comment ils se sont comportés dans des situations analogues. Richard a expliqué qu'un médecin est venu parler de sa maladie pendant un cours de sciences naturelles et que cet exposé a aidé ses camarades à comprendre pourquoi il refusait certains aliments. Christine a avoué qu'elle aurait bien aimé faire la même expérience dans sa classe. C'est alors qu'une autre jeune fille, Jeanne, lui a donné le nom et le numéro de téléphone d'un spécialiste qui serait prêt à se déplacer. Dans ces groupes, donc, non seulement les membres confrontent leurs expériences et se viennent en aide, mais ils créent aussi des réseaux qui leur permettent de se rencontrer en dehors des réunions, de s'échanger quelques services et de partager des activités en commun.

Les groupes de parents

Certaines personnes comptent dans leur entourage un malade atteint d'une maladie incurable comme la maladie d'Alzheimer. Certains parents ont des enfants qui ont de graves problèmes de comportement (les alcooliques par exemple ou les drogués). Tous ceux dont un proche a connu ce genre de difficultés connaissent le poids physique et psychologique de ces problèmes. Les groupes d'entraide offrent justement un soutien. Ce soutien peut prendre plusieurs formes : cela va de l'échange d'informations au réconfort dans les moments de déprime ou de fatigue en passant par l'aide matérielle, quand il s'agit par exemple de l'organisation d'un voyage ou de vacances. Enfin, la plupart du temps, ces parents luttent ensemble pour obtenir des services meilleurs pour leurs proches et pour tous ceux qui souffrent du même problème.

Les groupes qui permettent d'affronter une situation de changement ou de crise

Certaines femmes se rencontrent pour préparer le moment de l'accouchement; d'autres se réunissent pour affronter ensemble la ménopause. Certains parents qui doivent adopter un enfant passent une soirée ensemble;

certains célibataires, à peine séparés, se retrouvent entre eux, tout comme ceux qui ont perdu un être cher ou qui n'ont plus de travail. L'union, ici encore, fait la force. La ville de Munich ne s'est pas contentée de reconnaître l'utilité des groupes d'entraide ; elle est allée jusqu'à financer les nouveaux groupes. Aujourd'hui, la ville en compte plus de mille. Elle a mis à leur disposition une salle de réunions, un téléphone, un fax et engagé trois psychologues à temps partiel.

Mais tous ces groupes d'entraide sont-ils véritablement efficaces ? De nombreuses études ont prouvé que les personnes qui y participent en tirent de grands avantages, parce qu'elles retrouvent l'espoir qu'elles avaient perdu, qu'elles rencontrent un véritable soutien et peuvent, enfin, rétablir ou développer le réseau de leurs relations sociales. Qui plus est, ces groupes permettent aussi de se libérer de comportements destructeurs ou indésirables.

ET VOUS, COMMENT POUVEZ-VOUS CHANGER ?

Qui d'entre nous n'a pas une anecdote sur le mauvais état de la santé publique ? Et qui, à l'inverse n'a pas fait l'expérience d'un hôpital remarquablement efficace ou d'un médecin extraordinaire ? Pourtant, ce n'est pas de là qu'il faut partir si nous voulons changer notre approche du problème. Il faut d'abord comprendre quel type de malades nous sommes.

Découvrir le patient que nous sommes...

Il faut analyser nos comportements et nos habitudes en matière de santé : sommes-nous dépendants des médecins ou des médicaments ? Sommes-nous hypocondriaques et tendons-nous à exagérer le moindre de nos maux ? Ou bien avons-nous, au contraire, tendance à nous vanter d'avoir une santé de fer et de ne jamais prendre la moindre aspirine ? Sommes-nous sujets à des troubles psychosomatiques (maux de tête, crises d'urticaire ou ulcères) ? Devrions-nous changer certaines de nos habitudes, commencer un régime, abandonner la cigarette ou l'alcool, faire du sport ?

... et le type de médecin que nous voulons

Si le généraliste ou le spécialiste chez lequel nous allons ne nous convainc pas, il est important de chercher un médecin avec lequel établir un rapport de confiance. Il est essentiel surtout qu'il sache nous écouter et qu'il puisse répondre à nos questions.

Donnons leur chance aux médecines alternatives

Homéopathie, acupuncture, médecines douces pour se sentir mieux : ces médecines alternatives sont très répandues. Pourquoi ne pas les essayer ? Rien ne dit que la santé dépende d'un médicament. Qui plus est, les médecins qui pratiquent ces thérapies sont souvent extrêmement attentifs à la dimension psychologique du rapport avec leur patient. Ils ont tendance à l'écouter et à chercher un rapport d'empathie.

Quels sont nos meliors ?

Il est essentiel de chercher à comprendre dans notre vie de tous les jours quels sont nos *stressors* et quels sont nos *meliors*, c'est-à-dire quels sont les facteurs qui créent en nous un malaise ou nous donnent la pêche. Une fois que nous les aurons identifiés, nous pourrons peut-être ingurgiter une pastille en moins ou nous concéder un plaisir supplémentaire. Nous pourrons aussi, le cas échéant, décider de participer à un groupe d'entraide. Rappelons-nous que pour nous maintenir en bonne santé et vivre bien, il va devenir de plus en plus important d'avoir un bon réseau de rapports interpersonnels. Qui sait, nous pourrions, par exemple, adhérer à une association où nous pourrions nous sentir à la fois utile et apprécié.

Servons-nous de notre voix d'électeur

Soutenons les candidats, les partis et les mouvements qui sont décidés à financer les programmes de prévention et à rééquilibrer la distribution des revenus.

Souvenons-nous : en Europe, aujourd'hui, l'augmentation de l'espérance de vie est davantage liée aux facteurs psychosociaux qu'aux facteurs strictement sanitaires. Il est donc de la première importance d'encourager les changements politiques et sociaux qui vont dans le sens d'une société plus égalitaire et moins violente. Essayons aussi de faire entrer plus de femmes dans la vie politique, au niveau local, national ou européen, parce que nous savons qu'à travers l'histoire, les femmes ont toujours été plus sensibles aux problèmes liés à la santé et à la qualité de vie !

Vive l'entraide !

Augmentons le nombre et la qualité des groupes d'entraide non seulement dans les grandes villes, mais aussi dans les petits centres en soutenant les associations de bénévoles. Demandons la création de nouveaux groupes en fonction des exigences locales. Les groupes d'entraide représentent en effet une manière efficace de dépasser l'isolement si répandu dans notre société. C'est aussi une façon remarquable de rénover des liens sociaux, de se protéger contre des événements traumatisants et de renforcer, par là même, son système immunitaire.

Sachons nous amuser

Individuellement, mais aussi en couple et en famille, nous devons tous apprendre à multiplier les expériences revitalisantes. Ce sont elles qui augmentent notre sentiment d'appartenance à une communauté. Ce sont elles qui nous rendent la joie de vivre et la confiance. Ici se trouve un des secrets de la santé de demain.

CONCLUSION

20 idées pour le troisième millénaire

Qui nous a suivis dans ce chemin aura compris qu'il a devant lui un grand nombre de voies possibles pour changer. Il est vrai qu'à la lecture des derniers chapitres concer nant le travail, l'argent ou l'écart toujours plus grand entre les riches et les pauvres, le lecteur se sera certainement senti un peu impuissant. Peut-être même aura-t-il nourri un certain scepticisme à l'encontre des milieux politiques et de leur volonté ou de leur capacité à faire bouger les choses.

Ce n'est sûrement pas un hasard si le terme d'utopie revêt aujourd'hui une connotation essentiellement négative Avec l'effondrement des idéologies, il semble qu'on ait perdu la boussole qui permette de s'orienter pour faire évoluer la société. Un sentiment d'angoisse nous saisit face à la complexité de la vie en collectivité. Cette angoisse se traduit par un sentiment de défense face à un monde extérieur qui paraît menaçant : une culture du Moi s'affirme où les comportements égoïstes l'emportent, où l'incapacité de s'engager domine les relations publiques comme les relations privées.

On se trouve face à une société d'individus qui ont perdu toute confiance dans les hommes politiques et dans les intellectuels, considérés comme des privilégiés qui ne pensent qu'à satisfaire leurs intérêts privés.

LE TEMPS DES RÊVES

Trop souvent, on cherche à justifier la tendance à cultiver « son propre jardin » par le manque de temps, alors même qu'une des évolutions majeures de ces dernières années est justement la nette augmentation du temps libre.

Avant tout il faut souligner que nous vivons davantage parce que nous vivons plus vieux que nos grands-parents. De plus les heures que nous consacrons à notre travail ont diminué au profit des heures de temps libre. Malgré ces données objectives, la plupart d'entre nous ont l'impression de vivre toujours plus stressés par le temps. Ce sentiment s'explique en partie par l'écart croissant entre le temps biologique et le temps social. Le nombre d'années consacré aux études est en constante augmentation, et l'autonomie familiale se fait toujours plus attendre, surtout pour les garçons. Les grandes étapes de la vie adulte (le travail, la maison, le mariage, les enfants) glissent toujours en avant. Cela ne peut manquer d'entraîner une disjonction entres les rythmes sociaux et les rythmes biologiques – phénomène, cette fois, particulièrement sensible pour les femmes.

Beaucoup de femmes ont tendance à renvoyer le mariage et la maternité à plus tard, d'abord parce qu'elles doivent étudier et, ensuite, parce qu'elles veulent se lancer dans une carrière. Les voilà donc qui arrivent à trente-cinq-quarante ans avec un très fort désir d'un enfant qui n'arrive pas. Pour ces femmes, le temps de la maternité ne correspond plus à leur horloge biologique.

De la même manière, il semble que le temps de l'adolescence se soit dilaté. Autrefois, on devenait adulte très tôt. Il fallait traverser l'enfance à la vitesse de l'éclair, apprendre très rapidement et devenir adulte. Aujourd'hui, à l'inverse, il semble que les jeunes aient tendance à ralentir leur rythme de croissance et qu'ils n'aient pas très envie d'entrer dans une vie adulte qui leur fait peur. Prendre son temps pour parcourir le chemin qui sépare la jeunesse de la maturité paraît alors la dernière tentative pour s'opposer à une société dominée par l'urgence.

MAMAN TÉLÉVISION

Un des autres changements qui a bouleversé les rythmes de notre vie quotidienne et accentué la tendance à se replier sur la sphère privée est certainement la consommation massive de télévision. Le spectacle télévisé absorbe en effet plus de trois heures par jour de ce temps précieux que nous réussissons à mettre de côté. Dans certains cas, ces trois heures deviennent huit, par exemple chez les personnes âgées et les femmes au foyer.

La télévision est devenue le lieu des relations et des affects par excellence, et on l'utilise pour combattre la solitude et l'angoisse [1]. Mais ce n'est pas tout : elle satisfait aussi nos besoins. Si nous nous ennuyons, nous demandons à la télécommande un spectacle susceptible de nous divertir ; si nous sommes stressés, un spectacle qui nous calme. Les êtres humains naissent dépendants d'une présence dont ils sentent le besoin. C'est précisément sur ce besoin de présence que la télévision a assis son succès : elle se propose

24 heures sur 24 comme une nounou qui ne manque jamais. En outre, sa circularité répétitive offre une continuité rassurante dans un monde en pleine mutation. Tous les jours, nous pouvons retrouver à la même heure le même programme, le présentateur que nous aimons bien, la comédie dont les protagonistes sont devenus des intimes. Le véritable problème est notre passivité face au petit écran, qui fait peu de cas de l'énorme pouvoir que nous avons en tant qu'usager. Ici aussi, nous pourrions changer la situation en faisant évoluer les programmes de télévision, et, de proche en proche, en faisant évoluer le monde qui nous entoure.

CHANGER LE MONDE : UNE UTOPIE ?

Pour commencer, il faut en finir avec le mythe américain du *cow boy solitaire* qui est à l'origine du libéralisme sauvage, et avec les mythes européens de l'État paternaliste et de la mère patrie, toujours là pour nous venir en aide. Aujourd'hui, nous sommes conscients de la nécessité de changer, à la fois à l'intérieur et à l'extérieur. Nous savons aussi que nous devons assumer les risques et les responsabilités que comporte l'âge adulte. Mais nous savons, par-dessus tout, que nous avons droit à une société dont les structures encouragent la formation de citoyens responsables. Seuls des femmes et des hommes libres seront capables de créer le capital social de l'enfance, de solidarité et de fraternité, qui constitue le fond indispensable pour garantir la qualité de la vie.

Nous sommes en mesure de contribuer à la construction d'une société qui sache respecter l'équilibre entre les besoins individuels et les exigences collectives, qui sache accorder à chacun sa valeur sans le soumettre à la tyrannie de la masse, qui sache, enfin, engager chacun à coopérer avec tous pour atteindre des objectifs communs. Mais il faut y croire tous ensemble, et y travailler tous ensemble si l'on veut construire un monde à mesure d'homme. Il faut nous libérer à la fois des rêves d'omnipotence et des réflexes d'indifférence. C'est seulement de cette manière que chacun d'entre nous pourra devenir un citoyen plus responsable et compétent – car on ne naît pas individu *empowered* ; on le devient.

La question devient alors : comment pratiquer cette fraternité ? Comment identifier les instruments qui nous permettront à la fois de nous développer comme personnes et de contribuer à la construction d'une société plus généreuse ? Il est peut-être possible de trouver une solution dans la manière dont les jeunes gens d'aujourd'hui, qui sont tant décriés, font de la politique.

Les modalités et les motivations de l'engagement des jeunes ont évolué en profondeur, et l'on ne peut pas les juger à partir des critères en vigueur dans les années 1960. La politique n'apparaît plus aujourd'hui comme une vocation ou une mission. Son caractère d'expérience totalisante a disparu parce que les grandes idéologies ont perdu toute crédibilité. Les jeunes gens d'aujourd'hui ont une manière personnelle et différente de vivre leur engagement politique : il ne s'accorde plus aux longs discours et se passe fort bien des grandes assemblées et des interminables réunions au cours desquelles les leaders politiques hurlaient sur le podium des slogans pleins de certitudes.

L'engagement politique est devenu un aspect et un aspect seulement d'une identité qui en comporte beaucoup d'autres, tout aussi importants. S'engager dans la « politique du quotidien », pour reprendre une formule heureuse de Giddens, le conseiller de Tony Blair, est une des manières de développer sa personnalité et de construire un réseau de liens affectifs, tout en apportant une solution concrète à un problème précis.

La société dans laquelle nous vivons nous place face à des questions d'une énorme importance mais pour lesquelles il existe mille petites solutions inventives. Il nous faut seulement avoir le courage de les imaginer, de les mettre à l'épreuve et de les écarter si elles se révèlent inadéquates, ou de les adopter à une plus large échelle si elles fonctionnent. C'est ensemble, en tout cas, que nous pourrons mieux gérer nos désirs et nos peurs de changer ; et c'est ensemble que nous pourrons construire de nouveaux scénarios.

C'est dans cet état d'esprit que nous avons formulé 20 idées pour le troisième millénaire. Les premières concernent la sphère privée et personnelle – le désir et le courage de changer quelque chose dans sa propre vie. Les autres, en revanche, concernent la société : nous avons voulu dessiner quelques perspectives de changement plus général.

Si vous êtes d'accord ou si vous êtes contre ces idées, vous pouvez les défendre ou les critiquer en écrivant à des journaux ou à des revues. Vous pouvez aussi écrire aux secrétaires du parti pour lequel vous votez. Vous pouvez, enfin, en faire un sujet de débat dans les associations auxquelles vous appartenez ou que vous soutenez financièrement. Si cette pratique est nouvelle pour vous, disons alors que nous vous offrons une autre chance de changer.

1 - Découvrons dans quel secteur il faut changer

Nous avons constaté qu'il existe différents styles psychologiques. Certains poussent à changer ; d'autres s'y opposent. Il y a des gens qui sont plutôt nostalgiques, plutôt caméléons ou plutôt progressistes. Mais attention : nul d'entre nous n'est fait d'un seul bloc. Nous avons tous plusieurs facettes et différentes attitudes face au changement. Les exemples ne manquent pas : nous pouvons êtres pessimistes dans notre vie de couple et très optimistes, voire inventifs, dans notre vie professionnelle.

Il faut donc absolument comprendre comment nous nous comportons dans les différents secteurs de notre vie (le travail, les sentiments, les loisirs) et quel est le secteur où nous voudrions changer. Il faut ensuite comprendre si nous vivons dans un milieu qui favorise ou empêche le changement. Par exemple, du point du vue financier, nous pourrions être des aventuriers, et donc acheter des actions et même jouer en Bourse, alors que nos proches (nos parents, notre conjoint) pourraient être du style nostalgique et penser qu'il est plus sûr d'économiser.

2 - Apprenons à rêver

Pour changer, il faut savoir rêver, savoir rêver la nouveauté, c'est-à-dire ce qui est inconnu et qu'il nous faut inventer. Rêver quelque chose en plus, quelque chose de mieux. Tel est le premier pas du changement : apprendre à imaginer ce que nous voulons vraiment. Le pas suivant est simple : il faudra chercher en nous et à l'extérieur de nous les stratégies qui nous permettront de réaliser ce rêve. Nous parlons aussi bien de la vie privée que de la vie professionnelle ou vie sociale. Il ne faudra pas refuser de se laisser aider quand cela sera nécessaire.

3 - N'attendons pas que les autres changent

Nous nous sentons frustrés, malheureux, insatisfaits ? C'est sûr ! C'est la faute de notre compagnon, de nos parents, de notre chef ou de nos collègues de travail. Eh bien non ! Plutôt que de succomber à la tentation qui consiste à penser que ce sont les autres qui devraient changer, rentrons en nous-mêmes et cherchons les solutions qui nous permettront de transformer cette situation. Il faut en finir avec la complaisance et la mélancolie.

4 - Parions sur un couple qui sait changer

La plupart du temps, on se marie ou on vit ensemble en pensant que le couple est une entité fixe et immuable. On s'aime pour toujours, c'est-à-dire toujours de la même façon, avec les mêmes gestes, les mêmes désirs ; on aime la même personne identique et égale à elle-même. Ici encore, la réalité est tout autre. Nous sommes les premiers à changer avec le temps. Mais l'autre qui est à nos côtés change aussi, et parfois nous nous retrouvons face à lui avec un sentiment de surprise amère : *je ne le reconnais plus*. Il faudrait se marier en pensant que le couple est une entité dynamique, en perpétuelle mutation. Les règles communes doivent être redéfinies ; les objectifs communs peuvent évoluer ; le désir et la séduction sont mobiles. Le secret de la réussite d'un couple n'est donc pas de ne jamais changer, mais de savoir changer ensemble.

5 - Créons les jardins de la beauté et les vacances du bien-être

En matière d'économie, plutôt que d'axer les ressources des grandes entreprises traditionnelles sur la seule compétition, alors que ces entreprises sont soumises à une invraisemblable concurrence internationale, ne faudrait-il pas mieux chercher des solutions alternatives ? Ne faudrait-il pas parier sur les beautés naturelles et artistiques et en favoriser le développement ? Il est possible de le faire d'une manière créative et originale, en offrant des services orientés vers le bien-être physique et mental et qui soient situés dans des lieux naturellement et culturellement riches. Un modèle de ce genre a été introduit en Angleterre où l'on a vu s'élever dans les lieux shakespeariens un musée virtuel qui permet aux visiteurs de suivre le poète tout au long de sa vie, d'assister au spectacle de grands acteurs en train d'interpréter ses œuvres, et enfin de jouer soi-même la comédie au moyen de technologies interactives.

Pensons seulement au nombre d'itinéraires réels et télématiques que nous pourrions inventer grâce au patrimoine culturel, aux paysages à la richesse historique et linguistique. Pensons aux avantages que nous pourrions tirer de tous les monuments, en créant de véritables expériences de beauté à plusieurs dimensions.

6 - Inventons les jeunes volontaires de quartiers

En France comme en Italie, la loi qui a abrogé le service militaire a été adoptée par le Parlement. Ne serait-il pas intéressant d'instituer dans les villes des recrutements de jeunes gens des deux sexes ? Il y a déjà de nombreuses expériences dont on pourrait s'inspirer. En Toscane, par exemple, les maires de certaines villes ont envoyé à tous les jeunes compris entre dix-huit et vingt-cinq ans une lettre personnelle qui les invitait à se rendre disponibles pour les personnes âgées, les handicapés et les adolescents à risque de leur commune. En échange, ils se voyaient offrir la possibilité d'une formation professionnelle ainsi qu'une très belle occasion d'enrichissement personnel.

Chaque ville peut choisir les secteurs dans lesquels l'énergie et les idées nouvelles sont les plus profitables. Le bénéfice serait double : d'une part, on améliorerait la préparation, le sens civique et l'*empowerment* des jeunes ; d'autre part, ce serait l'occasion de résoudre un problème social en renforçant le sens d'appartenance de tous les groupes engagés dans ces nouveaux projets.

7 - Parions sur les nouvelles technologies

À peu près la moitié des emplois créés aux États-Unis pendant ces six dernières années sont nés dans le secteur des nouvelles technologies ou des services hautement spécialisés qui en dépendent. En ce domaine, l'Europe accuse un retard préoccupant. Mais elle aussi aura besoin de ces nouvelles figures professionnelles spécialisées dans l'univers du multimédia, l'Internet, le commerce électronique ou la téléphonie. Il s'agit, en tout cas, d'un nouveau monde, riche de mille possibilités et qu'il convient d'explorer.

8 - Facilitons le changement d'emploi

L'époque des emplois définitifs est révolue, c'est une certitude. Dans ces conditions, comment aider les gens à s'adapter au changement et à devenir plus mobiles sur le marché du travail ?

Au cours des dernières années, on a vu naître des centres de *outplacement* qui soutiennent les salariés qui risquent de perdre leur emploi ou qui l'ont déjà perdu, mais aussi, tout simplement, ceux qui veulent changer de travail. Certaines entreprises font appel à leurs services quand ils entendent favoriser la démission d'un de leurs dirigeants ou de leurs cadres. À Munich, par exemple, ce type de consultation technico-psychologique a été proposé aux fonctionnaires en surnombre lors d'une négociation entre les services municipaux, les organisations syndicales et des entreprises privées : 70 % des travailleurs qui ont participé au projet ont trouvé un nouvel emploi et les 30 % restants se sont établis à leur compte. Bien évidemment, il a été impossible de garantir à chacun un salaire équivalent au précédent, mais tous ont été épargnés par le malaise et les difficultés qui s'attachent au licenciement. Il faudrait donc augmenter le travail de ces centres et en créer de nouveaux en collaboration avec les syndicats et des associations de bénévoles.

9 - Aidons les jeunes à entrer sur le marché du travail

Donnons aux jeunes la possibilité de faire une première expérience professionnelle, en instaurant des mesures qui poursuivent les objectifs suivants :

a) Augmenter la mobilité des jeunes provenant des régions qui proposent les plus faibles opportunités d'emplois, au besoin, en introduisant des tuteurs territoriaux susceptibles de les orienter, de les soutenir et de favoriser leur insertion sociale.

b) Poursuivre la formation des jeunes qui ont développé de faibles ressources psychologiques et intellectuelles parce qu'ils ont souffert de carences scolaires et de problèmes sociaux graves. On pourrait, par exemple, utiliser les fonds de l'Union européenne comme ceux des programmes Youthstart et Leader.

c) Aider les jeunes à s'installer à leur compte, en diffusant l'information dans les écoles, les universités et même les familles. Il faudrait développer des programmes très ciblés, comme ceux qu'élabore le bureau pour l'emploi des jeunes. Il existe, par exemple, le prêt sur l'honneur qui offre aux jeunes quelques milliers de francs à fonds perdus ou des prêts à des taux relativement bas qui permettent de suivre des cours de formation gratuite et de se lancer dans un métier ou une carrière d'artisan. Citons, enfin, fonds pour la promotion des « entreprises jeunes », destiné à aider ceux qui ont un *business plan* précis, en leur apportant un soutien à la fois financier et technique.

d) Augmenter les opportunités professionnelles dans le tertiaire *(no profit)* en développant les activités de services – par exemple l'aide à domicile des personnes âgées ou des malades arrivés au stade terminal. On peut aussi développer l'aide à l'intégration des jeunes porteurs de handicap ou connaissant d'autres difficultés et qui ont, pour ces raisons, du mal à s'insérer dans le monde du travail.

10 - Achetons un billet de loto... et offrons un travail à quelqu'un

On a pu dire que la génération des gens nés entre la fin des années 1960 et le milieu des années 1980 était pour ainsi dire une génération sacrifiée en raison des difficultés qu'elle rencontrait à trouver du travail. Pour les aider, il faudrait en venir à un *pacte momentané extraordinaire* qui leur permette d'augmenter leurs compétences. On pourrait, par exemple, rétribuer ceux qui apportent la preuve qu'ils ont augmenté leur potentiel : acquisition d'une compétence transversale – par exemple, la maîtrise d'une langue étrangère ou des bases d'informatique ; maîtrise de professions artisanales contribuant à la conservation du patrimoine et des traditions ; spécialisation dans la biotechnologie ou l'informatique appliquées à la santé, l'éducation ou l'environnement.

Les fonds pour financer de telles entreprises pourraient être constitués à partir d'un pourcentage prélevé sur les matchs de football, les manifestations culturelles ou la loterie nationale. Ce projet ne permettrait pas seulement d'aider un jeune, il offrirait aussi une belle occasion d'augmenter le capital social – entendu comme le patrimoine moral et civil d'un pays – et de diminuer les dépenses nécessaires à la gestion de la déviance sociale, du malaise psychologique, du vandalisme et de la drogue.

11 - Inventons des assurances de groupe

En Angleterre, on est en train d'étudier des formes d'assurance de groupe pour les périodes de chômage. Il s'agit par exemple des Employee Mutuals, proposés par la Fondation Demos et qui prévoient la gestion des fonds par des organisations de travail à temps partiel comme Manpower, ou par les syndicats. C'est donc une assurance privée, mais collective, et qui propose, de ce fait, des tarifs intéressants. L'idée est venue des professionnels *free lance*, comme les architectes et les graphistes, qui ont proposé une forme de « subside » pour les périodes creuses.

12 - Luttons contre le travail des enfants et les paradis fiscaux

Il faut se battre pour faire adopter les accords internationaux qui interdisent aux entreprises d'avoir recours au travail des mineurs dans le Tiers-Monde. À titre individuel, il est aussi possible de boycotter les marques qui font travailler des enfants dans leurs usines. C'est ce qui se passe par exemple aux États-Unis.

Quant à la réduction de l'inégalité des revenus, il faut décourager les salaires trop élevés versés aux managers en imposant, par exemple, des plafonds au-delà desquels les entreprises ne peuvent plus les déduire de leurs coûts. Il faut, ailleurs, créer des sollicitations financières amenant les entreprises à rémunérer leurs salariés en les faisant participer au capital. Enfin, il faut renégocier les règles du système monétaire international entre les pays qui veulent empêcher la création ou le développement des paradis fiscaux.

13 - Récompensons les meilleurs enseignants

Il faut se mettre à évaluer les enseignants sur la base des résultats obtenus par leurs élèves. On pourrait récompenser les meilleurs enseignants en leur proposant des salaires plus élevés ou des avantages culturels (livres, abonnements, participations à des colloques, voyages, cours de formation à l'étranger).

14. - Finissons-en avec les notes et les interrogations

Les enseignants doivent aussi devenir de nouveaux « conseillers pédagogiques » et travailler avec des méthodes plus objectives les lacunes et les points forts de leurs élèves. En un mot, il faut qu'ils s'orientent vers un enseignement plus personnalisé. Il existe aujourd'hui des épreuves structurées et semi-structurées bien plus performantes que les épreuves écrites traditionnelles (en particulier, la dissertation) ou les épreuves orales. Il faut aussi que disparaisse cette mauvaise habitude qu'ont les enseignants d'utiliser l'échelle des notes de manière arbitraire. Il est, en effet, absolument inacceptable que certains élèves soient pénalisés dans leur parcours (par exemple dans des concours ou des compétitions internationales) parce qu'ils ont eu la malchance de tomber sur un enseignant qui se refusait par principe de mettre d'excellentes notes.

15 - Engageons plus de professeurs hommes

Il est urgant d'engager des hommes dans les écoles maternelles, les écoles primaires et les collèges. Et pour ne pas pénaliser les femmes, qui trouvaient ici une des filières les plus sûres, il faut favoriser leur engagement dans des professions réservées jusque-là aux hommes. On peut penser, par exemple, à la carrière politique.

16 - Poussons les entreprises à adopter une école

Pour combler, au moins en partie, l'écart qui sépare le monde du travail de l'école, les entreprises et les associations (même celles du secteur *no profit*) pourraient adopter une ou plusieurs écoles de leur commune et organiser avec elles des échanges. Il est facile de donner quelques exemples. On peut penser à des visites guidées, des stages ou des projets de soutien pour les enfants en difficulté. L'entreprise pourrait aussi céder du matériel technologique qu'elle n'utilise plus parce qu'elle doit en changer fréquemment : on sait qu'aujourd'hui, les ordinateurs vieillissent rapidement. On pourrait aussi demander aux élèves d'évaluer la qualité des produits et des services fournis par l'entreprise.

17 - Que les établissements scolaires restent ouverts le soir

Aujourd'hui, l'école croule sous les frais de gestion dus à l'énorme bureaucratie dont elle dépend. Si l'on parvenait à opérer des coupes budgétaires, on pourrait libérer des fonds pour promouvoir l'informatique, stimuler les enseignants et rétribuer le travail des surveillants pendant l'après-midi mais aussi en soirée de manière à ouvrir l'école tard, pour des réunions de parents d'élèves ou des initiatives pédagogiques et récréatives.

18 - Introduisons l'émotion dans toutes les écoles

L'éducation socio-affective est en vigueur dans de rares écoles grâce à l'initiative de quelques enseignants ou de quelques proviseurs. Il est pourtant urgent qu'à la suite de l'Espagne, de la Hongrie ou de la Suède, la France adopte ce type d'approche pédagogique depuis l'école élémentaire jusqu'à l'université. Car l'éducation n'est pas seulement l'apprentissage de quelques notions difficiles ; c'est aussi le développement émotionnel et la capacité à vivre avec les autres. Seule une formation qui tient compte de tous les aspects d'une personnalité est en mesure de mener un enfant à la maturité.

19 - *Faisons confiance à un ange gardien électronique*

Dans le futur, nous pourrons tous avoir recours aux plus grands spécialistes de médecine [2]. Pourquoi ? Parce que, au MIT, un laboratoire est en train de mettre au point un programme software qui chargera toutes les données nous concernant depuis notre naissance (poids, taille, groupe sanguin, rythme cardiaque, etc.). Ces informations que nous aurons toujours sur nous permettront au médecin traitant d'avoir à sa disposition la liste des examens subis et des résultats obtenus, des soins prescrits et des allergies éventuelles à tel ou tel médicament. Cela permettra la consultation, via satellite, avec des spécialistes à l'autre bout du monde. Cela permettra aussi une évaluation rapide et fiable des interventions thérapeutiques possibles sur la base des succès et des erreurs du passé.

20 - *Diffusons les groupes d'entraide dans nos villes*

Ces groupes sont déjà très répandus, des Alcooliques anonymes aux rencontres pour personnes fraîchement séparées, mais il faut les encourager, et ici l'intervention de chacun est indispensable. Il nous faut les connaître pour pouvoir les conseiller à ceux qui en ont besoin ; il nous faut aussi les soutenir d'une façon ou d'une autre. De telles associations permettent en effet de surmonter l'isolement dans nos villes, de renforcer les liens sociaux et de donner ou recevoir du soutien. Or, tout ce qui nous protège des événements stressants renforce notre système immunitaire et nous permet de vivre mieux.

Notes et références bibliographiques

Introduction

1. Ces dernières années, Donata Francescato a entamé une série d'enquêtes visant à étudier comment différents individus et groupes vivent cette époque de transformations. Elle a étudié, selon des méthodes variées de type qualitatif et quantitatif, les réactions au changement de pays d'environ 400 immigrés provenant d'Afrique, d'Amérique latine et d'Europe de l'Est. Dans le cadre d'une autre recherche, environ 2 700 hommes et femmes de tendances politiques diverses travaillant dans des écoles, des services sanitaires et sociaux, l'armée, des banques et des professions libérales ont été interrogés à propos de leur expérience des changements intervenus en politique, dans le monde du travail, dans la famille et dans la répartition des rôles entre hommes et femmes. Une troisième recherche, réalisée sur 1700 personnes de tous âges, niveaux d'étude, et de toutes tendances politiques et religieuses, analyse les transformations souhaitées dans le domaine des rapports homme-femme. Enfin, le quatrième projet, qui a porté sur un groupe de 200 « triades » grand-père/père/fils, se propose de découvrir comment ceux-ci vivent l'évolution du rôle paternel et ce qu'ils espèrent pour l'avenir. Les résultats de ces travaux sont traités pour partie dans le livre de Donata Francescato intitulé *Amore e potere* (Milan, Mondadori, 1998), pour partie dans celui-ci, et d'autres sont encore en cours d'analyse.
2. S. Márai, *Les Braises* (trad. fr.), Paris, Albin Michel, 1995.
3. G. Tomasi di Lampedusa, *Le Guépard*, Paris, Seuil, 1959.

CHAPITRE PREMIER

L'envie de changer

1. L. Pirandello, *Feu Mathias Pascal*, Paris, LGF, 1991.
2. *Pretty woman*, de Garry Marshall, États-Unis, 1990.
3. I. Hermann, *L'Instinct filial*, Paris, Denoël, 1972.
4. P.-C. Racamier, *L'Inceste et l'incestuel*, Paris, Aprygée, 1995.
5. M. Valentis et A. Devane.
6. W. Pasini, *La Méchanceté*, Paris, Payot, 1994.
7. A. D'Orrico, *Cambiare vita*, Milan, Mondadori, 1991.
8. A. Dagnino, *I nuovi nomadi*, Bologne, Castelvecchi, 1996.
9. « Il falso naufrago naviga a caccia di un editore », *in La Stampa*, 1er juin 1999.
10. F. Alberoni, *Je t'aime*, Paris, Plon, 1996.
11. M. Erickson, *L'Hypnose thérapeutique*, Paris, ESF, 1995.
12. W. Pasini et J. Garaialde, *Psicogolf*, Paris, Robert Laffont, 1988.
13. F. Kourilsky-Belliard, *Du désir au plaisir de changer*, Paris, Dunod, 1999.
14. A. Tyler, *Une autre femme*, LGF, 1997.
15. Sondage Doxa, 29 mars 1992.

CHAPITRE II

Les prisons intérieures

1. W. Pasini, *Les Casse-pieds*, Paris, Odile Jacob, 2000.
2. *In & Out*, Frank Oz, États-Unis, 1988.

CHAPITRE III

Les changements soudains

1. A. Haynal et S. Lebovici, *Dépression et créativité : le sens du désespoir*, Lyon, Césura Lyon Édition, 1987.
2. *Full Monty*, de Peter Cattaneo, Grande-Bretagne, 1997.
3. J. J. Viorst, *Les Renoncements nécessaires*, Paris, Robert Laffont, 1991.
4. *Ghost*, de Jerry Zucker, États-Unis, 1990.
5. *Mafia Blues*, de Harold Ramis, États-Unis, 1999.
6. Colloque de *Riza Psicosomatica*, Milan, juin 1999.
7. B. Cyrulnik, *Un merveilleux malheur*, Paris, Odile Jacob, 1999.

CHAPITRE IV

Les bonnes et les mauvaises habitudes

1. P. Daco, *Psychologie et liberté intérieure,* éd. ami.
2. *Riza psicosomatica,* 152,1992.
3. A. Oliverio Ferraris, *La macchina della celebrità,* Florence, Giunti, 1999.
4. M.C. Bomsel, *Le Dépit du gorille amoureux,* Paris, J.C. Lattès, 1998.
5. *Pile et Face,* Peter Howitt, Grande-Bretagne, 1998.

CHAPITRE V

Le besoin de changer

1. G. Dacquino, *Se questo è amore,* Milan, Mondadori, 1999.

CHAPITRE VI

Les changements en thérapie

1. T. Karasu, « The specificity versus nonspecificity dilemma towards identifying therapeutic change agents », *in American Journal of Psychiatry,* 143, 1986.
2. F. Antonelli, *Non abbiate paura,* Roma, Edizioni Mediterranee, 1998.
3. W.H. Masters et V.E. Johnson, *Les Mésententes sexuelles,* Paris, Laffont, 1971.
4. A. Lowen et L. Lowen, *Pratique de la bioénergie,* Paris, Sand, 1990.
5. S. Garfield et A. Bergin (sous la dir. de), *Handbook of Psychotherapy and Behaviour Change,* New York, Wiley, 1978 ; M.L. Smith, G.V. Glass, F.I. Miller, *The Benefits of Psychotherapy,* Baltimore (Maryland), John Hopkins University Press, 1980.
6. « Consumer Report », États-Unis, novembre 1995.
7. W.B. Stiles, D.A. Shapiro, R. Elliott, « Are all psychotherapies equivalent ? », *in American Psychologist,* 41, 2, 1986.
8. J. Norcross et M. Goldfried (sous la dir. de), *Handbook of Psychotherapy Integration,* New York, Basic Books, 1997.

CHAPITRE VII

Le travail : de l'obligation à la créativité

1. D. De Masi, *Il futuro del lavoro. Fatica e ozio nella società postindustriale*, Milano, Feltrinelli, 1999.
2. D. Méda, *Le Travail : une valeur en voie de disparition*, Paris, Flammarion, 1998.
3. Enquête réalisée pour *Harmony* en 1998.
4. D. Francescato, *Amore e potere, op. cit.*
5. D. Fryer, « Benefit agency? » *in The psychologist*, juin 1995; R. Hick, P. Creep, W. Patton, J. Tomlison, *Unemployment*, Brisabane, Australian Academic Press, 1995 ; C. Hekschner, *White Collar Blues*, New York, Basic Books, 1995.
6. *La Stampa*, 5 février 1999.
7. D. De Masi, *op. cit.*
8. W. Pasini, *Le Temps d'aimer*, Paris, Odile Jacob, 1997.
9. M. Balint, *Amour primaire et technique psychanalytique*, Paris, Payot, 2001. M. et E. Balint, *Les Voies de la régression*, Paris, Payot, 2000.
10. Dans le *Corriere della Sera*, 23 février 1999.
14. « Informatica, I profili top », *in Il Sole-24 Ore*, 12 juillet 1999.

CHAPITRE VIII

L'argent
Ni dieu, ni démon : un simple allié

1. G. Soros, *La Crise du capitalisme global,* Paris, Plon, 1998.
2. C. Handy, *The Hungry Spirit*, Londres, Arrow, 1998.
3. A. Giddens, *Les Conséquences de la modernité,* Paris, L'Harmattan, 1994.
4. M. Moore, *A Brief History of the Future*, Christchurch (N.Z.), Shoal Bay Press, 1998.
5. J. Dale Davidson et W. Rees-Mogg, *The Sovereign Individual*, Londres, Pay Books, 1998.
6. Par exemple, *La Panique de 89,* Paris, Grasset, 1987.
7. G. Soros, *op. cit.*
8. P. Savona, *La disoccupazione e il terzo capitalismo*, Milano, Sperling et Kupfer, 1997.
9. *Ibid.*, p. 110.
10. T. Hazdline, *Taking New Zealand seriously. The Economics of Decency*, London, Harper Collins, 1998.
11. M. Moore, *op. cit.*
12. A. Minc, *L'argent fou*, Paris, Grasset, 1990.
13. C. Handy, *op. cit.*
14. *Ibid.*

14. *Ibid.*
15. D. Francescato, *Amore e potere, op. cit.*
16. W. Pasini, *Le Temps d'aimer, op. cit.*
17. F. Kinsman, *Millenium Towards tomorrow Society*, London, Penguin Books, 1991.
18. P. Auster, *Œuvres romanesques*, 3 vol., Arles, Actes Sud, 1999-2000
19. C. Dowling, *Le Complexe de Cendrillon*, Grasset, 1982, et *Cendrillon et l'argent*, Paris, Grasset, 1999.

CHAPITRE IX

L'école : de l'enseignement à l'apprentissage

1 D. Francesco, M. Tomai, M. Burattini, V. Rosa, « Crea il lavoro che desideri. Un progetto d'intervento per motivare al lavoro in proprio », *in* P. Serrei (dir.), *Programma Feronia Liberi di sapere*, Milano, Franco Angeli, 1998, p. 251-288.
2. F. Frabboni, *Quando la didattica è un turbo nel motore : l'individualizzazione*, Milano, Franco Angeli, 1998.
3. M. Knowles, *L'apprenant adulte. Vers un nouvel art de la formation*, Paris, Éditions d'Organisation, 1990.
4. D. Goleman, *L'Intelligence émotionnelle*, Paris, J'ai Lu, 2000.
5. C. Handy, *op. cit.*
6. D. Francescato et A. Putton, *Star meglio insieme*, Milano, Mondadori, 1995; A. Putton, *Empowerment e scuola*, Roma, Carocci, 1999; P. Lang, Y.J. Katz, I. Menezes (dir.), *Affective Education. A Comparative view*, London, Cassel, 1998.
7. P. Lang, Y.J. Katz, I. Menezes (dir.), *op. cit.*
8. D. Francescato, *Amore e potere, op. cit.*
9. G. Corneau, *Père manquant, fils manqué*, Paris, Robert Laffont, 1998.
10. P. Leach, *Children first. What our Society must do and it is not doing for our Children today*, New York Knopf, 1994; G. Pennisi, *Satrapi, mandarini e senza lavoro*, Roma, Ediesse, 1993.
11. N. Krieger, « Teacher's understanding and emotions in relation to the creation of masculine identity », *in* P. Lang, Y.J. Katz, I. Menezes (dir.), *op. cit*, pp. 188-196.
12. A. Honneth, *La Lutte pour la reconnaissance*, Paris, Le Cerf, 2000.
13. N. Krieger, *op. cit.*
14. Fonds social européen, *Projet Youthstart Cras*, Rome, 1999.
15. A.W. Wicker, « Undermanning performances and students objectives experiences in behavior stettings of large and small schools », *Journal of Personality and Social Psychology*, 10, 1968, p. 255-261; M. Levine et D.V. Perkins, *Principles of Comunity Psychology*, Oxford, OUP, 1987; D. Francescato et C. Ghirelli, *Fondamenti di psciologia di communità*, Roma, Carocci, 1988.
16. D. Francescato, M. Tomai, M. Burattini, V. Rosa, *op. cit.*
17. A. Solimeno et D. Francescato, *Un progetto sperimentale di orien-*

tamento per alunni delle scuole medie inferiori centrato sull'empowerment, en cours de publication.

18. V. Forrester, *L'Horreur économique*, Paris, Robert Laffont, 1996.
19. D. Francescato et M. Burattini (dir.), *Empowerment e contesti pscicoambientali di donne e di uomini d'oggi*, Roma, Aracne, 1997 ; *Rapport Censis*, XIXe année, 7, 1998 ; B. Todino et F. Avallone, « Soddisazione lavorativa et concezione del ruolo degli insegnanti di scuola media inferiore », *Quaderni di Psicologia del Lavoro*, 6-7, 1999, p. 183-202.
20. Interview dans le *Corriere della Sera*, 10 mars 1996.
21. *Didattiche audiovisive d'educazione alla creatività. I media all'interno della Scuola Media Superiore*, Parma, Delta, 1997, p. 127.
22. M. Knowles et C. Maloy, *op. cit.*
23. E. Bencivenga, *Manifesto per un mondo senza lavoro*, Milan, Feltrinelli, 1999.
24. *Charting our Education future Government of Ireland*, 1995.
25. *Rapport Cresson*, Commission européenne, Bruxelles, 1995.

CHAPITRE X

La santé : de la maladie au bien-être

1. W. Ryan, *Blaming the Victim*, New York, Vintage Books, 1971.
2. R. Wilkinson, *Unhealthy Societies, The Afflictions of Inequality*, London, Routledge, 1996.
3. L.F. Berkman, « The role of social relations in health promotion », *Psychosomatic research*, 57, 1995.
4. J.V. Johnson et E.M. Hall, « Job strain, workplace social support and cardiovascular disease : a croos-sectional study of a randome sample of the Swedish working population », *American Journal of Public Health*, 78, 1998.
5. J. Morris, D. Blanc, I.R. White, « Levels of morality, education and social conditions in the 107 leas of England », *Journal of Epidemiology and Community Health*, 50, 1996.
6. G.A. Kaplan, E. Pamuk, J.W. Lynch, R.D. Cohen, J.L. Balfours, « Income equality and mortality in the United States », *British Medical Journal*, 312, 1996.
7. P. Ullah, « The association between income, financial strain and psychological wellbeing among unemployed youth », *Journal of Occupational Psychology*, 63, 1990 ; C.T. Whelan, « The role of social support in mediating the psychological consequences of economic stress », *Sociology of Health and Illness*, 15, 1993.
8. S. Kennedy, J.K. Kielcot-Glaser, R. Glaser, « Immunological consequences of acute and chronic stressors : mediating role of international relationships », *British Journal of Medical Psychology*, 61, 1988.
9. J. Winter, « Public Health and the extension of life expectancy, 1901-1991 », *in* M. Keynes (dir.), *The Political Econommy of Health and Welfare*, Cambridge, Cambridge University Press, 1988.
10. S. Wolf et J.G. Bruhn, *The Power of Clan, A 25 Year Prospective Study of Roseto Pennsylvania*, New Brunswick (N.J.), Transaction Publishers, 1993.

11. R.G. Wilkinson, « Income distribution and life expectancy », *British Medical Journal*, 304, 1992 ; C. Hertzman, S. Kelly, M. Bobak, *Environmental and non-environmental Determinants of the East-West Life Expectancy gap in Europe*, Amsterdam, Kluwer Academy, 1996.
12. P. Ellyard, *Ideas for the New Millenium*, Melbourne, Melbourne University Press, 1998.
13. H. Freundenberg, « Staff burn out », *Journal of Social Issues*, 30, 1, 1974 ; G. Del Rio, *Stress e lavoro nei servizi*, Roma, NIS, 1990.
14. A. Farber, *Stress and Burn Out in the Humann Service Professions*, New York, Pergamon Press, 1983.
15. « Patients fore thire, doctors for sale », *The New York Times*, 22 mai 1999.
16. M. Tancredi, D. Francescato, I. Giammarco, M. Prezza, « Politica del personale, controllo di gestione, sistema informativo e prestazioni di prevenzione primaria e secondaria nei consultori familiari delle unità sanitarie locali di quattro regioni italiane », *Psicologia clinica*, 1985.
17. *Ibid.*
18. S. Boyden et M. Shirlow, « Ecological sustainibility and quality of life », *in* V. Brown, *A Sustainable Healthy Future, Toward an Ecology of Health*, Melbourne, La Trobe University and The Commission of the Future, 1989.
19. *Patch Adams*, de Tom Shadyac, États-Unis, 1999.
20. S. Boyden, *Western Civilization in Biological Perspective*, Oxford, Oxford University Press, 1987.

CONCLUSION

20 idées pour le troisième millénaire

1. S. Dinelli, *La macchina degli affetti*, Milano, Franco Angeli, 1999.
2. M.L. Dertouzos, *What will be : How the New World of information Will Change Our lives*, Londra Pitakus, 1997.

Table

Cet ouvrage a été réalisé par

FIRMIN DIDOT

GROUPE CPI

Mesnil-sur-l'Estrée

pour le compte des Éditions Odile Jacob
en mai 2001

Imprimé en France
Dépôt légal : avril 2001
N° d'édition : 7381-0983-1 - N° d'impression : 55724